Johann Jerusalem

Betrachtungen über die vornehmsten Wahrheiten der Religion

Zweiter Teil

Johann Jerusalem

Betrachtungen über die vornehmsten Wahrheiten der Religion
Zweiter Teil

ISBN/EAN: 9783744618960

Hergestellt in Europa, USA, Kanada, Australien, Japan

Cover: Foto ©Lupo / pixelio.de

Weitere Bücher finden Sie auf **www.hansebooks.com**

Betrachtungen über die vornehmsten Wahrheiten der Religion

an Se. Durchlaucht
den Erbprinzen von Braunschweig und Lüneburg.

Zweyter Theil.

Mit allergnädigsten Freyheiten.

Braunschweig,
im Verlag der Fürstl. Waisenhaus-Buchhandlung, 1776.

Vorbericht.

Es würde vergebens seyn die Ursachen weitläuftig anzuführen, die mich von der Fortsetzung dieser Betrachtungen so lange abgehalten haben. Da der kleine Vorrath von Gedanken, die hierzu gehören, bey der Ausarbeitung des ersten Theils schon bereit war, so glaubte ich denselben auch in kurzer Zeit auf jenen folgen lassen zu können.

nen. Hätte ich aber die Hindernisse vorhergesehen, die die völligere Ausarbeitung so lange aufhalten würden, so würde ich bey meinen Jahren und bey einer so unsichern Gesundheit, diese geringe Arbeit, die die Welt bey so vielen vortrefflichen Werken von dieser Art, jetzt so leicht entbehren kann, gar nicht angefangen haben. Da ich indessen durch einige Freunde mich habe ermuntern lassen, die schon ganz aufgegebene Arbeit wieder vorzunehmen, so mache ich mit diesen drey Stücken den Anfang, und will, so viel als ich Gesundheit, Muße und Ruhe finde, die übrigen, so wie sie nach ihrem Inhalte, dem ersten Plane gemäß zunächst zusammen gehören, einzeln nach einander folgen lassen. Ich werde durch diese stückweise

Fort-

Vorbericht.

Fortsetzung den Vortheil erhalten, daß ich durch die Warnungen meiner Freunde und durch die Urtheile des Publici so viel eher erfahre, wo ich aufhören soll. Eine Warnung, die mir bey dieser Arbeit so viel wichtiger ist, da es hier nicht auf meine armseelige Ehre, für die ich gewiß, wenn ich mich auch so sehr mißkennen und darauf je einigen Anspruch machen könnte, nie die Feder eingetaucht habe, sondern auf die Ehre der Wahrheit, der wichtigsten aller Wahrheiten, auf die Ehre der Religion ankommt. Denn so sehr ich auch, seit der Ausgabe des ersten Theils, die Abnahme meiner Kräfte, deren Maaß allemal sehr gering gewesen ist, täglich fühle, so bemerken wir diese Abnahme am Geiste wie am Leibe doch selber immer am wenigsten und spätesten, und können daher jene freundschaftliche Warnungen nie erkenntlich genug von uns angenommen werden. Ich weiß zwar, daß die Wahrheiten, die ich in diesen Betrachtungen auszuführen mir vorgenommen, durch meinen Vortrag nichts gewinnen können; Ihr himmlisches Licht braucht zu seiner Aufklärung und Verstärkung keiner Lampen. Aber da die Feinde dieser göttlichen Religion, alle menschlichen Schwächen als so viele Siegeszeichen über Sie selbst ausgeben, so würde es mich unendlich kränken, wenn auch nur ein einiger ungeübter Leser, über meine Schwäche, die glückliche Ruhe verlieren sollte, die das Vertrauen zu der göttlichen Wahrheit seines Glaubens ihm zu geben vermögend ist. Ich gestehe es daher auch,

Vorbericht.

auch, da ich diese Abnahme meiner Kräfte so lebhaft empfinde, und in diesen Abhandlungen, indem ich sie jetzt wieder übersehe, nur zu deutlich wahrnehme, daß auch diese Furcht allein mir schon allen Muth benommen haben würde, diese Fortsetzung noch zu wagen, wenn ich bey dem Beschluß des ersten Theils nicht eben an den Gränzen der geoffenbarten Religion stehen geblieben wäre. Aber da bey diesem Umstand, die gänzliche Aufgebung dieser Arbeit, von denen, die die wahre Ursache davon nicht wissen konnten, leicht als ein geheimes Mißtrauen von meiner Seite zu der Wahrheit dieser Religion selbst hätte ausgelegt werden können, so will ich eher lieber alle Vorwürfe wegen der Schwäche des Vortrags übernehmen, als zu diesem Verdachte Anlaß geben; und wenn dann auch diese Fortsetzung zur Aufklärung und Bestätigung dieser Wahrheiten nichts beyträgt, so lege ich dann doch wenigstens ein Zeugniß von meiner eigenen Ueberzeugung damit ab.

Ich habe auch erst bey mir angestanden, ob es dem größten Theil der Leser nicht angenehmer seyn würde, wenn ich die zu dem dritten Theile gehörigen Betrachtungen über die christliche Religion, wegen ihrer vorzüglichen Gemeinnützigkeit, zuerst vornähme, und die Ausführung dieses zweyten Theils bis zur Endigung von jenen zurücksetzte; und ich gestehe, daß mir dieses selbst angenehmer und leichter gewesen seyn würde. Ich habe aber nach einiger

Vorbericht.

ger Ueberlegung es doch für besser gefunden, die einmal gewählte Ordnung zu behalten.

Die christliche Religion hat zwar ihre eigenthümliche und von der Mosaischen Religion ganz unabhängige Stärke; da indessen verschiedne ihrer Wahrheiten aus dieser ältern Religion ein vorzügliches Licht erhalten, so würden sie an ihrer vollen Aufklärung auch immer etwas verlieren, wenn ich bey ihrer Erklärung jenes Licht nicht zu Hülfe nehmen könnte.

Da ferner die meisten Angriffe der jetzigen Feinde der Offenbarung, auf die Mosaische Religion, als auf den geglaubten schwächern Theil derselben, gerichtet sind, so ist mir auch dieß ein Bewegungsgrund gewesen, warum ich deren Betrachtung nicht so weit, bis zur Vollendung des dritten Theils habe zurück setzen mögen. Die Mosaische Religion ist zwar eigentlich unsere Religion nicht, so wenig als sie auch der einzige oder auch der wesentlichste Grund ist, worauf die Wahrheit und Göttlichkeit von dieser beruhet; da sie indessen doch immer ein wesentlicher Theil der geoffenbarten Religion bleibt, und mit der Christlichen zu genau verbunden ist, als daß, wenn jener ihre Wahrheit fiele, diese nicht zugleich eine schwache Seite bekommen sollte, so würde bey den deutlichsten Kennzeichen von dieser ihrer Göttlichkeit, doch immer ein geheimer beunruhigender Verdacht übrig bleiben, so lange jene ältere Religion aus ihrem eigentlichen Gesichtspunkte nicht gekannt würde, und

Vorbericht.

und die Einwürfe dagegen ihre scheinbare Stärke behielten; und die Verschiebung der hieher gehörigen Betrachtungen könnte vielleicht selbst diesen Verdacht noch mit unterhalten.

Dann aber so würde ich durch diese verrückte Ordnung den ganzen Gesichtspunkt auch verrücken, woraus eigentlich diese geoffenbarte Religion gesehen werden muß, wenn sie in ihrer wahren göttlichen Gestalt gekannt werden soll; indem ich die Gelegenheit dadurch verlieren würde, den eigentlichen Gang des Lichts zu bemerken, den die Vorsehung, bey dieser Erleuchtung der Welt, von dessen ersten Morgenröthe an, bis auf den Punkt wo es jetzo steht, gewählet hat, und der der deutlichste Beweis ist, daß diese Offenbarung, von dem Anfange des
mensch-

menschlichen Geschlechts an bis hieher, nur Ein mit unendlicher Weisheit gewählter und ausgeführter Plan ist, den auch die Zwischenkunft der falschen Offenbarung des Alcorans selbst, so wenig als der Mond dem Laufe oder dem Lichte der Sonnen hinderlich ist, zerrüttet hat. Denn dieser Beweis ist in sich so unüberwindlich, daß er für sich allein aller der Angriffe spottet, womit der Witz und die Bosheit der Feinde dieser Religion so emsig bemüht sind, diesen Felsen zu erschüttern.

Was den Vortrag betrifft, so will ich mich bemühen, daß er, so viel es die Sache selbst leidet, dem Vortrage des ersten Theils immer gleich bleibe. Auch werde ich den Endzweck, den ich damals schon angezeigt habe, unverändert beybehalten, nach welchem diese Betrachtungen kein vollständiger und gelehrter Unterricht in der Religion seyn sollen, sondern womit ich vornemlich der Classe von Lesern nützlich zu werden suche, deren Stand und Geschäfte es nicht leiden, in alle die genauern und weitläuftigern Untersuchungen sich einzulassen, die aber dennoch bey den unaufhörlichen und immer kühnern Angriffen ihres Glaubens, von der göttlichen Wahrheit desselben sich eine beruhigende Ueberzeugung wünschen. Und da diese Wahrheit in ihrer eigenen natürlichen Gestalt immer kenntlich genug ist, ohne zur Erhöhung ihres Ansehens von fremder Gelehrsamkeit etwas borgen zu dürfen, so werde ich sie auch vornemlich nur immer in dieser ihr eigenthümlichen göttlichen Simplicität vorzustellen suchen, und von jener

Art

Art Anmerkungen nie mehr anbringen, als eben zur hinreichenden Aufklärung eines oder andern Umstandes etwan erfodert werden möchte. Aus eben dieser Ursache werde ich auch die Namen der Männer, deren Gedanken ich etwan brauche, nicht anführen. Für diejenigen, die mit dieser Art Schriften bekannt sind, wäre es überflüßig, und für andre ohne Nutzen. Es kommt hier auch auf die Stärke meiner eigenen Einsicht nicht an; wenn ich nur so glücklich bin, daß ich zur Bestätigung der Wahrheit, und zur Beruhigung eines und des andern Lesers etwas beytragen kann, so sind alle meine Absichten und Wünsche bey dieser Arbeit erfüllet. Ein Mann, der von der Göttlichkeit der Religion, wofür er schreibt, überzeugt ist, wird sich selbst dabey wohl keinen Augenblick zum Endzweck haben können.

können. Dieß Bewußtseyn meiner Absicht sichert mich dann auch für alle Nebenabsichten, wodurch ich der Wahrheit nachtheilig werden könnte; und auch selbst da, wo ich in Nebendingen von den gemeinen Vorstellungen mich etwan entfernen möchte, hoffe ich das Zeugniß zu erhalten, daß allein die Liebe zur Wahrheit mich geleitet habe. Für Fehler sichert mich zwar die reinste Absicht nicht; sollten aber einige meiner Aufmerksamkeit entwischen, wie ich dieß dann bey den mannigfaltigen, unruhigen Zerstreuungen, die oft den größten Theil von der Gegenwart meines Geistes unter dieser Arbeit auf sich ziehen, nur gar zu möglich halte, so verlasse ich mich auf die scharffsichtigere Aufmerksamkeit meiner Freunde, von deren Erinnerungen ich mit aller Dankbarkeit, bey

der

der ersten neuen Auflage, den besten Gebrauch zu machen suchen werde.

Da die von dem ersten Theile zurückgebliebene zehnte Betrachtung, von den Pflichten und Rechten der Obrigkeit in Ansehung der Religion, in die Reihe dieser Abhandlungen sich nirgend passet, und sie nur aus Versehen in der letztern Auflage als die Erste des zweyten Theils angesetzt ist, so werde ich diese an einem andern schicklichen Orte auszuführen suchen.

Nachbericht.

Da ich in der Vorrede zu der erſten Betrachtung dieſes zweyten Theils über dieſe Fortſetzung mich ſchon erkläret habe, ſo habe ich nur einige Worte hier noch anzufügen. Einige meiner Freunde haben die Ausführung der beyden erſten Stücke zu weitläuftig und gedehnt gefunden; und ihr Urtheil hat bey mir einen ſolchen Werth, daß es mir bey der Ausführung dieſes letzten Stücks die erſte Regel geweſen ſeyn würde, wenn ich auch ſelbſt dieſe Weitläuftigkeit nicht eben ſo ſehr empfunden hätte. Und doch muß ich erkennen, daß ich dieſen Fehler auch hier noch nicht vermieden habe. Ich habe zwar alle Erklärungen des Buchs, die nicht unmittelbar zur Geſchichte der Menſchheit und Religion gehören, übergangen, und habe dieß ſo viel ſicherer gekonnt, da die ſämmtlichen Moſaiſchen Schriften und Geſetze jetzt ſo vortrefflich erläutert ſind; aber da ich dieſe Geſchichte von der Sündfluth an bis zu Ende des Buchs, um ſie nicht durch noch mehrere Abhandlungen zu trennen, in die gegenwärtige zuſammen zu faſſen geſucht habe, ſo hat die Menge der darinn vorkommenden Materien, und die nöthige Rücksicht auf den größten Theil meiner Leser die Zahl dieser Bogen noch ungleich mehr vergrößert, an deren Vergrößerung indeßen mein zu gewöhnlicher Fehler auch noch einen nur zu großen Antheil behalten hat.

Daß ich an einigen wenigen Stellen von der gewöhnlichsten Erklärung abgegangen bin, deswegen hoffe ich keiner besondern Rechtfertigung zu bedürfen. Man wird diese Gedanken für das ansehen was sie sind, nemlich für Gedanken eines einzelnen Mannes, die weiter keinen Werth haben, als in so weit sie gegründet sind, und daher eines jeden Prüfung mit aufrichtiger Hochachtung für dessen eben so große Wahrheitsliebe und leicht größere Einsicht überlassen werden. Ich kann mir zwar das Zeugniß geben, daß mich nichts als die treueste Liebe für die Ehre der geoffenbarten Religion und dieses unschätzbaren Buchs geleitet habe, aber ich weiß auch, daß alle Aufrichtigkeit weder für Fehler noch Uebereilungen schütze. Gott lasse das Wahre und Gute, was ich gesagt habe, zur Verherrlichung seines Namens gereichen.

Braunschweig, den 1. May, 1774.

Fortgesetzte Betrachtungen
über
die vornehmsten Wahrheiten
der Religion
an
Se. Durchlaucht den Erbprinzen
von Braunschweig u. Lüneburg.

Zweyter Theil.

Erste Betrachtung.
Ob überhaupt ein ausserordentlicher göttlicher Unterricht von der Religion, oder eine Offenbarung mit der Weisheit Gottes bestehen könne.

Dieß dürfen wir also jetzt wohl als ausgemacht annehmen, daß, wenn der Mensch zu seiner moralischen Bestimmung kommen soll, es nicht anders als durch die Religion geschehen könne; und daß, wenn eine Religion ist, ihre wesentlichen Grundsätze keine andere als die Rechtschaffenheit und beruhigende Gewißheit von der Gnade Gottes, und einem zukünftigen glücklichen Leben seyn könne, insofern sie beyde auf eine deutliche Erkenntniß Gottes und seiner Vollkommenheiten gegründet sind. Aber wie sind wir zu dieser glücklichen Erkenntniß gekommen? Entweder durch eine Offenbarung und ausserordentliche Hülfe des Schöpfers, oder durch die Vernunft Offenbarung — wie enthusiastisch! Unwidersprechlich durch die Vernunft. Sollte ein unendlich weises und gütiges Wesen den Menschen zu einer so wichtigen

tigen und erhabnen Bestimmung erschaffen, und ihm die hinreichenden Kräfte dazu nicht gegeben haben? Alle die angegebenen Wahrheiten fließen auch unmittelbar aus den allerersten Grundsätzen der menschlichen Erkenntniß; der Mensch braucht nur die Augen aufzuthun, so sieht er den Schöpfer und Regenten der Welt mit allen seinen Eigenschaften. Die Zufälligkeit der Welt — die weise Einrichtung aller ihrer Theile — die wohlthätige Verbindung des Ganzen — mehr braucht die Vernunft nichts, um die Natur dieses ihres Schöpfers, und zugleich ihr ganzes Verhältniß gegen denselben, nebst allen den Gründen die unsere Beruhigung erfodert, mit der deutlichsten Gewißheit sich daraus zu erklären. Denn sie denkt sich dabey nur ihre moralische Natur, und verbindet damit die Betrachtung, daß dieser Gott ein weises und gütiges Wesen sey, so ist die beruhigendste Ueberzeugung von ihrem zukünftigen Zustande sogleich damit verbunden.

Daß jetzt die Vernunft diese Schlüsse mit aller Deutlichkeit und Gewißheit machen könne, wer dürfte hieran zweifeln? Wir wollen auch hier nicht untersuchen, wie weit die Vernunft es nach und nach mit ihren Einsichten bringen könne. Wahrheiten, die aus natürlichen Grundsätzen fließen und erwiesen werden können, muß die Vernunft für sich auch finden können. Und wer darf es überhaupt wagen,

den

den Fähigkeiten eines Geistes, wie unsre Seele ist, die Gränzen bestimmen zu wollen? Wer kann alle Veranlassungen voraus bestimmen, die die Vernunft zu neuen Entdeckungen, zu neuen erleuchteten Einsichten leiten können? dieß hieße aus der Beschaffenheit des Auges alle Objecte angeben wollen, die uns künftig noch vorkommen können. Wer durfte, ehe ein glücklicher Zufall die Fern- und Vergrößerungsgläser finden ließ, der Vernunft die jetzigen großen Entdeckungen in der Natur zutrauen? und vielleicht ist der Grad des Lichts, worinn wir gegenwärtig stehen, noch Dämmerung gegen die Erleuchtung, wozu die Vorsehung uns noch erheben kann. Wollten wir aber aus der bloßen Fähigkeit unsrer Vernunft, oder aus dem Grade des Lichts, worinn wir jetzt gebohren werden, auf die würklichen Kräfte der Vernunft schließen, so würde es unerklärlich seyn, warum sie an dem Vorgebirge der guten Hoffnung, in der Erfindung nützlicher Wahrheiten nicht eben so glücklich, als in den erleuchteten Gegenden von Europa seyn sollte; oder warum so viele wilde Nationen, in den drey übrigen Welttheilen, seit so viel tausend Jahren in einer Finsterniß leben, die aller Vermuthung nach noch die allererste ist, und worinn sie vermuthlich auch so lange bleiben werden, bis ein gütiger Schicksal sie einer näheren Erleuchtung fähig macht, und sie genauer mit andern Natiotionen verbindet, die ihnen ihre Begriffe mittheilen.

Die Vernunft kennet sich selbst viel zu wenig, als daß sie das Maaß ihrer Kräfte mit Sicherheit bestimmen könnte. Es kommt bey dieser Untersuchung hierauf eigentlich auch nicht an; die Geschichte der Menschheit, die auch ihre Geschichte ist, kann uns allein die sicherste Anleitung geben, und hierinn müssen wir bis auf ihre erste Kindheit zurück gehen, und dann Acht geben, wie ihre Kräfte sich nach und nach haben entwickeln können.

Mit den neuen philosophischen Romanen, von dem ersten Ursprunge des Menschen, will ich mich nicht aufhalten. Die Natur, die der Mensch jetzt hat, hat er nothwendig vom Anfang an haben müssen. Es kommt hier auch nicht darauf an, wie nahe oder wie entfernt wir uns diesen ersten Zustand denken; wir müssen ihn wenigstens irgendwo annehmen. Einen ersten Menschen, oder vielmehr ein erstes Paar Menschen. Auch wollen wir hierbey annehmen, er sey, wie er aus der Hand des Schöpfers gekommen, mit reifen Sinnen und festen Gliedern vollkommen erwachsen gewesen; denn als ein Kind, läßt er sich gar nicht denken. Aber was ist er nun? Nach seiner Bestimmung ein erhabnes Geschöpf; mit Fähigkeiten, die verborgensten Geheimnisse der Natur zu erforschen, die Himmel zu messen, sich bis zum
Schöp-

Schöpfer zu erheben, und die Gesetze auszufinden, wornach seine ewige Weisheit und Liebe die Welt regiert; der wahre Herr der Erde, der die Natur nach seinem Wohlgefallen umschafft, ihre Elemente nach seinen Absichten zwingt, über die unergründlichen Tiefen sicher von einem Pol zum andern fährt, in die tiefsten Klüfte der Erde bringt, den härtesten Metallen alle Gestalten giebt, die Natur in ihre ersten Urstoffe auflöset. Aber jetzt noch das armseeligste Geschöpf, von einem neu gebohrnen Kinde, durch nichts als durch die Festigkeit seiner Glieder unterschieden; zwar schon mit deutlichem Bewußtseyn, mit reifen Sinnen, wodurch auf einmal tausend Empfindungen in ihn strömen, aber wobey er noch nichts denken kann; die ihn jahrelang betäuben, ehe er sie nach und nach unterscheiden lernt; nur mit der Fähigkeit vernünftig zu seyn; noch ohne alle würkliche Begriffe, noch ohne Vermögen seine Empfindungen sich im Gedächtniß zu bezeichnen; ohne alle Erfahrung; der alle Dinge erst einzeln, ohne dabey nachdenken zu können, empfindet; noch aus keiner Aehnlichkeit einen Schluß machen kann; noch keine Ursache kennet, noch keine andere Werkzeuge als seine Glieder hat; das dürftigste Geschöpf, unendlich dürftiger als das Thier. Dieß hat gleich alles was es zu seiner Vollkommenheit braucht, sein Kleid, seine Höhle, seine Waffen, seinen Instinkt,

der

der ihn seine Nahrung, seinen Feind, seine Beschützung lehret. Der erste Mensch hat diesen lehrreichen Instinkt nicht; er geht dem Wolfe so sicher als dem Schaafe entgegen; er geht so zuversichtlich auf den Strom zu, als er auf der Erde geht; und um seinen ersten nagenden Hunger zu stillen, rauft er so leicht eine Handvoll Gras aus, was er die Thiere fressen sieht, oder fällt auf die Reste eines zerrissenen Schaafs, die der Wolf liegen ließ, als daß er sich eine gesunde Nahrung wählen sollte. Wie viel tausend Vorzüge hat gegen ihn der Wilde! der ist ein Naturkündiger, ein Prometheus, ein Gott gegen ihn. Er kennet seine Nahrung, seine Arzney; er hat Werkzeuge; mit seinem Pfeile und Bogen geht er beherzt dem Löwen und Tieger entgegen; fährt wie ein Neptun auf dem Wasser; weiß in dessen Tiefen seine Nahrung so sicher zu finden, als in seinem Walde; hat Feuer; weiß es zu gebrauchen; kennet den Lauf der Sonne und des Mondes; kennet den Unterschied der Jahrszeiten; hat seines gleichen zu Gehülfen, denen er seine Empfindungen mittheilen kann. Die Fähigkeiten zu diesem allen hat der erste Mensch auch, noch zu unendlich mehrerm, aber wovon er noch jetzt keine zu gebrauchen weiß. Soll er alles aus eigner Erfahrung und Ueberlegung lernen? Seine Bedürfnisse sind zu mannigfaltig, zu dringend; Ein

miß-

von der Offenbarung überhaupt. 9

mißlicher Versuch, er treffe ihn selbst oder seine Gattinn, macht der ganzen Schöpfung ein Ende. Sollte ein weiser ein gütiger Schöpfer, der für die Erhaltung der geringern Geschöpfe so reichlich sorgte, gegen das edelste, das empfindsamste Geschöpf, das er zum Herrn der Erde bestimmte, so grausam gewesen seyn, und mit seinen Absichten so gespielet haben? Hier leidet wenigstens der obige philosophische Grundsatz, daß ein weiser Schöpfer den Menschen mit so viel eigenthümlichen Kräften, als zu seiner Bestimmung nöthig sind, habe erschaffen müssen, die erste Ausnahme. Wir müssen hier annehmen, daß Gott den ersten Menschen seinen bloßen Fähigkeiten nicht habe überlassen können, sondern daß er, — die Art brauchen wir nicht zu erklären, — seiner ersten Erhaltung durch eine unmittelbare Anweisung nothwendig habe zu Hülfe kommen müssen. Indessen war er mit allen diesen Hülfen das moralische Geschöpf noch nicht, was er seyn sollte; noch kein Mensch. Aber er hatte doch Vernunft — Ganz recht; so wie er Hände hatte, ohne deswegen Uhren machen zu können. So auch noch keine würkliche Begriffe; noch nichts als einzelne sinnliche Eindrücke, woraus er sich nach und nach allgemeine Begriffe machen konnte; aber sehr langsam; Er mußte mit den Objecten, die von allen Seiten seine Sinne bestürmten, erst bekannter werden; er hatte sich noch

A 5   keine

keine Zeichen gemacht, wobey er sich dieselben hätte denken können; noch keine Worte; er hatte noch nichts als die Organen, und den Trieb, seine Empfindungen auszudrücken. Es sollte mit der Zeit eine vernünftige Sprache werden, aber erst konnten es noch nichts als rauhe thierische Töne seyn. Bey den lebhaften Empfindungen war der Trieb sich verständlich zu machen, zwar so viel größer; aber die leichtere Zeichen-Sprache war ihm zu seinem Umgange mit seiner Gattinn, und zur Bezeichnung seiner nächsten Empfindungen hinreichend, und ließ jene so viel länger arm.

Ehe indessen das erste Jahr seiner Existenz vorüber ist, giebt ihm seine geliebte Gattinn sein Ebenbild. Er siehts, und fühlt ganz neue, noch nie empfundene Triebe von Zärtlichkeit; aber auch neuen Kummer, der seine Freude mit der zärtlichsten Wehmuth vermischt. Das junge Lamm sieht er der Mutter gleich nachlaufen; aber die Frucht seiner Gattinn ist unendlich dürftiger. Es bemerkt ihn nicht; es höret seine Stimme nicht; es ist hülflos in allen seinen Gliedern; nach und nach entdeckt er mit Vergnügen an demselben einige schwache Empfindungen; es wendet sich um nach seinen Tönen, es sieht und lacht ihn an, er hofft — aber ein neues eben so hülfloses Geschöpf erneuert und vermehrt mit jedem Jahre re den väterlichen Kummer. Indessen wachsen die ältesten heran, nun findet er sich erleichtert; er für sich ist seitdem mit der Natur die um ihn ist etwas bekannter geworden, er führt sie an der Hand mit ins Feld, und wird ihr Lehrmeister; macht sie aufmerksam auf die Schönheiten der Natur, lehret sie die angenehmsten Früchte kennen, macht sie mit den unschädlichen Thieren bekannt, warnet sie vor Gefahr, lehret sie seine Töne ihm nachsprechen, gewöhnet sie seiner und der Mutter Stimme und ihren Anweisungen zu folgen. Hier ist die erste Anlage zur moralischen Societät.

Indessen vermehret sich nach und nach das Geschlecht; es entstehen neue Familien; sie breiten sich aus; sie müssen neue Gegenden suchen; das erste gesellige Band trennet sich wieder. Bey dem Mangel aller brauchbaren Werkzeuge bleiben die Bedürfnisse noch immer sehr groß; mit den Bedürfnissen wächst die Verwilderung. Die Mühseeligkeit sich den nöthigen Unterhalt zu verschaffen, die Zerstreuungen der Jagd, der beständige Kampf mit den wilden Thieren, läßt die sanfteren Empfindungen der Geselligkeit nicht aufkommen; die Gemeinschaft eines Baums, einer Wiese, eines Bachs, reizet die ungeselligen Triebe der Habsucht, des Neides und der Rache.

I. Betrachtung

Die sinnreiche Dürftigkeit erfindet indessen einige Werkzeuge; der Zufall hat vielleicht den Gebrauch einiger Metalle schon bekannt gemacht; vielleicht ist das Feuer schon erfunden; vielleicht schon die Kunst, ein und ander Thier zu zähmen; und mit diesen Hülfen kommt der Eine Trupp in eine fruchtbarere Gegend, wo er mit Hülfe der bisherigen Erfahrungen die nöthigen Erhaltungsmittel mit etwas mehr Ruhe sich erwerben kann. In dieser Ruhe fängt das Haupt dieser Colonie an zu philosophiren; sucht ihr eine Einrichtung zu geben, verabredet sich mit seinem Volke über die Versicherung der allgemeinen Ruhe und über den Besitz des Eigenthums, lehret den Unterschied von Recht und Unrecht, sucht die besten Gewächse in der ganzen Gegend auf, lehret säen und pflanzen, fängt an über die Würkungen, die er in der Natur wahrnimmt nachzudenken, beobachtet den Lauf der Sonne und des Mondes, bemerkt und mißt die Abwechselungen der Jahrszeiten. Der heitere nächtliche Himmel, den er beständig über sich hat, giebt ihm noch zu weiteren Entdeckungen Anlaß; er bemerkt auch die Sterne, denkt sich ihre Stellung unter gewissen Bildern, eines Stiers, eines Widders, eines Löwen, einer Schlange — macht auch darüber zum Vortheil seiner Colonie seine Bemerkungen.

Sonne

von der Offenbarung überhaupt. 13

Sonne und Mond ziehen dabey seine Aufmerksamkeit besonders auf sich. Vorzüglich die Sonne; Ihr Glanz, ihre Bewegung, ihr wohlthätiger Einfluß, erfüllen ihn mit Ehrfurcht und Erstaunen. Herrlichers, größers, sieht er in der ganzen Natur nichts, er kann sich nichts darüber denken. Ihre Bewegung, (Central-Kräfte kennet er nicht) kann er auch nicht anders als willkürlich ansehen. Denn sich selbst und alle andere geringere Körper, die er neben sich willkürlich sich bewegen sieht, hält er von einer besondern Lebenskraft beseelet, sollte dieß wohlthätige prächtige Gestirn weniger ohne eine innerliche Kraft sich bewegen? Die Menschen, die Thiere, besitzen diese Kraft in unendlich niedrigerm Grade, sie verlieren sie nach einer kurzen Zeit wieder, und mit derselben ihre ganze Existenz; aber dieses Gestirn bleibt unveränderlich, ist ewig, kein Mensch hat dessen Anfang gesehen, kommt alle Morgen mit neuem Glanze, mit neuem belebenden Einflusse wieder, beherrscht den ganzen unermeßlichen Himmel; so bald es erscheint, frohlocket ihm die ganze Natur entgegen, es fängt alles wieder an zu leben, die Blume richtet sich wieder auf, und öffnet ihm ihren Kelch, es verbreitet überall Leben und Freude. Hier ist sein erster Gott. Durchdrungen von den Stralen seiner Majestät, will er die Augen zu ihm erheben, aber er muß sie vor dem blendenden

den Glanze desselben verbergen; die Sterne selbst verbergen sich davor, selbst der Mond verliert in dessen Gegenwart seinen Glanz. Alles was auf der Erde lebt, lebt durch ihn, es sind seine Geschöpfe; alle Wohlthat die er der Mensch selbst genießt, alle seine angenehme Empfindungen, sind Würkungen von dessen segnendem Einfluß; Wie könnte er die Empfindungen seiner Dankbarkeit thätiger ausdrücken, als wenn er die edelsten Früchte demselben wieder heiliget?

Die Stelle des prächtigen und erquickenden Aufgangs am Himmel ist ihm besonders heilig. Hier wendet er sich hin, wenn er seine Empfindungen von Ehrfurcht bezeigen will.

Sein Volk lehret er diese Gottheit auf eben die Art verehren. — Ein heiliges Gefühl von Religion verbreitet sich durch das ganze Volk — Nächst der Sonne ziehen der Mond und die Sterne seine größte Bewunderung auf sich; warum sollten es nicht eben solche, aber mindere Gottheiten seyn? auch diese verdienen angebetet zu werden; sie haben auch ihren wohlthätigen Einfluß; vorzüglich der Mond; nächst der Sonne, die herrlichste und größte Gottheit, die Königinn des Himmels, die mit der Sonne, wiewohl im mindern Glanze, die Herrschaft des Himmels theilet, und mit ihrer

von der Offenbarung überhaupt. 15

erquickenden Kühle und befruchtendem Thau sich gegen die Erde gleich wohlthätig erweiset.

Nun werden die Tage besonders feyerlich, wo der Einfluß dieser Gottheiten am würksamsten ist; wo die Sonne, nach ihrer Entfernung, zur neuen Belebung der Natur wieder näher kömmt; wo der Mond sich in seinem vollesten Glanze zeigt; wo mit dieser oder jener Stellung des Gestirns sich diese oder jene Veränderung auf der Erde hervorthut.

Aber sollten diese Götter keine Diener haben? Die Beobachtung dieser Feyerlichkeiten wird zu mannigfaltig. Man wählet Priester, die sich dem Dienste dieser Gottheiten besonders widmen, die für ihre Verehrung sorgen, dem Volke die feyerlichen Tage ankündigen, die Opfer einfodern und bereiten. Diese sind die Vertrauten dieser Gottheiten, sie heiligen sich ihnen besonders. Besondere Reinigungen und Enthaltungen — und je mühsamer und unnatürlicher diese sind, je heiliger werden sie selbst in den Augen des Volks; und je größer und furchtbarer sie dem Volke die Götter machen können, desto größer wird bey demselben ihr eigenes Ansehn. Ihr großes Geschäfte ist, durch prächtige Feyerlichkeiten und Gebräuche, und durch kostbare Opfer und Versöhnungsmittel, das Ansehn derselben und die Furcht vor ihnen zu unterhalten.

Aber

I. Betrachtung

Aber der sinnliche Mensch muß seine Götter vor Augen haben. Sie selbst sind ihm nicht immer gegenwärtig; er macht sich also Bilder von ihnen, die der Priester ihnen besonders widmet, und diese Einweihung macht, daß sie beständig dabey gegenwärtig bleiben. Die Bilder selbst arbeitet er nach der Verschiedenheit der Phantasie, und nach den Stuffen aus, wie die Kunst und die Ueppigkeit zunehmen; erst Fetische, rohe Steine, Klötze, nach und nach künstlichere, köstlichere Bilder. Große und kleinere Bilder; große, die ihre geweihete beständige Wohnung haben, wo sie von jedem besucht, und feyerlich verehret werden können; kleinere, die er beständig um sich haben, mit auf die Reise nehmen, und bey allen Vorfällen gleich anrufen und um Rath fragen kann.

Es müssen aber auch die Würkungen und Gesinnungen dieser Gottheiten ausgedruckt werden; sie müssen gnädig und wohlthätig, zornig und drohend erscheinen; abermals neue Bilder, zusammengesetzte symbolische Bilder, nach und nach wieder so viel neue Gottheiten. Aber lauter Gottheiten, (denn der rohe Mensch, der von höhern Naturen keinen Begriff hat, erkläret alles nach sich,) die in ihren Neigungen, ihrer Freundschaft, ihrer Rache, durchgehends den Menschen ähnlich sind; im Ganzen nur mächtiger, übrigens insgesammt wie die Menschen,

von der Offenbarung überhaupt. 17

schen, eigensinnig und eifersüchtig über ihre Ehre, wohlthätig gegen die, die sich durch die Pracht ihrer Feste, durch den Reichthum der Opfer ehrerbietig gegen sie beweisen; rachgierig gegen die, welche darinn nachläßig sind.

Die Priester haben einen geheimen Umgang mit ihnen, sind die Ausleger ihrer Gesinnungen, ihrer Freundschaft, ihrer Rache. Wer jene zu Freunden haben will, muß sich zuvörderst um dieser ihre Freundschaft bewerben. Sie sind ihre Vertrauten; sie wissen am besten, wodurch sie in ihren guten Gesinnungen zu erhalten, oder in ihrem Zorne zu besänftigen sind; und je rachgieriger die Götter, je grausamer die Versöhnungsmittel sind, desto leichter ist es, das Volk in seiner Ehrfurcht gegen sie selbst und gegen die Götter zu erhalten.

Der Mensch ist von Natur furchtsam und schüchtern; und je weniger er die Natur und ihre Würkungen kennet, je bedeutender und ominöser ist ihm alles; es ist ihm alles Würkung des Zorns oder des Wohlgefallens der Götter; der Priester weiß die Deutung.

Die Träume sind dunkle Warnungen der Götter; auch diese haben ihre geheime Auslegungskunst.

Nichts ist dem Menschen, der keine alles regierende weise Vorsehung kennet, angelegentlicher, als das Verlangen seine künftigen Schicksale

sale zu wissen. Sollten die Götter ihren Verehrern, ihren Vertrauten etwas verschweigen können? Opfer, Casteyungen, Fasten, Beschwörungsformeln sind solche Mittel, denen sie nicht widerstehen können. Hier kommen die Orakel, die Zaubereyen, die Entzückungen und Convulsionen; insgesammt halb Betrug, halb Aberglauben und wurkliche Einbildung. Auch die Convulsionen sind nicht immer allein Betrug, sie sind Ernst und Betrug zugleich. Die Einbildungskraft wird durch die gewaltsamen Beschwörungsmittel erhitzt, das ganze Nervensystem wird ausserordentlich angegriffen, die Zückungen sind eine natürliche Folge; wenn bey einem ähnlichen Falle derselbe Betrug gespielet werden soll, so kommen auch dieselben Vorstellungen, dieselben Reizungen der Nerven, eben die Entzückungen wieder, und was der arbeitenden Einbildungskraft in diesen Ekstasen vorkommt, sind die gesuchten Offenbarungen. Der Wahrsager betriegt sich und das Volk immer zugleich. Der Betrug gab der Priesterinn zu Delphis die Verse ein; aber sie brauchte sich nur auf den Dreyfuß zu setzen, so bekam sie im Ernst die Convulsionen.

Mit den Priestern bleiben indessen die Gesetzgeber und Tyrannen in der genauesten Verbindung; die Götter müssen Gutes und Böses verkündigen, an solchen oder solchen Opfern einen Gefallen haben, wie es die Politik erfodert. Denn

von der Offenbarung überhaupt. 19

Denn nichts verträgt sich besser als Fanatismus und Betrug. Bloß als Betrüger fängt der Mensch nicht leicht an. Mahomet — Cromwell — und alle ihre kleinern Brüder — der Enthusiasmus geht vorher; aber der Mensch verliert sich und sein Interesse, so wenig er sich es auch sagt, nie aus dem Gesichte; das Verlangen seine Absichten zu erreichen, bleibt immer der verborgne würksamste Trieb bey ihm; der Fanatismus bringt ihn auf den sichersten Weg; hier geht er würklich allen seinen Absichten nach, und er glaubt im Ernst, er handle zur Ehre und auf Antrieb seines Gottes.

Die Verblendung, sich neue Götter zu erdenken, geht indessen ins Unendliche fort. Denn warum sollten die Gestirne allein von Gottheiten beseelet seyn? Einige Menschen haben vor den andern zu erhabne Vorzüge, als daß sie von gemeiner menschlicher Abkunft seyn könnten; ihr Geist muß von einer höhern Natur, sie müssen von einer höhern Gottheit erzeugt seyn; sie nehmen also nach ihrem Tode ihren Sitz unter diesen Göttern wieder; doch behalten sie für ihr ehemaliges Vaterland eine vorzügliche Neigung, und sind dessen Schutzgötter.

Die Luft, das Meer, die Flüsse, die Winde, sind in den Augen des rohen Menschen, der die Gesetze der Natur und ihren gemeinschaftlichen Endzweck nicht kennet, ebenfalls in ihren

I. Betrachtung

Würkungen von einander ganz unabhängig, warum sollten also nicht auch diese von einer ähnlichen unsichtbaren Kraft belebt seyn? Wieder so viel neue Götter; Götter und Göttinnen; der Größe nach von einander unterschieden, aber unabhängig in den ihnen eigenthümlichen Aemtern, und die deswegen hierin auch von Göttern und Menschen um ihren guten Willen müssen angesprochen werden. Die Juno muß dem Aeolus gute Worte geben, wenn sie Sturm haben will, und verspricht ihm zur Erkenntlichkeit ihre schönste Nymphe; und Neptun nimmt es dem Aeolus sehr übel, daß er sich in sein Element gemischt hat. Und so hat diese Erdichtung von Göttern und Geistern nirgend ihre Gränzen.

Täglich begegnen dem rohen Menschen, in der Natur und in seinem eigenen Leben, angenehme und traurige, gute und fürchterliche Begebenheiten, wovon er die nächste Ursache nicht einsieht; auch diese können nicht anders als von solchen unsichtbaren würksamen Wesen herkommen. Also immer noch so viel mehr Götter, immer niedrigere Götter, gutartige und boshafte, Gespenster, Kobolde, Feen. Zu des Hesiodus Zeit waren ihrer schon dreyßig tausend. Und alle diese Götter, so viel ihrer auch sind, die Großen und der Pöbel, bleiben den Menschen immer ähnlich;

und

und können daher auch alle nur auf menschliche Art geehret, und in ihren guten Gesinnungen erhalten und versöhnet, auch, wo sie nicht zu mächtig sind, durch Entziehung der gewohnten Opfer und Loblieder, für ihre Undienstfertigkeit bestraft, und zu freundschaftlichern Gesinnungen bewogen werden. Augustus wagte es so gar, wegen eines erlittenen Sturms, sich auf diese Art selbst am Neptun zu rächen, da er sein Bild, in der feyerlichen Proceßion der übrigen Götter, mit herumzutragen verbot.

Und so waren die Götter beym Homer, so waren sie bey den erleuchteten Römern, so sind sie noch bey den Samojeden und Canadischen Wilden. Daher glaubten auch die Griechen und Römer, wo sie hinkamen, ihre Götter zu finden. Die Aehnlichkeit war immer da; nur daß sie ihren besondern Nationalcharakter hatten, daß sie weichherziger und üppiger, härter und grausamer waren, je nachdem die Lebensart und die Sitten des Volks üppig oder rauh, je nachdem die Regierungsformen frey oder despotisch waren. In Griechenland waren sie alle republikanisch, und giengen mit dem Jupiter eben so familiär um, wie das Volk mit seinen Helden, complottirten auch gegen ihn beständig.

Menschliche Unvollkommenheiten und Laster sind bey solchen Göttern auch nicht anstößig.

Höhere geistige Naturen, oder höhere moralische Vollkommenheiten denkt sich der rohe Mensch bey ihnen nicht; er ehret sie deswegen nicht, auch ruft er sie um keiner moralischen Vollkommenheit willen an. Alle Vollkommenheit, die er von ihnen glaubt und von ihnen verlangt, ist die Befriedigung seiner gegenwärtigen Bedürfnisse und Begierden, und die Vorherverkündigung seiner ihm noch bevorstehenden Schicksale. Kann er diese nur von ihnen erhalten, so bleiben sie ihm zu seiner Verehrung auch bey allen ihren Lastern gut genug. Tugendhaft ist er, wenn er es seyn will, für sich:

Satis est orare Iovem qui donat & aufert,
Det Vitam, det Opes, æquum mi animum ipse parabo.

Deswegen kommt keiner zu den Göttern, sagt Petronius, um sich von ihnen Gaben des Geistes zu erbitten; ehe noch das Thor vom Capitolio erreicht ist, so gelobt schon der eine der daselbst angebeteten Gottheit die reichsten Opfer, wenn sie ihm zu gefallen den Tod eines alten reichen Vetters beschleunigen, der andre, wenn sie ihm einen Schatz finden, noch ein andrer, wenn sie ihn sonst einen großen Gewinn werde thun lassen. Und dieß ist der allgemeine Gedanke der Menschen, sagt Cicero, daß sie ihre zeitlichen Güter von den Göttern haben; aber Niemand hat je geglaubt die Tugend von ihnen zu bekommen,

von der Offenbarung überhaupt. 23

men, und das mit Recht; die Tugend ist unser Werk. Daher auch nirgend in einiger abgöttischen Religion einige Anstalten oder Bewegungsgründe, die Menschen zur moralischen Rechtschaffenheit zu führen. Prächtige Schauspiele, Feste, Opfer, um die Götter bey guter Gesinnung zu erhalten, und verdoppelte Gelübde und Opfer, grausame Opfer, Menschenopfer, um sie bey einem gegenwärtigen Unglücke wieder zu versöhnen, oder zum Mitleiden zu bewegen; dieß ist das Wesentliche aller dieser Religionen. Besserung der Sitten und Tugend haben damit gar keine Verbindung.

Dieß ist der natürliche Gang, den die Menschheit in der Religion nehmen würde. Götter genug; aber nie wahre Religion, die den Menschen zur Ueberwindung seiner unordentlichen Leidenschaften, zur Rechtschaffenheit und wahren Tugend führte. Denn wo kein allerhöchstes und von der Welt unterschiednes moralisches Wesen, wo keine Schöpfung, wo keine weise Absicht bey dem Baue der Welt, keine alles beherrschende weise Vorsehung, und keine, über dieß Leben hinausgehende, höhere Bestimmung des Menschen gekannt ist, da ist auch unmöglich wahre Religion. Vielgötterey kann zu keiner moralischen Vollkommenheit führen, sie führt vielmehr immer weiter davon ab, und es ist kein Laster, was darin nicht seinen besondern

dern Schutz, und noch neue Nahrung und Triebe finde.

Indessen kann der Mensch mit solchen Göttern, mit einer solchen Religion sich Jahrtausende behelfen. Aber die Vernunft wird doch immer erleuchteter! — Ja, sie kann in der Staatskunst, in der Kriegskunst, sie kann in allen andern Wissenschaften und Künsten wachsen, sie kann den Gipfel der Vollkommenheit darin erreichen, und hierin eben so blind und niedrig bleiben. Der finsterste Aberglaube kann sich bey dem hellesten Lichte der Zeiten erhalten; die Vernunft kann Tempel bauen, die mit ihrer Pracht in Erstaunen setzen, und in dem Allerheiligsten desselben einen Affen oder eine Katze verehren. Sie kann einen Jupiter bilden, vor dessen Majestät sie erstaunet, und vor dessen Schandthaten sie erröthet. Und als Homer schon die Göttersprache redte, da ließ er seine Götter, ohne was unschickliches dabey zu argwohnen, noch wie den niedrigsten Pöbel zu Werke gehen.

Aber sollte die Vernunft sich nicht eben so leicht zur Erkenntniß eines Einigen allerhöchsten Wesens erheben können? — Ein allerhöchstes, unabhängiges, und von der Materie oder der Welt verschiednes, freyes, vernünftiges Wesen — ein Schöpfer und Regent der Welt — der größte und herrlichste Gedanke, und wenn er einmal da ist, der vernünftigste und natürlichste,

lichste, den der Mensch sich denken kann! Aber ein kühner Flug für die Vernunft, sich durch sich selbst dahin zu erheben. Die Vernunft des Weisen wird es endlich wagen; aber nicht eher, bis sie die Welt als ein zufälliges Wesen kennen gelernt; nicht eher, bis sie dieselbe als ein vollkommenes Ganze kennen gelernt; nicht eher, bis sie die großen und allgemeinen Naturgesetze, bis sie den großen und einfachen Endzweck der vielen einzelnen wider einander laufenden Naturen kennen gelernt; nicht eher, bis sie gelernt, wie auch das Böse mit der Vorsehung eines weisen und gütigen Schöpfers bestehen, und zu diesem allgemeinen Plane gehören könne. Und gesetzt, sie erhöbe sich bis zu einem ersten ewigen und nothwendigen Urwesen, so ist dieß, wie Bayle sehr recht sagt, noch kein Gott. Ein solches ewiges Wesen nimmt ein jeder Atheist auch an. Es kömmt auf die Natur dieses Wesens an, und diese Untersuchung gehöret nach seinem Ausspruch für das tiefsinnigste Nachdenken. Wahrscheinlich wird sie es sich erst als einen durch die ganze Natur ausgebreiteten allgemeinen Weltgeist denken, der in den Gestirnen des Himmels, in Menschen, Thieren und Pflanzen besonders lebt, und so sind es bald dieselbigen Götter wieder; wieder Jupiters und Fetische, die dem verderbten Herzen Raum zu allen Lastern lassen, und den Menschen von seiner wahren Be-

stim-

stimmung immer weiter entfernen. Die Vernunft wird dieser Götter vielleicht spotten, aber deswegen den wahren Gott in dem rechten Lichte noch nicht finden; der Philosoph wird ihn suchen, er wird ihn auch erblicken, aber nicht deutlich, nicht lange genug sehen, um daraus sein eigentliches Verhältniß und seine Bestimmung sich mit beruhigender Gewißheit erklären zu können; er wird sich in künstlichen Theorien verlieren, wovon der Einfältige nichts versteht, die er selbst nur halb glaubt, und ein andrer in seiner Schule widerlegt. Indessen bleibt der Jupiter was er ist; seine Laster werden an seinen Anbetern mit Galgen und Rad bestraft, er bleibt der Vater der Götter und der Menschen; seine Loblieder und Opfer gehen ihren Gang, und seine Donnerkeile schützen ihn gegen alle Angriffe. Wer dürfte einen Gedanken wagen, der alle Götter verdächtig machte? Götter, die der Staat immer zu seiner Disposition hat; deren Priester die ersten Diener des Staats sind; so viel einträgliche, gefällige Götter, die sich mit reichen Opfern versöhnen und bestechen lassen, dem Menschen dagegen ruhig alle seine Begierden lassen — der sinnliche Mensch wünschet sich heimlich keinen andern Gott,

Dieß ist kein Roman; dieß ist die natürlichste Theorie der menschlichen Vernunft; so ist sie seit so viel tausend Jahren noch bey den
Wilden;

von der Offenbarung überhaupt. 27

Wilden; so war sie, wie Hume sagt, bis vor achtzehn hundert Jahren in der ganzen Welt. Ein merkwürdiger Ausspruch dieses großen Kenners der Vernunft! Eben vor achtzehn hundert Jahren — Mit der Abgötterey, sagt er, fieng die Vernunft an, und es ist eine ausgemachte Sache, daß bis auf diesen Zeitpunkt alle Menschen in dieser Finsterniß noch gelebt haben. Denn die schwankenden und skeptischen Begriffe einiger weniger Philosophen, und der Dienst des wahren Gottes von einem oder zween Völkern, setzt er gleich hinzu, machen dagegen keinen betrachtungswürdigen Einwurf.

Die wahre Philosophie von Gott fieng also erst vor achtzehn hundert Jahren an — Es gefällt dem scharfsinnigen Mann nicht auf den Grund zurück zu gehen, woher auf einmal diese glückliche Revolution in der Vernunft gekommen seyn möge. Aus den Griechischen und Römischen Schulen, nach seinem eigenen Geständnisse, gewiß nicht; diese hatten drey bis vierhundert Jahr philosophirt, ohne daß die Welt in Ansehung dieser wichtigen Wahrheit, von ihnen einige wahre Erleuchtung bekommen hätte. Der öffentliche Gottesdienst wurde vielmehr bey aller dieser Philosophie immer noch abscheulicher, die Vorstellung vom höchsten Wesen, wo noch eines gedacht wurde, imgleichen die von der Vorsehung und von der

Unsterb-

Unsterblichkeit der Seelen, immer ungewisser und schwankender, und die Metaphysik machte die völlige Gottesverleugnung nur systematischer. Man muß sich nur, sagt Bayle, wenn man die Alten lieset, durch die Worte nicht blenden lassen, und glauben, wenn sie von Gott oder Göttern reden, daß sie deswegen nun auch den rechten Begriff gehabt hätten. Es kömmt auf die Erkenntniß eines ersten und höchsten Wesens, einer ersten Grundursache, einer ursprünglich würksamen und bewegenden Kraft, noch gar nicht an. Strato, und alle übrige systematische Gottesverleugner unter den alten Weltweisen, nahmen dieß auch an; und wer spricht mehr von Gott, als Spinoza? Der wahre Begriff von Gott ist, daß er ein Geist, ein von der Welt und aller Materie verschiednes allerhöchstes moralisches Wesen, von unendlicher Allwissenheit, Weisheit und Güte ist, das die Welt, nicht aus einer innern Nothwendigkeit aus sich hervorgebracht, sondern dieselbe aus freyer Allmacht, durch nichts als durch Weisheit und Güte bewogen, erschaffen, das in seinem unendlichen Verstande alle mögliche Begebenheiten und Veränderungen in derselben mit Einem Blicke sieht, und mit eben dem allmächtigen freyen Winke, womit er sie schuf, auch ihren Lauf erhält und leitet. Dieß ist der einzige wahre Grund der Religion; denn hierauf allein beruhet das Vertrauen zu einer

Vor-

Vorsehung, und dieß ist zugleich der einzige Gedanke, der den Sünder von der Ausführung seiner bösen Absichten zurück halten, und den Tugendhaften in seinem Bestreben gut zu seyn, unterstützen und ermuntern kann. Aber so lange man sich dieses höchste Wesen, mit der Welt als Eins, oder als einen durch die ganze Natur ausgebreiteten Weltgeist denkt, so spreche man von Gott, vom Verstande Gottes, wie Spinoza, noch so viel; mit Seneka von der Vorsehung noch so erhaben; es sind alles leere Worte die ihr eignes System widerlegt; die wahre geistige oder moralische Natur Gottes bleibt immer verleugnet. Denn ist die Welt dieß ewige nothwendige höchste Wesen selbst, so ist alles absolute blinde Nothwendigkeit: denn dieser Gott kann nichts anders erkennen, nichts anders würken, als wie es ist; dieß ist das einzige Mögliche; und dieß alles wie es ist, sind wesentliche Theile von ihm, Modifikationen seiner eignen Natur; was ist hier Religion, Vorsehung, Unterschied des Guten und Bösen?

Ein durch die ganze Natur verbreiteter Weltgeist ist hievon nur durch den Namen unterschieden. Ein unendlich ausgedehntes Wesen hat unendlich von einander verschiedne Theile. Moralische Vollkommenheiten, allgemeine Vorsehung, sind hier eben so unmöglich. Verfolgt der Weise den Begriff, so führt er ihn zu eben

der

der Gottesverleugnung; bleibt er bey der ersten Vorstellung stehen, so hat er so viel einzelne und von einander verschiedne Götter, als er verschiedne Theile in der Natur sieht. Und eben dieß, daß die alten Weisen diese wahre geistige Natur des höchsten Wesens so wenig deutlich kannten, war das Labyrinth worin ihre Vernunft sich verlohr, daß sie den wahren Weg zur Religion nie mit Sicherheit zu finden wußten; und wenn sie auch nicht alle in die würkliche Verleugnung Gottes fielen, so hatten sie es nicht ihrer Philosophie, sondern eher ihrem glücklichen Fehler im Schließen zu danken, und daß sie entweder aus Scheu die Tugend ganz zu verleugnen, oder aus Hochachtung für die von alters hergebrachte dunkle Meynung von den Göttern, ihr System, wenn es auf die letzten Schlüsse ankam, verließen. Wer Muth und Logik gnug hatte seinem Systeme zu folgen, der war immer in der nächsten Gefahr zur Gottesverleugnung geführet zu werden; wer besser dachte und schlechter schloß, der machte es wie Cicero seinen Freund sagen läßt: Wenn es auf die Religion ankömmt, so halte ich mich an die Oberpriester, und nicht an das was Zeno, Cleanthes und Chrysippus sagen; diese höre ich gern um den Grund meiner Religion zu wissen, aber es bleibt meine Pflicht, das ohne allen Grund zu glauben, was die Vorfahren davon hinterlassen haben.

Und

Und wenn Cicero, nachdem er in seinem Buche von der Natur der Götter alle diese philosophischen Systeme geprüft, sich nicht am Ende etwa noch selbst an diese von alters hergebrachte Meynung von den Göttern gehalten hätte, so würde ihm nach aller seiner Prüfung vielleicht kein andrer Weg übrig geblieben seyn. Von der Unsterblichkeit der Seele gesteht ers an einem andern Orte ausdrücklich, daß keiner von den Weisen, die dieselbe geglaubt, einigen Beweis dafür gehabt hätte. Und dieß ist denn auch der Grund von den vielen Widersprüchen, die man in ihren Schriften hierüber antrifft. Einzeln sind ihre Säze zum Theil vortreflich, glänzend, blendend; aber sie bleiben immer einzeln, und schwankend, und verschwinden ihnen wieder aus dem Gesichte, ehe sie den rechten Gebrauch davon machen können. Ein sicherer Beweis, daß sie nicht aus ihren Grundsäzen fließen. Man führet uns, sagt Bayle, vortrefliche Stellen aus dem Plato an, wo er überaus vernünftig spricht; aber man schlage die Bücher nach, wo er als Naturkündiger, und nicht als Moralist oder Staatskluger schreibt, so wird man ein Galimathias und ein Gewirre finden, wovor die Vernunft erstaunet. Herr Hume sagt so gar, daß er das Herz nicht habe, auch die Antonine, und den Plutarch für ächte Deisten zu halten.

Indessen

Indessen immer ein so viel unauflöslicher Geheimniß für die Vernunft, wo diese Philosophie denn eben vor achtzehn hundert Jahren auf einmal in die Welt gekommen, und sich so schnell verbreitet.

Ekele Weise! dürfte ich sie wohl nennen, ces paysans de Galilée — doch wollen wir hier dieß noch nicht ausmachen, es wird sich noch wohl eine nähere Gelegenheit dazu finden. So viel ist indessen wohl gewiß, da die Vernunft, in jenen sonst so philosophischen Zeiten, und bey ihrem aufgeklärten Fortgange in allen übrigen Wissenschaften, in Ansehung dieser Wahrheiten sich noch in solcher Finsterniß hat verwirren können, daß es ihr also auch wohl nicht so leicht habe werden können, ohne eine höhere Anleitung, zuerst auf den richtigen Begriff von einem höchsten Wesen zu kommen, sondern daß sie nach aller Theorie von ihr, bey der Abgötterey werde angefangen haben.

Der Herr von Voltaire widerspricht dieser Theorie, und beruft sich auf die Geschichte. Es ist merkwürdig, daß dieser Mann die Wahrheit der geoffenbarten Religion allemal da am meisten bestätigen muß, wo er ihr am meisten zu schaden glaubt. Hier hat er recht. Die Geschichte der Vernunft (ich verstehe aber darunter nur die alleralteste,) ist der Theorie von derselben würklich entgegen. Denn es ist unwidersprechlich, wenn wir dieser Geschichte nach-

von der Offenbarung überhaupt. 33

nachgehen, daß die Erkenntniß eines einigen allerhöchsten Wesens weit älter ist, als alle Abgötterey; und dieß nicht etwan bey einem und andern dunkeln Volke allein, das Herr Hume nicht zu nennen würdigt; sondern es ist ohne Ausnahme von allen den ältesten und größten Völkern wahr, und je mehr uns die Vorsehung mit der ältesten Geschichte dieser Völker, und ihren Originalurkunden bekannt macht, (eine merkwürdige Vorsorge, daß alle diese kaum noch zu hoffen gewesene Entdeckungen eben in unserm Zeitpunkt kommen müssen,) je mehr finden wir diese Wahrheit bestätigt.

Das alte Aegypten verehrte unter dem Namen des Phtahs und Cnephs, diesen alles erschaffenden und erhaltenden Geist, ehe es noch eine seiner sinnlichen Gottheiten, einen Osiris oder eine Isis, kannte.

Der Chang-Ti der alten Sinesen, ist im Chouking eben dieser alles erhaltende, ordnende und vergeltende Geist.

Der Bramine betet noch keinen andern Gott an. Gleich in dem ersten Gespräch, womit sein Bedang anfängt, dessen erste Anlage vielleicht an die Noachiden reicht, hat sich unter allen den übrigen abergläubigen und allegorischen Fabeln der große Gedanke noch erhalten, daß der Brimh, der unabhängige Schöpfer und Regierer aller Dinge, ein reines und von aller Materie verschiednes, ewiges und unend-

Jeruſ. Betr. 2. Th. 1. St.   C   liches

liches Wesen, seiner Natur nach zwar über alle Begriffe erhaben, aber aus seinen Werken als ein allwissendes, allmächtiges, allgegenwärtiges Wesen kennbar, bey dem Weisheit und Güte, und eine das Böse bestrafende Gerechtigkeit ewig gewohnt haben. Und in allen den unzähligen Namen und Gestalten, die das Volk in Indien als so viele besondre Gottheiten anbetet, erkennet er nichts, als so viele verschiedne Benennungen und symbolische Vorstellungen, von den Eigenschaften und den Würkungen dieses höchsten Wesens.

Die Gaurer, der kleine Ueberrest der alten Perser, die sich noch der reinen Religion Abrahams rühmen, beten auch noch diesen einzigen Gott, ungeachtet ihrer abergläubigen Verehrung des Feuers, mit einem Abscheu vor allen bildlichen Vorstellungen an, weil sie erkennen, wie bald dadurch bey allen übrigen Völkern diese wahre Erkenntniß Gottes ist verdrungen worden.

Der älteste Odin der alten nordischen Völker, ist ebenfalls dieser einzige wahre Gott und Schöpfer der Welt. Auch hatte Rom zu Numas Zeit noch keine Götter.

Und nicht dieses allein; sondern der Begriff von einer alles regierenden vergeltenden Vorsehung, und von einem zukünftigen Leben, findet sich mit dieser Erkenntniß des höchsten Wesens in allen diesen ältesten Geschichten

durch-

durchgehends beysammen; weit eher, als die Vernunft je zu philosophiren und aus dem Zusammenhange in der Natur diese Wahrheiten zu schließen hätte anfangen können; weit eher, als ein Osiris, ein Saturn, ein Jupiter gekannt wurden.

Aber so viel wichtiger wird nun immer die Frage, woher diese reine Erkenntniß so früh gekommen sey? Hier stehen Philosophen gegen Philosophen. Herr Hume, dessen Gedanken ich hier so oft, ohne ihn immer zu nennen, brauche, spricht der Vernunft, wie sie noch in dieser ihrer Kindheit gewesen, die Fähigkeit hierzu ganz ab. Die Vernunft, sagt er, steigt stuffenweise von dem Niedern zum Höhern; die Menschen behalfen sich eher mit Hütten, ehe sie Palläste aufführen lernten, und sie haben die einzelnen Theile der Natur nothwendig eher für unabhängig halten müssen, ehe sie sich dieselbe als ein Ganzes gedacht haben; nichts kann den Menschen hierin einen Sprung machen lassen, als eine unmittelbare Offenbarung. Bayle, der eben so wenig sonst geneigt ist der Vernunft etwas zu vergeben, ist eben so behutsam: man sage nicht, sagt er, daß man nur die Augen aufzuthun brauche, um den wahren Gott zu sehen. Lock, der große Kenner der Vernunft, ist ebenfalls hiermit eins. Auch Plato sagte schon eben das: es ist sehr schwer den Vater und Schöpfer der Welt zu finden. Plato, Bayle, Lock, Hume — Rousseau und Voltaire behaupten gerade

gerade das Gegentheil. Rousseau braucht dazu weiter nichts als seine Augen; die Natur, sagt er, ist das offene Buch, woraus ich Gott kennen und verehren lerne, und es kann keiner, der es nicht lieset, sich entschuldigen; denn hierin redet Er eine Sprache, die alle Menschen verstehen; wenn ich also meine Vernunft und Fähigkeiten recht gebrauche, so lerne ich daraus alles was Gott von mir fodert. Die Rede ist hier von der rohen und ungebildeten Vernunft, wie sie in dem ersten Alter der Menschheit war; denn spräche Rousseau von sich, und von dem Lichte, worin er jetzt das Glück hat dieß Buch zu lesen, so sagte er nichts.

Der Herr von Voltaire ist darüber noch entscheidender. Seinem Ausspruche nach, hat der Vernunft nichts leichter als diese Erkenntniß seyn können; denn so, wie sie den Menschen die Geometrie gelehret, habe sie ihn auch hierauf leiten müssen; und keine Vernunft sey so blöde, daß sie nicht von den Würkungen auf eine Ursache schließen sollte.

So geometrisch ist dieß nun eben nicht geschlossen. Die blödeste Vernunft erkannte auch gleich, daß alles was schwer ist zu Boden fällt; aber erkannte sie deswegen auch gleich das allgemeine Gesetz der Schwere? Die Vernunft sah allerdings gleich anfangs gewisse Würkungen in der Natur, und schloß
auf

auf deren Ursachen, aber war es ihr dann auch gleich so leicht, bey den vielen, dem Scheine nach unabhängigen Kräften, und den scheinbaren Unordnungen, auf eine höchste erste und allgemeine Ursache zu schließen? Der Philosoph wird durch diese scheinbaren Unordnungen, wenn er ihren weisen gemeinschaftlichen Endzweck erst übersieht, zur Erkenntniß und Verehrung einer solchen allerhöchsten Ursache und ihrer unendlichen Weisheit und Allmacht am allermeisten erweckt werden; aber die noch wilde Vernunft sieht in der Natur zu wenig Harmonie, und da, wo sie sie am ersten sehen könnte, ist sie am wenigsten aufmerksam darauf; Ordnung rührt sie am wenigsten; diese muß also, bey einer jeden geglaubten Unordnung, nothwendig erst auf so viel besondre unabhängige Ursachen geführet werden. In dem Lichte, worin, wie ich schon gesagt, Rousseau das Glück hat dieß Buch der Natur jetzt lesen zu können, findet seine Vernunft freylich alle diese Wahrheiten mit Deutlichkeit und Ueberzeugung. Aber die Vernunft ist sich überall gleich; und dieß Buch liegt vom Anfang der Schöpfung in Afrika und Amerika eben so offen als bey uns; warum lieset es nun der Caffrer und der Hurone nicht eben so geläufig als Rousseau? Wo hat die Natur mehr Reitze als in Griechenland und in Italien? wo hat die Vernunft sie mehr studirt? wo ist sie je glücklicher in deren Nachahmung gewesen? und dennoch

dennoch blieb bey allem ihren übrigen Scharfsinn ihre Verblendung hierin so groß, daß man deren Beschreibung für ganz unglaublich und für ein Pasquil auf die Vernunft halten müßte, wenn die Vorsehung uns nicht die authentischten Beweise davon aufbehalten hätte. Wo also die Vernunft viele tausend Jahre die Natur hat vor sich haben, und doch den Schöpfer der Natur nicht erkennen können; wo die geübteste, die scharfsinnigste Vernunft, bey aller ihrer Anstrengung zu keiner sichern und deutlichen Erkenntniß desselben hat kommen, wo sie so unglaublich sich hat verirren können, so muß die ganz ungebildete rohe Vernunft doch auch wohl nicht so früh auf diese richtige Erkenntniß haben kommen können. Wäre es ihr aber so leicht gewesen, wie hätte sie denn diese ihr so wichtige Erkenntniß so bald wieder verlieren, und dermaßen verlieren können, daß es ihr beynahe unmöglich geworden sie wieder zu finden. Dieser Beweis des Herrn Hume ist unwiderleglich. Historische Wahrheiten können verstümmelt werden, denn sie beruhen auf dem Gedächtniß, und Vernunftschlüsse können, wenn ihre data einmal verlohren sind, dieselben nicht wieder herstellen. Aber Wahrheiten, die sich dem ersten Blicke der Menschen so deutlich darstellen, und die besonders für den Menschen so wichtig sind, müssen durch eben die Gründe wodurch sie zuerst erkannt worden sich

von der Offenbarung überhaupt.

sich auch erhalten, oder wenn sie sich auch durch einen Zufall verlohren, von der Vernunft, wenn sie sie ernstlich sucht, sich wenigstens wieder finden lassen. Denn wie könnte man der Vernunft, da sie noch in der Wildniß war, Einsichten zutrauen, die bey einer bessern Cultur und einem gesellschaftlichen Leben, sich so verlohren hätten, daß sie zu denselben nie hätte wieder kommen können. Nach dem natürlichen Gange, hätte diese Erkenntniß mit der übrigen Cultur der Vernunft vielmehr wachsen und sich immer mehr aufklären müssen, und sie wird immer finstrer, die Abgötterey immer unvernünftiger. Es blickt zwar unter allen diesem Unsinn des Aberglaubens ein gewisses Gefühl von einem höhern Wesen hervor, welches die falsche Metaphysik und der äusserste Verfall des allgemeinen Verderbens nicht ganz zerstören können; aber eben dieß dunkle Gefühl ist der Beweis, daß es nichts anders als ein Rest eines verlohrnen erleuchtetern Begriffs war, den die Vernunft nicht mehr recht zu gebrauchen wußte; einzelne Funken eines verloschenen Lichts, die sie nur verwirrter machten; einzelne Trümmern, die bewiesen daß ein regelmäßiger Pallast da gestanden, aber wovon zu viel wesentliche Theile fehlten, als daß daraus wieder ein ganzes hätte werden können. Dieß Gefühl hatte Epikur auch, und doch führte sein System unmittelbar zur größten Gottesverleugnung. Noch einmal, ist es der Vernunft so leicht zu dieser Erkenntniß zu kommen, warum war bey ihrem übrigen Wachsthum ihr Verfall hierin so groß, warum der öffentliche Gottesdienst immer schändlicher, die Vergötterungen immer unsinniger, die Göttergeschichte immer abscheulicher, warum der wahre Gott immer unbekannter, warum dieser wahre Gott, weder in Athen oder Rom irgend der Gegenstand der öffentlichen Verehrung? Waren es nur Irrthümer des großen Haufens; dieß zugegeben; aber woher dann dem großen Haufen, bey so vieler der Vernunft zugestandnen Erkenntniß, eine so allgemeine Verblendung? Sahen die Weisen, sahen die Obrigkeiten die Thorheit davon ein? sie sahen sie, aber wo war die bessere Erkenntniß? war sie da, warum war sie ihnen dann so wenig wichtig? kann es einem sittlichen Staate auch gleichgültig seyn, ob das Volk seine Götter, das erhabenste, das vollkommenste was die Vernunft sich denken kann, als die Lehrmeister aller möglichen Bosheiten ansieht? Warum behielten diese Götter nichts desto weniger ihre Tempel, ihre Priester, ihre Opfer? warum blieb ihre Verehrung so heilig, von den angesehensten Personen im Staate selbst besorgt, von den Gesetzen geschützt? warum war die Einführung einer vernünftigen Religion ein Staatsverbrechen? Der Götter auf die muthwilligste

willigste Art zu spotten, und ihnen die schändlichsten Laster anzudichten, dieß war Dichtern und Mahlern frey erlaubt; aber sie nicht als Götter verehren, dieß war in Athen ein Verbrechen, das Socrates mit dem Leben bezahlen mußte. Freylich gaben alle vernünftige diesen schändlichen Gedichten keinen Beyfall. Die nur noch einige Ehrerbietung für die Tugend hatten, sahen es vielmehr mit Aergerniß und Kränkung an, daß die Tempel, wo die Menschen die reinsten Triebe zur Tugend holen sollten, die gefährlichsten Schulen der Bosheit waren, wo sie alle Reitzung und Rechtfertigung für die unreinsten und schändlichsten Leidenschaften fanden. Wenn wir den Jupiter, sagt Seneka, als einen Aufrührer gegen seinen Vater, als einen Verführer der Unschuld, und als den lasterhaftesten Bösewicht vorstellen, was ist dieß anders, als den Menschen alle Schaam für die Laster benehmen, und ihnen den Vorwand geben, daß sie ihre unreinsten Neigungen noch mit dem Beyspiele einer Gottheit rechtfertigen. Ovidius selbst warnet alles junge tugendhafte Frauenzimmer für die Tempel der Götter. Und was war auch in den Schauspielen gewöhnlicher als diese Entschuldigung: Wenn Jupiter dieser Leidenschaft nicht widerstehen konnte, wo soll ich schwacher Mensch diese Stärke hernehmen. Indessen bleibt es immer ein so viel größerer

C 5 Beweis

I. Betrachtung

Beweiß von dem unglaublichen Verfall, daß eben diese schändliche Gottheiten, das einzige Objekt der öffentlichen Verehrung blieben; daß sie zum Theil mit eben so schändlichen Festen, wofür die Menschheit erröthete, öffentlich verehret wurden; und daß die reinere Erkenntniß des höchsten Wesens, ein guter Gedanke, ein Geheimniß einzelner Weisen blieb, ohne daß auch nur die geringste Anstalt, die diese reinere Religion allgemeiner hätte machen können, da gewesen wäre. Die Schulen der Weisen waren zwar offen; aber wie wenige waren vermögend diese zu besuchen; wie wenig waren die Sprache und Lehrart, die in denselben herrschten, den allgemeinen Fähigkeiten angemessen; wie vorsetzlich räthselhaft und dunkel war der Vortrag; wie wenige wurden hinter den Vorhang gelassen; wie schwankend und ungewiß waren auch die besten Sätze! Und welche Schule war die rechte? Die von Epikur, und der übrigen systematischen Gottesverleugner ihre, waren eben so offen, ihr Ansehn war eben so geltend, die Anzahl der Zuhörer eben so blendend; wo war die Entscheidung für die Wahrheit? An beyden Seiten war menschliches Ansehn; und was vermochte alles menschliche Ansehn, gegen einen herrschenden öffentlichen Gottesdienst? Was that der große der vortrefliche Antonin, bey allen seinen erhabenen Gesinnungen, bey allen seinem Kayserlichen Ansehen, zu dessen Verbesserung?   Wie

Wie die ersten Christen in ihren Schutzschriften den Heiden hierüber so viele bittere Vorwürfe machten, so suchten ihre neuere Weltweisen denselben zwar dadurch zu entgehen, daß sie die vielen Götter nur für besondere Eigenschaften und Würkungen Eines höchsten Wesens ausgaben, und die schändlichen Fabeln von denselben allegorisch zu erklären suchten; aber sie machten sich, sagt Bayle, damit nur um so viel lächerlicher, und den Christen ihren Sieg nur so viel leichter.

Nur das Evangile du Jour, das geschwätzige Echo in den Thälern am Genfer See, das alles, was der Herr von Voltaire je unüberlegtes gesagt hat, funfzigmal und immer unsinniger zum Spott des alten Dichters wiederholet, widerspricht diesen allen; und übernimmt die Vertheidigung dieser Götter und ihrer schändlichen Fabeln, gegen alle die unzähligen Originalbeweise die wir davon in Händen haben. Nach dessen Aussprüchen ist der Vernunft nicht allein nichts natürlicher als das höchste Wesen zu erkennen, sondern kein vernünftiger Heide habe auch je mehr als ein einziges solches Wesen gekannt; Der Jehova der Phoenizier und Egypter, der Zevs der Griechen, der Jupiter der Römer, wären unveränderlich dieser einzige höchste Gott gewesen; Die Untergötter hätte niemand für dieß höchste Wesen gehalten, dieß wären Blasphemien der Christen;

I. Betrachtung

Christen; diese Untergötter habe man dem Volke nur als eine Ermunterung zur Tugend gelassen. Die Chaldäer hätten zwar die alte Verehrung des einigen höchsten Gottes nachher verlassen und die Sterne angebetet, aber sie hätten geglaubt, die Sterne bestimmten das Schicksal der Menschen, es sey also nichts unschuldigers als diese Anbetung, und deswegen wären sie noch keine Götzendiener gewesen; ein Götze sey ein Bild, Sterne aber wären keine Bilder. Auch die Moral habe dabey nichts verlieren können, denn es sey nur eine gesunde Moral. — Lauter Sprüche aus diesem Evangelio. Sie verdienen mit ein paar Worten erwogen zu werden.

Der Vernunft sey nichts leichter, als die Erkenntniß des höchsten Gottes — und doch war nach des Verfassers Geständniß, alles was groß in Rom war, dem epikurischen Atheismus zugethan.

Die vielen Untergötter hätte nie ein vernünftiger Mensch für das einige höchste Wesen gehalten — freylich war dieß wohl nicht möglich, tausend Götter für das Einige höchste Wesen zu halten, aber wo war die reine Erkenntniß dieses einigen höchsten Wesens?

Die Untergötter wären nur zur Ermunterung der Tugend gelassen. — Juno, Venus, Mars, zur Ermunterung der Tugend!

Das einige höchste Wesen sey immer gekannt und angebetet, dieß sey der Jupiter des Homers

Homers — der Jupiter des Homers, das allerhöchste Wesen! Ja er soll es seyn; der alte ursprüngliche Begriff ist noch da, aber wie verstellt; was für ein Gemische von göttlicher Größe und niedrigster menschlicher Schwachheit, ohne daß der Dichter daran den geringsten Anstoß findet. Der Vater der Götter und der Menschen — der unabhängige sich selbst genugsame Gott — dessen Thron über alle Himmel erhaben — der Hochdonnernde, dessen Hand beständig mit Donnerkeilen bewaffnet ist, und die Blitze durch den ganzen Himmel schleudert — der mit dem Winke seiner Augen die ganze Erde regiert, und dessen Wille Schicksal ist — Und dieser Vater der Götter und der Menschen, ohne den Beystand des Briaräus, in der nächsten Gefahr, von einem Complot der übrigen Götter in die für ihn schon zubereiteten Fesseln gelegt zu werden — Und dieser unabhängige Beherrscher der Welt sich mit der Juno wie der niedrigste Pöbel zankend, dann durch deren List und den magischen Gürtel der Venus betrogen, in den Armen dieser seiner Gemahlin und Schwester, ihren Reitzen allen seinen übrigen hererzählten unzüchtigen Ausschweifungen den Vorzug gebend, endlich von ihr eingeschläfert, daß er seinen Trojanern den ihnen zugedachten Schutz nicht leisten, und Neptun indessen den Griechen zu Hülfe kommen kann — Dieß ist der Jupiter des Homers. Ein

Ein vergötterter Ibis ist noch keine solche Schande für die Vernunft, noch keine solche Schmähung der Gottheit; denn er ist nichts als das Bild einer Untergottheit, einer Naturkraft; aber ein solcher Vater der Götter und der Menschen — und dieser auf den Thron des höchsten Wesens, dieß ist ein Verfall, den unsre Vernunft sich jetzt nicht mehr als möglich denken kann.

Der Chaldäer ihre Anbetung der Gestirne sey unschuldig, denn sie hätten die Sterne für die Urheber der Schicksale gehalten — aber was blieb hierbey für den obersten Herrn und Schöpfer der Welt übrig? und war dieß nach dem eigenen Geständniß nicht die volle Verleugnung Gottes und aller Vorsehung?

Endlich; die Moral habe bey allen dem nichts verlohren, denn es sey nur Eine gesunde Moral. — Allerdings; auch nur Eine gesunde Logik, und folglich wären die Schlüsse eines kranken Gehirns auch nicht unsinnig.

Da es nun nach der Geschichte unwidersprechlich, daß die Erkenntniß Gottes so viel allgemeiner und reiner ist, je tiefer wir in die älteste Geschichte des menschlichen Geschlechts zurück gehen, und sie dagegen mit dem Wachsthum der Vernunft immer dunkler und verstümmelter geworden, bis sie sich endlich in der allerunsinnigsten Abgötterey bey den scharfsinnigsten Völkern beynahe ganz verlohren, so

ist

ist auch der Schluß wohl richtig, daß die Vernunft die Quelle jener reinern Erkenntniß nicht habe seyn können, sondern daß hier nothwendig ein älterer fremder Unterricht zum Grunde liegen müsse. Dafür hielten es Orpheus, Thales, Pythagoras und Plato auch. Ein entfernter Strahl von diesen Wahrheiten machte sie aufmerksam, und dadurch erweckt, suchten sie eine nähere Erleuchtung; aber ihrer Vernunft traueten sie dieselbe nicht zu. Sie glaubten sie nicht sicherer zu finden, als wenn sie in die Länder reiseten, die sie als die Quelle der Geschichte der Menschheit und der Vernunft mit recht ansahn. Ihre Bemühungen waren auch nicht ganz umsonst. Die guten Kenntnissen, womit sie bey ihrer Zurückkunft ihre Zeit und ihre Gegend aufklärten, brachten sie würklich damit her. Nur kamen sie schon zu spät; die Quelle selbst war auch nicht mehr lauter. Die großen Wahrheiten der alten Religion hatten durch die vielen symbolischen Vorstellungen, die vielleicht ursprünglich zum Theil Nationalgeschichte und Naturwürkungen andeuten sollten, (und die sie, und ihre Lehrmeister auch wohl selbst schon nicht recht mehr verstanden) und durch die vielen erdichteten Ungötter und Geister ihre erste Simplicität schon verlohren. Sie brachten also das Wahre mit dem Falschen mit zurück; sie brachten die Namen von einem höchsten Wesen, von Schö-

pfung

pfung, von Unsterblichkeit der Seele mit, aber es waren großentheils schon verunstaltete, verworrene Begriffe, und die sie, indem sie dieselben durch ihre Metaphysik (ein Labyrinth, welches der einzige Socrates klug genug war zu vermeiden) wieder aufzuklären suchten, nur noch verworrener machten, daß sie dabey selbst oft nichts mehr denken konnten, und den wenigen richtigen Wahrheiten die darunter waren, ihre fruchtbare Simplicität und Gewißheit noch mehr benahmen. Denn so bald diese Wahrheiten in ihre Schulen kamen, waren sie von der Religion getrennet, und wie Pflanzen die in einen ganz fremden Boden versetzt werden, verlohren sie hier alle ihre Fruchtbarkeit, und wurden ein speculatifisches Spiel des Witzes, wovon der gemeine Menschenverstand nichts begriff, was zu dessen Aufklärung nichts beytrug, und wobey die öffentliche Religion immer gleich unvernünftig und abscheulich blieb; zumal da auch eben die großen Weisen, die in ihren Schulen von der Natur der Götter so tiefsinnig philosophirten, sich in den Tempeln eben so abergläubig als der niedrigste Pöbel bewiesen und mit demselben öffentlich eben die Götter anbeteten, die sie in ihren Schulen verspotteten. Die große Regel, die Plato allen seinen Schülern gab, war diese, daß sie sich der Verehrung der einmal angenommenen Götter gemäß bezeigen sollten. Hiemit war

auf

auf einmal alle Verbesserung unmöglich gemacht, wenn übrigens auch die Religion von der Philosophie dergleichen hätte hoffen können. Und gesetzt, daß Plato auch die reinsten und vollkommensten Begriffe von dem höchsten Wesen gehabt hätte, so waren die vielen Geister und Untergottheiten, die er als das wesentlichste der Religion ansahe, der Natur der wahren Religion allein schon entgegen. Denn alle Untergötter verdrängen gleich den Glauben an eine allgemeine Vorsehung, und wenn denn auch die Erkenntniß eines höchsten Wesens sich dabey erhält, so wird es eine müssige Theorie, die auf die wahre Religion und auf das moralische Verhalten des Menschen keinen Einfluß mehr hat. Das vollkommenste Wesen, das die Regierung der Welt geringern Wesen überläßt, höret dadurch gleich auf des Menschen Gott zu seyn; es ist für ihn umsonst da, und er liebet und fürchtet es umsonst; und alle Religion die Untergötter hat, ist, wo sie am unschuldigsten bleibt, nichts als eine Feengeschichte, wie sie es bey den Römern und Griechen war, die die Menschen von aller moralischen Vollkommenheit abführet. Denn die Vervielfältigung dieser Götter hat nirgend ihre Gränzen, ihre Anzahl wird immer größer, ihre Würde immer geringer und verächtlicher; und wenn die Ehrbarkeit sich auch schämt ihnen dergleichen schändliche

Handlungen anzubichten, oder wenn Plato es auch dahin gebracht hätte, alle mythologische Dichter deswegen aus seiner Republik zu verbannen, so war für die wahre Religion dadurch noch nichts gewonnen. Die Vorsehung, der einzige wahre Grund des moralischen Verhältnisses, blieb dennoch immer verleugnet, und die Wahrsagereyen, die Orakel, die Zaubereyen, blieben unzertrennlich in dem Gefolge dieser Götter. Der fanatische Eifer, womit der Kayser Julian eben diesen Götzendienst, dem göttlichen Erlöser, der diese Werke des Teufels und der Dämonen zerstöret, zum Trotz wieder herzustellen suchte, und der Troß von Wahrsagern und Zauberern, den er, wo er war, um sich haben mußte, hat die Natur dieser Abgötterey, und wie dieselbe, wenn auch eine höhere Gottheit gekannt ist, alle Erkenntniß von einer wahren Vorsehung zernichtet, noch an ihrem Ende in ihr volles Licht gesetzt. Zugleich ist das unsinnige sophistische Gewäsche, und der lächerlich ernsthafte und siegende Ton, womit der so gepriesene Feind des Christenthums die Wahrheit dieser seiner Götter behauptet, und der Offenbarung Hohn spricht, ein merkwürdiges Denkmaal, wie unsinnig und wütend der Haß gegen die Wahrheit werden kann, wenn die Vernunft von demselben einmal geblendet ist; und die Anmerkungen, womit dieses Denkmaal jetzt noch
wieder,

wieder, als das wichtigste Siegeszeichen über die Offenbarung, erneuert ist, sind davon ein noch merkwürdigerer Beweis. Zwey Trophäen des Christenthums, die die Vorsehung nie wird untergehen lassen!

Da es also von allen Seiten wohl unwiderſprechlich bleibt, daß jene alte reinere Begriffe von der Vernunft nicht herkommen können, ſondern einen fremden Unterricht zum Grunde haben müſſen, wo ſollen wir dann den erſten Punkt dieſer Tradition hinſetzen? Nothwendig müſſen wir hier bis auf den erſten Urſprung des menſchlichen Geſchlechts zurück gehen.

Dieß haben wir aber ſchon geſehen: wenn wir bey der Schöpfung des Menſchen einen vernünftigen Endzweck des Schöpfers annehmen, daß dieſer erſte Zuſtand des Menſchen, in Abſicht auf deſſen leibliche Erhaltung, ohne eine beſondre Anſtalt oder unmittelbare Hülfe des Schöpfers ſich nicht denken laſſe. Sollte es nun aber der Weisheit und Güte Gottes wohl weniger anſtändig geweſen ſeyn, daß er den Menſchen auch gleich anfangs mit den erſten Begriffen, die zu ſeiner Moralität ſo weſentlich nöthig waren, bekannt gemacht, und ſich ihm als den Schöpfer und Regenten der Welt, und als ſeinen Schöpfer, unter deſſen moraliſchen Regierung er, der Menſch, beſonders ſtehe, offenbaret hätte?

D 2 Aber

Aber da es die große Absicht der Schöpfung war, daß der Mensch durch eben diese Erkenntniß zu seiner moralischen Bestimmung sich erheben sollte, er auch zu diesem Ende die Vernunft bekam; sollte dann dieser weise und gütige Gott der Vernunft nicht auch die zu dieser Bestimmung nöthigen Kräfte gleich mit anerschaffen haben?

Vorerst müssen wir, wenn von dieser Bestimmung die Rede ist, dieselbe nur nicht zu zuversichtlich angeben, noch ihr zu enge Gränzen setzen. Zu ihrer vollen Einsicht müßten wir den ganzen Schöpfungsplan übersehen können, und wir beurtheilen sie gar zu oft nach dem engen Gesichtskreise, der uns unter Augen ist. Gewiß soll der Mensch zu seiner moralischen Vollkommenheit sich erheben, und ewig zu einer immer größern sich erheben. Aber hier ist erst der Anfang unsrer Existenz, und zwischen der niedrigen Sinnlichkeit des Wilden, dessen Fähigkeit kaum noch hinreicht die Anzahl seiner Finger anzugeben, und zwischen der erhabnen Vernunft des Weisen, der die Gesetze des Himmelslaufs berechnet, wie unzählbar sind hier die Stuffen. Uns hat die Vorsehung nach und nach die höheren schon erreichen lassen, von denen wir die herrlichen Vollkommenheiten unsers Schöpfers, wo wir hinsehen, in einem entzückenden Lichte sehen; aber weil wir auf dieser unsrer Höhe jene unzählige niedrige Stuffen die unter uns sind, nicht so nahe vor Augen haben, so übersehen wir sie gar zu oft, als wenn sie gar nicht da wären, obgleich noch ganze Welttheile dazu gehören, und abstrahiren diese Bestimmung von den wenigen höheren Stuffen die uns zunächst sind. Dann aber kommt es nicht darauf an, was Gott nach seiner Allmacht hätte thun können, wir müssen sehen was er gethan hat. Daß Gott den Menschen gleich mit einem Geist erschaffen können, der sich schneller zu seiner moralischen Vollkommenheit erhoben, und alle darzu nöthige Erkenntniß mit dem ersten Blicke gleich übersehen hätte, wer könnte hieran zweifeln. Gewiß giebt es auch in dem Reiche Gottes solche Wesen. Aber ein System, wie diese Welt, muß aus einer unendlichen Mannigfaltigkeit bestehn. Es sollten demnach in diesem Reiche Gottes auch Geschöpfe, wie wir sind, seyn, die durch langsamere Stuffen, durch Unterricht und Veranlassungen, und zwar durch solche Veranlassungen, die Gott nach seiner Weisheit in dem Laufe der Natur zu veranstalten sich selber vorbehalten, zu dieser ihrer Vollkommenheit sich erheben sollen; und dieß ist offenbar die gegenwärtige Bestimmung der Menschen.

Aber der erste Mensch bekam doch gleich eine Vernunft; ganz recht; er bekam auch Augen um damit zu sehen, und dennoch, ehe er dieselben brauchen konnte, mußte er erst das Licht erwarten; wo dem Auge dieses scheinet, da hat es alle Fähigkeit, auch die kleinsten und entferntesten Vorwürfe, nach dem Grade der Deutlichkeit, worin sie ihm dargestellt werden, zu prüfen, und mit aller Sicherheit zu beurtheilen. Ist das Auge nun deswegen unnütz, daß es das Licht nicht in sich selbst hat? Eben so wenig hatte auch der erste Mensch die Vernunft umsonst. Sie war sein edelster Vorzug, und sie war das Mittel, wodurch er, nach der Absicht seines Schöpfers, zu seiner Vollkommenheit sich erheben sollte; und der dummste Wilde bleibt auch noch dadurch, in Vergleichung mit dem schlauesten Thiere, ein Mensch, und unendlich darüber erhaben. Aber seine höhere Cultur kommt auf Veranlassungen und Unterricht an; hat er diese, so hat die Fähigkeit seiner Vernunft keine Gränzen; hat er aber diese nicht, so kann er auch, ohne den geringsten Trieb zu einer höhern Vollkommenheit bey sich zu fühlen, und ohne einen Schritt zu thun, tausende von Jahren in stupider Dummheit stehen bleiben, und tausende von Jahren seine Hütte fortbauen, wie der Biber seinen Bau, ohne daß ihm der Gedanke einkäme, daß er die Fähigkeit habe, sich eine bequemere Wohnung aufzurichten.

So ist der Mensch; warum er so ist, diese Frage gehört für uns nicht. Dagegen ist diese

diese so viel natürlicher: da Gott nach seiner Weisheit dem Menschen eine Natur gab, die zwar von unendlicher Fähigkeit ist, aber doch zur würklichen Anwendung ihrer Kräfte, durch Veranlassung und Unterricht erweckt werden muß, ob denn dieser weise und gütige Gott den ersten Menschen, ohne ihn mit den wesentlichsten Begriffen, die zunächst zu seiner Bestimmung gehörten, bekannt zu machen, und sich ihm als seinen Herrn und Schöpfer zu offenbaren, so blind in die Welt gesetzt, und seinem thierischen Zustande, ohne alle Hülfe sich aus demselben zu erheben, sollte überlassen haben. Diese Anweisung, wird man sagen, liege in der Natur selbst; denn hier sey es, wo die Weisheit und Allmacht des Schöpfers sich der Vernunft so sichtbar offenbaret habe; diese sey das offene Buch, worin der Mensch, wenn er nur die Augen aufthue, alles, was zu seiner wesentlichen Bestimmung nöthig sey, deutlich lesen könnne. Dieß ist gewiß; so wie die Vernunft nur den ersten Gedanken von einem allerhöchsten Schöpfer empfing, so mußte ihr auch die Herrlichkeit dieses unsichtbaren Gottes, bey einem jeden Blicke, den sie in die Natur that, immer sichtbarer werden; und wenn die Menschen sich durch ihre Sinnlichkeit, durch die Eitelkeit ihres Sinnes, wie sie der Apostel nennet, und nachher durch eine falsche Philosophie nicht hätten verblenden lassen, so müßte die

die Vernunft bey einer jeden erweiterten Einsicht in die Ordnung und Schönheit der Natur, diesen ihren Schöpfer auch immer mit einer größern Deutlichkeit gesehen haben. Aber wie schwer es dem Menschen würde haben werden müssen, so früh, als wir es in der Geschichte finden, in jener ersten Kindheit seiner Vernunft, da er diese Ordnung der Natur noch so wenig zu übersehen vermochte, ohne alle Hülfe, und bloß durch seine eigenen Kräfte sich bis zu diesem Herrn und Schöpfer der Natur zu erheben, und daraus dann wieder seine Bestimmung und sein Verhältniß gegen denselben sich zu erklären; dieß hat nach dem vorhergehenden wohl den höchsten Grad der Wahrscheinlichkeit, und wird dadurch noch mehr bestätigt, daß es der gemeinen Vernunft, nachdem sie diesen Gott einmal verlohren, mitten unter den schon so viel aufgeklärtern Beweisen von seiner Herrlichkeit, Allmacht und Weisheit, dennoch so schwer war mit einiger Deutlichkeit ihn wieder zu finden, und er kaum noch etlichen einzelnen Weisen in dem nöthigen Lichte sichtbar blieb.

Aber wenn sich nun auch Gott den ersten Stammeltern noch so deutlich, als ihr damaliger Zustand es erforderte, offenbaret hätte, was half dem folgenden menschlichen Geschlechte alle diese Offenbarung, wenn diese Erkenntniß sich so bald wieder verlieren können?

Vorvon der Offenbarung überhaupt.

Vorerst war sie so ganz umsonst darum noch nicht. Nach der Geschichte blieb sie Jahrhunderte lang zur Erleuchtung der ältern Welt hinreichend; und die wahre Erkenntniß erhielt sich in ihrer ersten Simplicität und Lauterkeit bey einigen Völkern, zum Exempel bey den alten Persern, auch da noch, wie sie von den sinnlichen Gottheiten sonst fast überall schon verdrungen war. Und auch nachher, wie der Verlust schon noch allgemeiner geworden, und der Einige Gott und Schöpfer der Welt nirgend mehr öffentlich verehret wurde, erhielt sich doch noch ein dunkles Gefühl, ein gewisser Keim dieser Erkenntniß, der, nach den verschiednen Veranlassungen der Vorsehung, unter einem günstigen Clima bald hier bald dort einen Boden fand, wo er wieder einige Wurzel fassen und zur Erhaltung des sittlichen Gefühls auch noch einige Fruchtbarkeit beweisen konnte.

Indessen bleibt dieser Einwurf immer wichtig. Denn bey der allgemeinen sinnlichen Schwachheit welcher das menschliche Geschlecht unterworfen ist, würde diese Erkenntniß, von jener einzigen Offenbarung her, in der nöthigen Deutlichkeit und fruchtbaren Kraft sich auf beständig nicht haben erhalten können. Die von dieser Sinnlichkeit unzertrennliche Trägheit und Abneigung von allen Wahrheiten

ten die nur mit einer reinen Vernunft gefasset werden können, und die noch größere Abneigung von solchen, die, wie die Lehre von einem Gott und moralischen Regenten der Welt, die sinnlichen Neigungen so sehr einschränken; der dargegen so viel natürlichere Hang sich alles, und auch dieß unsichtbare höchste Wesen sinnlich zu machen; der leichte Verfall von diesen sinnlichen Vorstellungen zur Abgötterey selbst; die Nahrung die der Aberglaube, der Leichtsinn und die ganze verderbte Sinnlichkeit in solchen Religionen finden; die mächtigen Bande, womit der Aberglaube, wo er einmal geheiligt ist, sich zu erhalten weiß; der drohende Verfolgungsgeist womit er alle Vernunft von sich abhält; die Gleichgültigkeit womit endlich diese auch, nach und nach allen dessen Unsinn ertragen lernt, und die Gefahr, worin sie so leicht selbst geräth, durch falsche Grundsäzze und Vorstellungen dieß höchste Wesen aus den Augen zu verlieren — Alle diese der Menschheit so natürliche Schwächen würden diese erste Erkenntniß, ohne mehrere und sichere Hülfen, in ihrer ursprünglichen Lauterkeit nie haben fortdauren lassen; da selbst alle die vorzüglichen Anstalten, die das Christenthum zur Erhaltung dieser großen Wahrheit in die Welt gebracht, kaum hinreichen sie gegen den Leichtsinn und den Aberglauben zu schützen. Bedenkt man nun hierbey noch, was auch die

äußer=

von der Offenbarung überhaupt. 59

äußerlichen Veränderungen in der Welt auf die Vernunft für einen Einfluß haben, und wie die Menschheit durch die Tyranney, durch anhaltende verwüstende Kriege, durch langwierige Wandrungen und Zerstreuungen, und durch den damit verknüpften Mangel alles Unterrichts wieder verwildern und in die äußerste Barbarey zurückfallen kann, so wird die Möglichkeit eines solchen Verfalls noch immer wahrer. Da nun aber die Menschen einzeln und im Ganzen genommen, so lange der gegenwärtige Zustand dieser Welt derselbe bleibt, auch diesen Revolutionen unterworfen bleiben; da auch diese Sinnlichkeit, es sey dieselbe nun ein Verfall, oder eine natürliche Schwäche, das Eigenthum der Menschheit bleiben wird; würde es nun hier nicht eine große Wohlthat seyn, (von Schuldigkeit dürfen Geschöpfe gegen ihren Schöpfer nicht sprechen,) aber würde es nicht, sage ich, eine große Wohlthat seyn, wenn Gott in diesem Laufe der Vorsehung, nach der jedesmaligen Lage der Welt, wie es seine ewige Weisheit am besten erkennet, solche Veranstaltungen geordnet hätte, wodurch diese wichtige Erkenntniß von Zeit zu Zeit wieder erweckt und unterhalten, und zugleich dergestalt gegen ihren gänzlichen Verfall gesichert würde, daß die Menschen, wo sie sie auch verlohren, sie in ihrer Lauterkeit doch immer wieder finden könnten?

Dieß

Dieß ist nun, was den Feinden der Offenbarung so sehr anstößig ist. Wie? auch in dem Laufe der Natur noch neue Offenbarungen — stehende Offenbarungen — was hätte der Aberglaube unvernünftigers, und für die Weisheit Gottes beleidigenders ersinnen können? Daß der erste Mensch bey seinem Eintritt in die Welt, da er von allen Begriffen leer, seine Vernunft noch nicht zu brauchen wußte, einigen unmittelbaren Unterricht von seinem Schöpfer bekommen, dieß kann man zugeben; aber auch nachher in dem würklichen Laufe der Natur noch immer neue wiederholte Offenbarungen zu behaupten, dieß ist die unvernünftigste Verleugnung aller Allwissenheit und Weisheit Gottes. Dieser unendlich weise Schöpfer hat den Lauf der Natur nothwendig auf einmal geordnet, und die Kräfte der Geschöpfe gegen ihre Bestimmung mit so vieler Weisheit abgemessen, daß er nicht nöthig hat, die bey der ersten Anordnung nicht bemerkten Fehler, hinten nach zu verbessern, und die zuerst gewählte Ordnung auf die Art immerfort zu zerreißen. Die Vernunft ist nach der Absicht Gottes unwidersprechlich das Mittel, wodurch die Menschen zu ihrer moralischen Vollkommenheit kommen sollen, und das Maaß der vernünftigen Fähigkeiten welches er uns hierzu gegeben, muß nothwendig zu dieser Absicht das allervollkommenste seyn. Hätte Gott

von der Offenbarung überhaupt. 61

Gott dieß Maaß darzu nicht hinreichend gesehen, und in seiner Allwissenheit mußte er dieß sehen, was war seiner Allmacht leichter, als der Vernunft eine solche Stärke zu geben, daß seine Absicht dadurch allemal sicher wäre erfüllet worden? Da nun aber Gott den Menschen dieses Maaß würklich ertheilet, so ist auch eine jede vorgegebene wiederholte oder stehende Offenbarung, durch welche Gott der vorgegebenen Schwäche der Vernunft nachher zu Hülfe kommen wollen, die freventlichste Erklärung, daß der allwissende Gott sich in seinem ersten Schöpfungsplane geirret, und daher die nicht vorhergesehenen Schwächen durch ausserordentliche Eingebungen von Zeit zu Zeit habe suchen müssen zu ersetzen.

Dieß ist nun der große Einwurf, der auf einmal alle Offenbarung zu Betrug und Aberglauben machen soll, und der, so deutlich er auch unzähligemal widerlegt ist, doch immer mit einerley zuversichtlichem Tone wiederholet wird. Möchte es doch aber endlich möglich seyn, denselben in ein so entscheidendes Licht zu setzen, daß wenigstens die, die durch den blendenden Schein desselben sich so leicht einnehmen lassen, die Falschheit desselben mit Deutlichkeit einsehen lernten!

Die Vordersätze selbst sind alle unwidersprechlich wahr.

Daß

I. Betrachtung

Daß ein allwissendes Wesen, wie der Schöpfer der Welt ist, den bey der Schöpfung gewählten Lauf der Natur auf einmal geordnet — daß er sich auch in dem Maaße der Kräfte, das er den Geschöpfen zu ihrer Bestimmung gegeben, unmöglich habe irren können — daß er auch daher die vom Anfang an hiernach geordnete Verbindung der Dinge, wegen nachher bemerkter Mängel, durch die Einschiebung fremder Kräfte nicht nöthig gehabt zu unterbrechen — daß auch die Vernunft das eigentliche Mittel sey, wodurch die Menschen zu ihrer moralischen Vollkommenheit kommen müssen, alle diese Sätze sind so wahr, so deutlich, so allgemein wahr, daß es keinem vernünftigen Menschen je einfallen wird, den geringsten Einwurf dagegen zu machen. Aber sind nun die hieraus hergeleiteten Schlüsse gegen die Möglichkeit der Offenbarung deswegen auch wahr? Ist eine Offenbarung deswegen der Allwissenheit, ist sie der Weisheit Gottes entgegen? wäre sie nun deswegen ein Beweis, daß Gott in seinem ursprünglichen Schöpfungsplane sich geirret? wäre sie deswegen ein Nothbehelf, wodurch Gott die nachher erst entdeckten Mängel zu verbessern gesucht hätte? würde der von Gott ursprünglich geordnete Lauf der Vorsehung dadurch unterbrochen? hörte die Vernunft deswegen auf das Mittel zu seyn, wodurch Gott uns zu unsrer moralischen Vollkommenheit

von der Offenbarung überhaupt. 63

menheit führen will? Auf die Richtigkeit dieser Schlüsse kömmt allein alles an. Lassen Sie uns diese prüfen.

Alle die unbestimmten idealischen Deklamationen, was Gott nach seiner Allmacht habe thun können, was er nach unsrer Weisheit habe thun müssen oder nicht thun können, diese entscheiden hier, wie schon gesagt ist, nichts. Wir müssen sehen, was Gott thut. Auch dieß entscheidet hierin nichts, wie weit etwan einzelne Menschen, durch die äußerste Anstrengung ihrer Kräfte, und durch vorzüglich glückliche Naturgaben es bringen können. Wir müssen die Vernunft nehmen, wie sie bey den Menschen überhaupt ist. Von dieser aber ist es wenigstens unwidersprechlich, daß sie, theils durch die natürlichen Revolutionen in der Welt, und den damit verknüpften unvermeidlichen Verlust der nöthigen Erleuchtungsmittel, theils aber auch durch die natürliche Trägheit und den hiemit verbundnen Hang zum Aberglauben und zum Leichtsinn, in Ansehung der wesentlichsten Religions-Wahrheiten, bis zu einem solchen Verfall versinken könne, daß es beynahe so gut ist, als wenn sie das Vermögen, diese Wahrheiten zu erkennen, gar nicht habe; oder wenn auch ein älterer Unterricht vorher gegangen, daß dieser so dunkel, unsicher und unfruchtbar werden könne, daß es eben wiederum

64 I. Betrachtung

herum so gut ist, als wenn nie ein solcher da gewesen wäre. Dieß beweiset der unleugbare Verfall der ganzen alten Welt, und die Möglichkeit dieses Verfalls bestätigen noch jetzt alle die Völker in den drey übrigen Welttheilen, wo das Licht, was jene Revolution, wovon Herr Hume spricht, veranlasset, mit seinen Stralen noch nicht hingekommen ist. Daß aber auch alle Philosophie diesen Verfall nicht bessern könne, dieß macht wieder deren eigene Geschichte unwidersprechlich.

Man wird hier vielleicht denken, was jene alte Philosophie noch nicht vermocht, daß dieses in ihrem Fortgange durch eine allgemeinere Aufklärung der Vernunft doch von ihr zu erwarten gewesen sey. Denn so wie sie zu einer vollkommenern Erkenntniß in der Natur immer fortgegangen, und unter andern in der Astronomie, zu einer der ehmaligen Vernunft unbegreiflichen Höhe gestiegen sey, und dadurch die erhabensten Kenntnisse, die den größten Weisen des Alterthums noch verborgen gewesen, allgemein gemacht habe, so würde sie, mit diesem größern Lichte, welches sie über die Natur verbreitet, die Erkenntniß eines einigen Schöpfers und Regenten der Welt, nach und nach ebenfalls mehr aufgekläret und verbreitet haben — Diese immer zunehmende Aufklärung der Vernunft, und die damit sich zugleich verbrei=

von der Offenbarung überhaupt. 65

verbreitende mehrere Erkenntniß und Sittlichkeit ist gewiß zu hoffen, und wo auch dieß Licht scheinet, da ist es als eine göttliche Wohlthat mit Dankbarkeit zu verehren, denn auch sein Ursprung ist vom Himmel. Aber sollte dieses Licht der Philosophie das hellere reinere Licht der Offenbarung deswegen minder wohlthätig, minder unentbehrlich, und uns gegen dasselbe minder dankbar machen. Wir wollen bis zu dem ersten Aufgang desselben zurück gehen. Wie viel trug erstlich die Philosophie zu der merkwürdigen und schnellen Erleuchtung der Welt, wodurch die wahre Erkenntniß eines einigen Gottes auf einmal so allgemein ward, damals würklich bey? Sie hatte die Vernunft, dieß gesteht man ein, im Ganzen mehr aufgeklaret; sie hatte den Forschungsgeist erweckt, und die Vernunft auf dieß neue Licht was über die Welt aufzugehen anfing, aufmerksamer gemacht; aber zu dieser schnellen großen Revolution selbst, zu der Zerstörung der Abgötterey und der allgemeinen Verbreitung der bessern Erkenntniß that sie würklich nichts, dieß war unwidersprechlich allein die Würkung der höhern göttlichen Kraft die das Evangelium, das der damaligen herrschenden Philosophie so sehr eine Thorheit war, begleitete. Ihr glänzendster Periode war auch schon vorbey; sie hatte keine Socratesse, keine Plato's, keine Xenophons mehr, sie fing schon an in die leereste

Jerus.Betr.2.Th.1.St.   E

reste Sophisterey auszuarten, und wurde von der Barbarey endlich ganz verdrungen. Und wie diese Barbarey die ganze erleuchtete Welt überzog, auch da half sie nichts, daß in dieser schrecklichen Finsterniß und Verwilderung, unter allem Unsinn des Aberglaubens, der Keim dieser großen Wahrheiten sich dennoch erhielt, daß er nachher zu einer so gesegneten Fruchtbarkeit wieder aufwachsen konnte. Eine neue Sophisterey kam zwar unter ihrem Namen auf, die aber die Barbarey und den Aberglauben noch mehr begünstigte, als daß sie zur Erleuchtung der Menschheit das geringste geholfen hätte. Also in dieser Reihe von Jahrhunderten hat sie wenigstens zur Aufklärung der Welt und der Religion nichts gethan, hätte auch nichts thun können. Ihr Licht ging erst in dem vorigen Jahrhundert wieder auf, und in diesem kurzen Laufe hat es eine Höhe erreicht, worauf es von Anfang der Menschheit an nicht gestanden, und dadurch zugleich eine solche Erleuchtung über die ganze Natur verbreitet, daß die herrliche Weisheit und Güte des Schöpfers in einem solchen Lichte von der Vernunft nie gesehen worden. Aber würde diese Erkenntniß, (gesetzt daß der Mensch in seiner jetzigen Schwachheit zu seiner vollen Beruhigung auch nichts mehr wie diese bedürfte,) für die gemeine Fähigkeit nicht noch immer eine zu hohe Philosophie seyn; würde sie, so gegründet sie auch
für

für den Weisen ist, für den großen Haufen, je mehr als menschliches Ansehen zum Grunde haben? Alle andre neue Entdeckungen in der Natur nimmt derselbe auf dieß Ansehen, ohne den Grund davon zu wissen, zwar zuversichtlich an. Denn die Sinnlichkeit verlieret dabey nichts; ob die Erde sich um die Sonne, oder die Sonne sich um die Erde drehe, und ob die übrigen Himmelskörper sich nach solchen oder andern Gesetzen bewegen, dabey verlieret dieselbe nichts, das eine erfodert nicht mehr Verleugnung, nicht mehr Mäßigung der Begierden als das andre. Aber die Lehre von einem allerhöchsten, allwissenden, vergeltenden Gott, wird der sinnliche Mensch diese auf das Wort des Weisen auch so willig annehmen, und wird dieser Glaube, ohne von einer höheren göttlichen Autorität unterstützt zu seyn, den Menschen auch die Zuversicht, die Wärme, die würksame Thätigkeit und Freudigkeit geben, die zu einer wahren Rechtschaffenheit und Beruhigung so nöthig sind? Und noch eins: sind dann durch diese unwidersprechlich herrliche Aufklärungen der Natur, die der erleuchtete Christ mit der freudigsten Dankbarkeit als so viele Bestätigungen seines Glaubens ansieht, die großen Grundwahrheiten der Religion von einem Gott und Schöpfer der Welt, von einer besondern vergeltenden Vorsehung und von einem zukünftigen Leben, nunmehro für die

E 2 Ver-

I. Betrachtung.

Vernunft so entschieden, daß diese für alle verführerische falsche Grundsätze und Vorstellungen und für alle Verblendungen des Herzens gesichert, von nun an, ohne eines andern Lichts zu bedürfen, sich der Leitung der Philosophie zuversichtlich allein überlassen könnte? Die philosophische Geschichte unsers Jahrhunderts, und die Religions-Systeme der Herolde der Vernunft, die von keinem andern Lichte wissen wollen, mögen es beweisen.

Der eine nimmt alle Hauptwahrheiten der Religion, einen Gott, eine Schöpfung, Vorsehung, Unsterblichkeit der Seele, zukünftige Belohnungen an, und will nur nicht wissen, daß er seine Philosophie einem ganz andern Lichte, als seiner Vernunft, zu danken hat. Rousseau seine ist wenigstens bis auf die Worte aus der Bibel geborgt. Der andre — einen Gott und ersten Urheber der Welt, aber keine Vorsehung, keine Seele, kein zukünftiges Leben. Dieser — noch ehrenhalber einen Gott, aber von dessen Natur und Eigenschaften er nichts kenne, auch aus der Betrachtung der Natur nichts erkennen könne; also auch keinen Schöpfer; sondern läßt die Welt aus einer ewigen Materie sich selbst heraus arbeiten. Das neueste Systeme de la nature duldet auch den Namen von einem Gott nicht mehr. Das Evangile du Jour —

Alles

Alles und Nichts, wie es das Portefeuille mit sich bringt; lautere Gedanken von Gott, leichtsinnige Vertheidigung aller Abgötterey; ernstliche Vertheidigung der Vorsehung, unsinnige Spöttereyen über dieselbe; scheinbare Behauptung zukünftiger Vergeltungen, alle mögliche Einwürfe gegen die Unsterblichkeit der Seele; dabey erkläret ein jeder dieser Weisen mit gebietrischem Tone sein System für das einzige wahre, und der Zweifler dogmatisiret eben so entscheidend, wie alle übrige. Wem sind nur die Streitigkeiten unter den größten Philosophen unsers Jahrhunderts über ihre Beweise von der Existenz Gottes unbekannt? Gestehen Sie, daß die Philosophie also wohl der Weg nicht sey, die deutliche und sichre Erkenntniß dieser Wahrheiten unter dem menschlichen Geschlechte allgemein zu machen, und den Verfall der Vernunft hierüber zu verhüten, oder sie daraus wieder zu erheben. Die Frage, warum denn Gott die Vernunft nicht stärker gemacht, schickt sich, wie schon gesagt, hier gar nicht her; gnug sie ist so; und der einzige Schluß, den wir, da sie so ist, mit Sicherheit machen können, ist dieser, daß seine unendliche Weisheit hierzu überwiegende andre Ursachen gehabt haben müsse.

 Würde es nun aber bey dieser unleugbaren Schwachheit nicht immer für das menschliche Geschlecht eine große Wohlthat seyn, wenn

I. Betrachtung

wenn Gott, so wie es seine Weisheit, bey allen übrigen aus höherer Absicht zugelassenen Mängeln in dem ganzen übrigen Laufe der Natur veranstaltet hat, auch diese Schwäche auf eine seiner Weisheit gemäße Art ersetzt, und die Erkenntniß dieser, der Menschheit so wichtigen Wahrheiten, durch ein solches Mittel zu erhalten gesucht hätte, daß die Vernunft, wenn sie sie auch verlohren, dieselben in einem sichern Lichte doch immer wieder finden könnte, und zwar so, daß diese Erkenntniß nicht mehr eine spekulativische Theorie bliebe, die nur eine geübte und angestrengte Vernunft einsehen könnte, sondern, daß ihre Wahrheit und Wohlthätigkeit auch von Menschen von den niedrigsten Fähigkeiten empfunden werden könnte? Wenn es nun dabey Gott gefallen, diesen Wahrheiten, zu ihrer mehrern Bestätigung und Aufklärung noch einige andre Entdeckungen beyzufügen; zum Exempel: von der Schöpfung der Welt, von dem Ursprunge des menschlichen Geschlechts, und dessen eigentlichen gegenwärtigen und zukünftigen Bestimmung, ferner von dem Wege, den seine Weisheit gewählet hat, die Menschen bey dem Verfall ihrer Natur, dennoch zu dieser ihrer grossen Bestimmung zu erheben, und wie seine Gerechtigkeit in Ansehung der Belohnungen und Strafen sich verhalten werde — Entdeckungen, die auch die allerschärffste Vernunft, entweder

gar

gar nicht, oder doch wenigstens nie mit einiger beruhigenden Gewißheit machen könnte, und die dennoch aller Vernunft äußerst wichtig seyn müßten, indem sie besonders die moralische Regierung Gottes über die Welt, den ersten wesentlichen Grund aller Religion, allein erst in das rechte Licht setzen — Und wenn dann Gott diesen Unterricht noch mit solchen Kennzeichen bestätigt, daß nicht derjenige allein, der ihn unmittelbar erhalten, von dessen Göttlichkeit überzeugt seyn könne, sondern daß dieser göttliche Character beständig bliebe, daß er mit dem Fortgange der Zeit noch immer deutlicher und stärker würde, so daß auch die spätesten Zeiten diesen Unterricht noch mit eben der Zuversicht für göttlich annehmen könnten — wo ist vorerst die Vernunft, die verblendet oder kühn genug wäre, bey der nicht zu leugnenden Schwäche der Menschen, die unschätzbare Wohlthätigkeit einer solchen Veranstaltung nicht erkennen zu wollen? Sollte sie es nicht seyn, so müßte dieß wahr seyn, daß eine deutliche und richtige Erkenntniß dieser großen Wahrheiten, auf die Moralität und Glückseeligkeit der Menschen gar keinen Einfluß hätte; aber dann lieber dem Verfasser des Systeme de la Nature dreist nachgesprochen, daß Gott, Vorsehung, Religion und ein zukünftiges Leben nichts als blöde Vorurtheile seyn, die die Menschheit, wenn sie im Ganzen nur etwas philosophischer geworden, von selbst ablegen werde.

Gesetzt aber endlich auch, daß eine aufmerksame Vernunft alle diese Wahrheiten für sich selbst zu erkennen fähig wäre, so würde der höhere Grad von Licht und von bestimmterer Gewißheit, worin sie durch diese Offenbarung gesetzt würden, imgleichen die bestimmtere gesetzliche Autorität, die die Pflichten dadurch erhielten, und die höhere Verstärkung, die diese unmittelbare göttliche Erklärung den Bewegungsgründen gäbe, doch noch immer eine unschätzbare Wohlthat bleiben.

Ob eine solche Offenbarung deswegen auch im eigentlichen Verstande allgemein seyn müsse, diese Untersuchung wird noch an einem bequemern Orte vorkommen. Ich will hier nur dieß hinzusetzen, daß, wenn diese Erleuchtung auch nicht allgemein wäre, sondern Gott dieses Licht nur in einer Gegend der Welt aufgehen, und von da nach und nach, wie es ihre Lage und der sittliche Zustand der Menschheit leidet, sich verbreiten ließe, daß auch dieß nicht weniger eine von den Menschen nicht dankbar genug zu erkennende Wohlthat bleiben würde. Alle Wissenschaften und alle wohlthätige Entdeckungen und Künste, denen die Welt ihre ganze Erleuchtung und moralische Vollkommenheit zu danken hat, haben wenigstens keinen
andern

andern Gang. Sollte also der Offenbarung
dieß, daß sie nicht unter allen Menschen zu
gleicher Zeit allgemein gemacht, ein Vorwurf
seyn, so würde dieser Vorwurf den ganzen Lauf
der Vorsehung treffen. Denn nirgend weder
in der physischen noch moralischen Oekonomie
der Vorsehung, ist eine solche vollkommen gleiche Austheilung ihrer Wohlthaten.

Aber läßt es sich von dem gütigen Vater
der Menschen gedenken, daß er in seiner Liebe
so partheyisch seyn, und dem einen Theile der
Menschen vor dem andern eine so vorzügliche
Erleuchtung geben sollte?

Es ist wahr, diese Erleuchtung ist die vorzüglichste Wohlthat, die Gott dem menschlichen Geschlecht hätte ertheilen können. Aber
sollen alle ungleiche Stuffen der Erleuchtung
und Vollkommenheit eine Ungerechtigkeit seyn,
so hat die ganze Natur ein Recht, gegen die
Ungerechtigkeit ihres Schöpfers sich zu empören, und so hätte Gott überhaupt nur eine
Classe von Geschöpfen erschaffen können. Würde nun aber das Reich Gottes vollkommener,
würde die Glückseligkeit in demselben allgemeiner, würden seine unendliche Allmacht und
Liebe dadurch mehr seyn verherrlicht worden?
Und haben wir deswegen, daß unsre Natur
nicht bis zur Erleuchtung und Vollkommenheit
der Engel erhaben ist, an dieser Liebe unsers
Schö-

Schöpfers weniger Theil? Sind aber diese verschiedne Stuffen der Vollkommenheit, so wie sie durch das ganze Reich der Natur gehen, der Liebe und Gerechtigkeit Gottes nicht entgegen, warum sollte dann diese Ungleichheit unter den Menschen weniger damit bestehen können. Den Menschen, sagt man, hätte der Schöpfer selbst, eben dadurch, daß er ihnen einerley vernünftige Natur gegeben, auch zu seiner Liebe ein gleiches Recht gegeben. Zu seiner Liebe ganz gewiß. Ganz gewiß hat der Caraibe an der Liebe seines Vaters im Himmel, wenn gleich seine kindische Vernunft denselben noch nicht kennet oder zu nennen weiß, eben so viel Theil, als der erleuchteste Europäer. Aber sollte diese Liebe mit den Vorzügen der Erleuchtung, die wir vor ihm voraus haben, nicht bestehen können? Jener Wilde empfindet in seinem jetzigen kindischen Zustande diesen Mangel noch nicht; sein roher Verstand macht ihn noch keiner höhern Vollkommenheit fähig; und die Foderungen seines Gottes werden diesem seinem schwachen Zustande allemal gemäß bleiben. Von den höhern Fähigkeiten, die in seiner vernünftigen Natur vorjetzt für ihn selbst noch verborgen liegen, wird indessen keine verlohren gehen, sein Schöpfer, der alle Haare auf seinem Haupte zählet, hat sie nicht umsonst in ihm gelegt; gewiß wird er sie auch nach und nach zu allen den Stuffen der Erleuchtung und

Voll-

von der Offenbarung überhaupt. 75

Vollkommenheit erheben, welchen Wir noch entgegen sehen; so wie er das Licht, was uns jetzo erleuchtet, auch über seine Gegenden zu rechter Zeit wird aufgehen lassen. Auch Wir sind zu jenen höhern Stuffen der Verklärung, die uns bevorstehen, noch nicht erhaben, sind Wir aber deswegen von seiner Vorsehung verlassen? oder waren wir es, ehe das Licht, was uns jetzt umgiebt, über unsern Horizont aufging? So dürfte in dem ganzen Reiche Gottes keine Ungleichheit seyn; alles Thier oder alles Engel; alles Caraibe oder alles Philosoph. Und ist es denn die Offenbarung allein, die diese Ungleichheit einführen will? Man leugne, daß diese Erleuchtung, die wir ihr schuldig zu seyn glauben, eine Wohlthat von ihr sey, man schreibe sie ganz allein der Vernunft zu, und nenne sie natürliche Religion; bleibt die Ungleichheit, wogegen man so sehr deklamiret, nicht deswegen eben dieselbe? Man gehe von Nation zu Nation, von einzelnen Menschen zu einzelnen Menschen, die in einer Gesellschaft mit einander leben; man vergleiche die natürlichen Fähigkeiten des einen gegen des andern seine, die Vorzüge der Geburt, der Erziehung, des Standes, der Glücksgüter und übrigen Verbindungen, die alle in unsre wesentlichste Vollkommenheit einen so großen Einfluß haben; so sind vielleicht alle einzelne Menschen, durch eben solche Stuffen von einander unterschieden,

als

als die Classen der Geschöpfe selbst von einander unterschieden sind. Wir übersehen diese Gradation nicht, aber der Schöpfer und Regent der Welt übersieht sie gewiß, und sie wird die Richtschnur seiner ewigen Gerechtigkeit seyn.

Man beruft sich darauf, daß alle Menschen einerley vernünftige Natur von Gott bekommen hätten; aber eben die väterliche Hand, die ihnen diese gab, ist es auch, die ihnen einerley Trieb glücklich zu seyn, eben die Empfindungen von Glückseeligkeit eingepflanzt; aber ist deswegen diese Glückseeligkeit unter allen gleich? sind deswegen die Mittel dazu unter alle gleich vertheilet? Man fodre also erst den Herrn der Welt wegen dieser übrigen ungleichen Austheilung seiner Gnadengaben zur Rechenschaft, ehe man über die Ungerechtigkeit seiner Offenbarung schreyet. Gewiß, gewiß bleibt er bey allen diesen Ungleichheiten der weise der gütige und gerechte Vater der Menschen, der alle seine Gaben mit unendlicher Weisheit und Güte abwieget und vertheilet; wollen wir ihn aber deswegen ungerecht und partheyisch nennen, weil wir die Absicht von dieser Ungleichheit nicht einsehen? Wie vermessen! Und was denkt man endlich bey einer allgemeinen Offenbarung, die allen Menschen, in allen Gegenden der Welt, zu gleicher Zeit, in einerley Grade

vom

von der Offenbarung überhaupt.

vom Licht hätte sollen verkündigt werden; Nationenweise? Dieß wäre allein noch nicht genug; wie viele tausend Menschen würden hierbey noch immer Ursache behalten haben, sich über eben diese Ungleichheit zu beklagen! Und was würde die Würkung dieser Offenbarung bey allen den wilden herumschweifenden Nationen gewesen seyn, die noch in keiner Gesellschaft leben, noch keine Buchstaben, noch keine Worte für einigen moralischen Begriff, noch keine Worte für einige Tugend haben? Durch wie viele Wunder hätte hier erst die ganze Lage der Menschheit umgeschaffen und zur Annehmung dieser Offenbarung müssen zubereitet werden? und wie viel neue, unaufhörlich neue Wunder, um diese Offenbarung nach ihrer ersten Bekanntmachung bey diesen Völkern zu erhalten, und alle neue Verwilderungen, alle die Vernachläßigungen, alle die andern Revolutionen denen das menschliche Geschlecht beständig unterworfen bleibt, zu verhüten, wodurch dieselbe sich wieder verlieren konnte. Ist es nun der Weisheit und Liebe Gottes nicht gemäßer, daß er dieses vollkommnere Licht in den Gegenden, wo die Menschheit zur Annahme desselben schon mehr bereitet war, zuerst aufgehen lassen, und es nach und nach auch über die andern Gegenden, so wie sie desselben fähig werden, sich verbreiten läßt? Oder sollte etwan dieser langsame Fortgang der Weis-

heit

heit und Güte Gottes nicht gemäß seyn? Man sehe wiederum den ganzen übrigen Gang der Natur an, den langsamen Gang, wie sich die Menschheit überhaupt entwickelt, wie sich die sittlichen Societäten bilden, wie die übrigen nützlichen Wissenschaften sich verbreiten. Wie spät werden wir zum Theil mit den wohlthätigsten Arzneyen bekannt, und dennoch sind sie gewiß mit der Absicht, daß sie uns dazu dienen sollen, in die Natur gelegt. Und doch ist dieß der vermeynte mächtige Einwurf gegen die Offenbarung, den, ob er gleich hundertmal beantwortet ist, der eine Deist dem andern, mit einerley Zuversicht, als wenn er unüberwindlich wäre, noch immer nachspricht, und dessen der ehrlichere Rousseau zu seiner Beschämung sich selber nicht entsieht. Um seiner Deklamation Raum zu geben, setzt er, wie alle übrigen Feinde derselben, eben die ungerechte Beschuldigung voraus, daß nach den Grundsätzen dieser Offenbarung, sie die absolute Bedingung der Seeligkeit für alle Menschen sey; daß Gott ohne Unterschied alle Menschen, Europäer und Wilde, Indianer und Mohren darnach richten, und alle, die ihn hiernach nicht erkannt und gedienet, wenn er ihnen gleich nie weder Gelegenheit noch Fähigkeit sie zu kennen und zu prüfen gegeben, verurtheilen und ewig verdammen werde. Eine fürchterliche Grausamkeit, zu deren Vorstellung, eine durch so viele Blätter

ter verschwendete Beredsamkeit gar nicht nöthig war. Rousseau brauchte die schrecklichen Sätze nur zu nennen, um Menschheit und Vernunft gleich dargegen zu empören, und sie auf seiner Seite zu haben. Aber womit kann er es verantworten, daß er den göttlichen Urheber dieser Offenbarung ohne allen Grund in einen so fürchterlichen Tyrannen verstellt, und das allerwohlthätigste Geschenk der Vorsehung, das er selbst nicht hoch genug zu schätzen weiß, durch eine so offenbare Verfälschung verdächtig zu machen sucht? Rousseau kennet diese Offenbarung, er hat sie gelesen, er hat sie studiret, er wäre ohne sie Rousseau nicht, seine ganze Philosophie hat er aus ihr geborgt, er gesteht es selbst, daß ihre göttliche Majestät ihn mit Erstaunen erfülle, daß die Heiligkeit ihrer Lehren durch seine ganze Seele dringe, daß der Pomp aller menschlichen Weisheit dargegen verschwinde; er gesteht es selbst, daß die Geschichte des Urhebers dieses Evangelii solche starke, treffende, unnachahmliche Kennzeichen der Wahrheit habe, daß, wenn sie erdichtet wären, der Erfinder eben die Bewunderung, als die ausserordentliche Person selbst, wovon sie handelt, verdienen würde; daß die Geschichte des Socrates, woran kein Mensch zweifle, solche Beweise ihrer Wahrheit gar nicht vor sich habe. Rousseau kennet auch diesen göttlichen Stifter selbst; nicht obenhin, wie tausend seiner

I. Betrachtung

ner leichtsinnigen fühllosen Bekenner; er ist von dem Glanze seiner Herrlichkeit, ungeachtet der niedrigen Gestalt, worin er ihn sieht, durchdrungen; seine ganze Seele ist in Bewegung, wenn er von ihm spricht; er ist von der Größe seines Geistes, von seiner himmlischen Weisheit, von seiner Duldung, Sanftmuth, und Menschenliebe ernstlich entzückt, er kann ihn für keinen bloßen Menschen halten, er sieht ihn wie einen Gott sterben, und hält es für eine Art von Gotteslästerung, ihn mit einem Socrates, Aristides oder Leonidas vergleichen zu wollen. So kennet Rousseau das Evangelium, so kennet er dessen Urheber, so müßte er aber auch den Geist der Duldung und Sanftmuth, den von aller Partheylichkeit entfernten Geist der allgemeinen Menschenliebe dieses göttlichen Menschenfreundes kennen, der es zu seinem ersten Beruf machte, alle eingebildete ausschließende Vorrechte eines Tempels, einer Sekte, einer Nation aus der Welt zu verbannen, und den Schöpfer der Welt, nicht als den Gott von einem einzelnen Volke, sondern als den Vater aller Menschen bekannt zu machen; der hierauf das große Gesetz seiner Religion gründet; der selbst darin, indem er sein Leben für alle Menschen zum Opfer hingibt, das große Exempel wird; der diese allgemeine Liebe wieder zum einzigen Charakter macht, woran er seine Jünger erkennen, wornach er sie richten,

richten, der einen jeden mit Weisheit und Liebe, nach dem Maaß der ihm ertheilten Fähigkeiten und Kräfte richten, den zwar, der ein vollkommener Gesetz erhalten, nach diesem Gesetze richten, den zwar, der ihn als den göttlichen Gesandten, als den Erlöser der Welt kennet, kennen kann, und doch nicht an ihn glauben will, verdammen, über Capernaum zwar, ein schwerer Urtheil als über Tyrus und Sidon aussprechen, der aber auch da, wo er nicht gesäet hat, nicht erndten, der von dem, der nur ein Pfund erhalten, auch nur ein Pfund fodern, auch aus Ungeduld das zustossene Rohr nicht zerbrechen, noch das nur noch glimmende Tocht auslöschen will, und dessen schonender Duldung und Sanftmuth auch Rousseau selbst, alle seine Zweifel und Dunkelheiten, die ihm nach einer redlichen und demüthigen Prüfung noch übrig geblieben wären, und um derentwillen er dieß ganze göttliche Evangelium auf einmal wieder aufgiebt, mit freudiger Zuversicht hätte überlassen können. Dieß ist der Geist dieses Evangelii, so kennet ihn Rousseau, so muß er ihn kennen. Wo ist hier aber der geringste Grund zu aller der Deklamation von ungerechter grausamer Partheylichkeit? Hat Rousseau es mit Bekennern dieser Offenbarung zu thun, die diesen Geist der Duldung und Sanftmuth verleugnen, und den intoleranten Verfolgungsgeist an dessen statt

statt einführen wollen, so verdopple er alle Macht seiner Beredsamkeit und verfolge diese, aber er rette die Ehre und Unschuld des Evangelii; so behaupte er die Rechte der Menschheit unter dem Schutze und mit dem Ansehen jenes göttlichen Stifters, aber er versündige sich nicht an Ihm.

Aber ich entferne mich zu weit; es sind noch Einwürfe übrig, die man mit eben dem siegenden Tone vorbringt; keinen mit mehrerer Zuversicht als diesen: Da der Schöpfer, bey der Anlage der menschlichen Natur, nach seiner Allwissenheit doch voraus sehen mußte, daß die Vernunft zu ihrer bessern Erleuchtung einer solchen ausserordentlichen Hülfe bedürfen würde, sollte er ihr dann nach seiner Allmacht nicht auch eben so leicht, dieß zu ihrer Bestimmung nöthige Maaß von Stärke, gleich anfangs haben anerschaffen können? Anerschaffen können? wer wollte daran zweiflen — Aber wir können uns alle Dinge in der Natur, ausser ihrer Verbindung, vollkommener denken, als sie würklich sind. So können wir uns eine früher reife Vernunft, die nicht einen so ansehnlichen Theil unsers Lebens zu ihrer Ausbildung erfoderte, überhaupt ein schnelleres Wachsthum wie bey den Thieren, eine festere und sichere Gesundheit denken, daß wir das natürliche Ziel des Lebens hätten erreichen müssen,

müssen, ohne der vielen Arzneymittel zu bedürfen, die Gott der jetzigen Schwachheit zu Hülfe in die Natur gelegt hat. Alle diese Unvollkommenheiten und Schwächen sahe der Schöpfer bey der Anlage der Natur gewiß voraus, und gewiß konnte er sie nach seiner Allmacht ändern, aber um vollkommnerer Absichten willen ließ sie seine Weisheit zu, so daß wir es dieser seiner Weisheit und Güte sicher zutrauen können, daß die Welt, mit allen den einzelnen Unvollkommenheiten wie sie ist, im Ganzen dennoch die beste sey. Sollte nun das, was in dem ganzen Laufe der Natur der Weisheit Gottes so gemäß ist, in diesem einzigen Falle derselben so entgegen seyn? Und da seine Weisheit dieß geringere Maaß wählte, nach welchem unsre vernünftige Natur diesen Schwächen vorjetzt noch unterworfen bleibt, würde es nun in diesem einzigen Falle derselben anständiger gewesen seyn, wenn Gott, ohne diese Unvollkommenheit auf einige Art zu ersezzen, die Menschen ihrem möglichsten Verfalle ganz überlassen hätte? Dieß wäre eine Ausnahme die in dem übrigen Laufe seiner Vorsehung nichts ähnliches hätte.

Aber die Vernunft — Die Vernunft, für die man hier so sehr besorgt ist, verlieret von ihrer Bestimmung und Würde hiebey nichts. Sie bleibt unveränderlich das Mittel, wodurch die

Menschen zu ihrer moralischen Vollkommenheit kommen sollen: aber folgt es daraus, daß Gott ihren Fähigkeiten auf keinerley Art zu Hülfe kommen dürfe, sondern daß sie alles was zu ihrer Aufklärung gehöret, durch sich selbst erfinden müsse? Offenbar ist dieß ihre Bestimmung nicht. Bey allen Fähigkeiten hat sie die grösten Entdeckungen, denen die Welt ihre vorzüglichste Erleuchtung schuldig ist, nicht sich, sondern ganz unerwarteten zufälligen Veranlassungen zu danken; Veranlassungen, wovon sie sich auch die Möglichkeit nicht denken konnte, ehe sie sich ihr in dem Laufe der Vorsehung darboten. Nun sind es allgemeine vernünftige Wahrheiten und Kenntnisse; aber nicht daß die Vernunft sie erfunden, sondern, daß wie sie sich ihr darboten, sie dieselben mit Aufmerksamkeit bemerkt, daß sie ihre Wahrheit, ihre Wohlthätigkeit eingesehen, ihnen nachgedacht, sie mit andern verglichen und verbunden, neue Folgen daraus hergeleitet, und zur Verbreitung der allgemeinen Vollkommenheit angewandt hat; Und dieß ist ihre eigentliche Bestimmung.

Wie weit ist nun die Offenbarung von diesen Veranlassungen unterschieden? Eine Offenbarung ist überhaupt eine von Gott in einem Menschen veranlassete und erweckte oder ihm mitgetheilte Erkenntniß solcher Wahrheiten,

ten, worauf der Mensch durch seine eigene Einsicht entweder gar nicht, oder eben nicht zu der Zeit gekommen wäre, oder die er in dem Grabe vom Lichte nicht erhalten hätte. Aber wir haben schon gesehen, daß der größte Theil der menschlichen Erkenntniß aus mitgetheilten veranlaßeten Begriffen bestehe, und daß die Vernunft weder an ihrer Würde noch an ihrer Bestimmung dadurch etwas verliere.

Diese Aehnlichkeit wird man wohl nicht gleich zugeben. Bey den veranlaßeten Begriffen, wird man sagen, würke Gott wenigstens nicht unmittelbar; ihre Veranlaßungen lägen in dem einmal geordneten Laufe der Natur, wo sie sich der Vernunft von selbst darböten; eine Offenbarung sey hergegen eine unmittelbare Würkung Gottes, wodurch dieser von ihm selbst geordnete Lauf aufgehoben und unterbrochen würde.

Dieser Einwurf verdienet noch einige Aufmerksamkeit. Die veranlaßeten Begriffe, sagt man, hätten wenigstens ihren Grund in dem einmal geordneten Laufe der Natur; ganz recht; aber wer ist denn der Urheber dieses Laufs? Er der Schöpfer ist es; Er wählte diese Veranlaßungen, und flochte sie in die Reihe der Begebenheiten, daß sie da, in dem Zeitpunkte, an dem Orte kommen sollten, wo seine Weisheit es beschlossen, und zur Erleuchtung der Welt nach ihrer jedesmaligen Lage es am besten erkannt hatte. Ist nun der Schöpfer der Welt hierbey weniger würksam? hat er weniger unmittelbaren Antheil hieran? Und noch dieß nicht allein; auch die Vernunft selbst, die diese Veranlassungen wahrnimmt, diese Wahrnehmungen anwendet und gebraucht, ist von diesem göttlichen Einfluß nicht so weit entfernt, als man es vielleicht denkt. Denn man wird doch wenigstens eingestehen, daß nicht alle Vernunft gleich vermögend ist, von den Veranlassungen, die der Lauf der Vorsehung mit sich bringt, diese fruchtbare Anwendung zu machen; sondern nur die Vernunft, die die nöthigen Fähigkeiten dazu hat, die durch die nöthigen Nebenerkenntnissen, durch die nöthige Empfindsamkeit und Scharfsinnigkeit dazu in dem Augenblick bereitet ist. Die Vernunft eines Galiläi, eines Leibnitz, eines Neutons; aber was heißt dieß? Millionen Menschen haben Aepfel von Bäumen fallen sehen, ehe die Vernunft die Gesetze des Welt-Systems sich dabey gedacht hat. Hierzu gehörte Neuton; aber Neuton, Galiläi, Leibnitz, sind nur was sie sind, durch ihre Seele und deren Organen. Und wer bildete diese? gewiß kein blinder Zufall, sonst wäre der ganze Lauf der Vorsehung ein blinder Zufall; eben der Schöpfer, der den übrigen Lauf der Natur ordnete,

und

und mit eben der bestimmten Wahl, womit alle die übrigen Dinge geordnet wurden.

Aber noch eins; auch diese Veranlassungen sind es noch allein nicht; diese Vernunft ist es noch allein nicht, sie müssen sich begegnen; Gott schuff die Seele, gab ihr die Organen, diesen Organen den Grad von Empfindsamkeit, und verband sie mit den Begebenheiten, die die Veranlassung zu der fernern Erleuchtung der Vernunft seyn sollten. Nun nennen wir sie natürlich, nicht weil in der Natur der Dinge der Grund lag, daß sie so kommen müssen; sondern weil sie nun in dem Laufe der Natur so geordnet sind, daß sie eben von dem, in eben dem Augenblicke bemerket werden müssen. Ist nun der Schöpfer bey dieser Verbindung weniger würksam gewesen, als bey der Offenbarung?

So wenig wir aber nun voraus wissen oder Richter seyn können, durch welche Veranlassung Gott unsre natürliche Erkenntniß befördern will, so wenig können wir auch voraus sagen, durch welches Mittel Gott die Erleuchtung in der Religion befördern und unterhalten wolle.

Der letzte Zweifel, den man sich hierbey noch denken kann, ist endlich dieser: daß diese Veranlassungen, sie möchten auch noch so fremd, noch so unerwartet scheinen, doch wenigstens in dem geordneten Laufe der Dinge lägen, da hergegen die Offenbarung ein Wunder sey, wodurch diese von Ewigkeit gewählte Ordnung wieder aufgehoben würde. Aber was nennen wir Ordnung der Dinge? Eine solche Ordnung ist unwidersprechlich da. Aber wollen wir voraus bestimmen, was diesem Plane gemäß ist, und daß es unmöglich sey, daß Gott auch eine Offenbarung in diese Ordnung mit verbinden könne, oder daß eine jede Offenbarung diese Ordnung zerstöre?

Dieß haben wir schon gesehen, daß Gott in dem Laufe der Dinge Vorfälle veranstalte, die mit allen, so viel uns davon bekannt sind, gar keine Aehnlichkeit haben; auch solche Vorfälle, die die Menschen auf Einsichten bringen, worauf die Vernunft durch ihre eigenthümliche Kräfte in Ewigkeit nicht gekommen wäre, wovon sie sich nie nur die Möglichkeit voraus hätte denken können, und die dennoch würklich da sind, und in diesen Lauf der Vorsehung gehören. Woraus wollen wir nun voraus bestimmen, wie diese Mittel beschaffen seyn müssen, welche die Vorsehung zur Erleuchtung der Welt erwählen müsse, oder nicht erwählen dürfe; so müßten wir ihren ganzen unendlichen Plan übersehen können. Wenn wir vernünftig seyn wollen, so bleibt uns hier nichts übrig, als zu sehen, was Gott würklich gethan hat.

Dieß

Dieß sey uns noch so fremd, und habe mit dem uns bekannten Laufe der Natur noch so wenig Aehnlichkeit, so ist es, wenn es einmal von Gott gewählet ist, seiner herrlichen Weisheit gemäß, und die von ihm gewählte Ordnung der Dinge bleibt dadurch ungestöret. Welche Vernunft würde die ungefähre Erfindung der Dinge nicht für den unregelmäßigsten Weg halten, das menschliche Geschlecht zu seiner Erleuchtung zu bringen, und doch ist es vorzüglich eben der, den die Vorsehung erwählet. Und wenn wir es nicht vor Augen sähen, daß Gott einen Theil der Welt durch die nothwendigen Gesetze der Bewegung, den andern durch blinde Instinkte, die uns immer das unerklärlichste Geheimniß sind, und wiederum einen andern durch freye Vernunft regieret, und daß der Instinkt sicherer zu seinem Endzweck geht, als die höhere Kraft der Vernunft, wie sehr würde die Vernunft gegen die Möglichkeit einer solchen Vorsehung an demonstriren, und doch besteht der Lauf der Vorsehung hieraus, und macht das allerweiseste, das vollkommenste Ganze. Gesetzt nun, die Offenbarung sey ein Wunder, so wird der Lauf der Vorsehung deswegen nicht im mindesten unterbrochen, sondern so kommt es nur hierauf an, (und welche Vernunft ist kühn genug hier voraus was bestimmen zu wollen,) ob die Weisheit Gottes Ursachen gehabt habe es zu wählen, so gehöret auch dieß Wunder, als Wunder in diesen Lauf, und behält auf denselben, bis in Ewigkeit seine von Gott gewählte und bestimmte Beziehung.

Eine Offenbarung setzet also eben so wenig einen Mangel der Allwissenheit und Allmacht Gottes voraus, so wenig die Arzney-Kräfte und alle übrige Mittel, wodurch Gott die aus höhern Absichten zugelassenen Mängel in der Natur ersetzet hat, diesen Mangel der Allwissenheit oder Allmacht beweisen. Gott hätte uns, wie ich schon gesagt, mit einer solchen Vernunft erschaffen können, die vielleicht dieser ausserordentlichen Hülfe nie bedurft hätte, die sich nie hätte vernachläßigen, die nichts hätte vergessen können, die gegen alle Sinnlichkeit unüberwindlich geblieben wäre; aber so wären wir eine ganz andre Classe von Geschöpfen geworden; eine solche eigenthümliche Stärke der Vernunft, hätte mit dieser unsrer sinnlichen Natur, mit unserm gegenwärtigen Zustande in der Welt, kein Verhältniß gehabt, im Ganzen würde es eine größere Unvollkommenheit gewesen seyn. Da also Gott aus höherer Absicht uns vorjetzt nur dieses geringere Maaß vernünftiger Fähigkeiten gegeben, und auch deren ihren Verfall zugelassen, so kommt es allein nur hierauf an, ob uns in diesem Zustande zu unsrer gegenwärtigen Moralität und
Glück-

Glückseeligkeit eine Erkenntniß gewisser Wahrheiten wichtig seyn könne, die entweder jetzt noch ganz ausser der Sphäre unsrer Fähigkeiten liegen, oder die wir wenigstens mit der Deutlichkeit und Zuverläßigkeit nicht einsehen könnten, als wir es nach ihrer Wichtigkeit zu wünschen Ursache hätten. Es ist doch wohl nicht zu vermuthen, daß ein Mensch von einiger vernünftigen Empfindung dieses leugnen werde. So viel ist also unwidersprechlich, daß eine Offenbarung der Weisheit Gottes nicht entgegen sey. Dieß ist aber auch der Punkt, wo wir stehen bleiben müssen, wenn wir die Gränzen der Ehrerbietung, die wir einer unendlichen Weisheit schuldig sind, nicht überschreiten wollen. Der Gesichtskreis, woraus wir den Plan der Vorsehung übersehen können, ist unendlich viel zu klein, als daß wir weiter etwas voraus bestimmen könnten, und aus den wenigen Punkten, die wir davon übersehen können, sehen wir, daß seine Weisheit oft ganz anders verfährt, als wir nach unsrer Einsicht es je würden vermuthet haben.

Ob uns also Gott würklich eine Offenbarung gegeben, und wie es seiner Weisheit gefallen dieselbe einzurichten, dieß müssen wir ehrerbietig erwarten. Welche Vernunft dürfte sich das Recht anmaßen zu beweisen, was Gott nach seiner Gnade oder nach seiner Weisheit schuldig

schuldig sey. Dieß darf sie voraus setzen, daß Gott in einer solchen Offenbarung sich selbst nicht widersprechen könne; daß er die allgemeinen Gesetze, worauf seine ewige Weisheit die Ordnung der Natur gegründet hat, in dieser Offenbarung nicht aufheben, daß ihre Verordnungen den wesentlichen Verhältnissen, die unmittelbar aus der unveränderlichen Natur der Dinge fließen, nicht entgegen seyn, daß diese Verordnungen auch die ersten Grund-Begriffe der menschlichen Erkenntniß oder die ersten Grundsätze der Moralität nicht aufheben werden; sie darf vielmehr mit Vertrauen voraus setzen, wenn sich Gott bis zu einer solchen Offenbarung zu den Menschen herabgelassen, daß sie für ihre moralische Vollkommenheit darin eine wesentliche Hülfe finden, daß sie ihren Schöpfer, seinen Willen, und ihre eigene Bestimmung darin in einem reinern Lichte, mit mehrerer Beruhigung finden werde; aber zu bestimmen, wie sich Gott habe offenbaren müssen, wie dieser Unterricht beschaffen seyn müsse, auf was für Art, in welcher Ordnung, in welchem Grade des Lichts — hierüber hat die Vernunft gar kein Recht. Das einzige Recht, was sie hat, ist dieß: daß sie die Beweise, worauf sich die Wahrheit dieser Offenbarung gründet, prüfen darf. Aber auch dieß mit der Ehrerbietung und Aufmerksamkeit, die eine göttliche Offenbarung fodert. Denn hier ist

die

die bloße Möglichkeit schon wichtig. Eine göttliche Offenbarung — was kann sich meine Vernunft ernsthafters denken! worin Gott sich herabgelassen, mich, wie ich ihn erkennen soll, selbst zu unterrichten — selbst mir die Anweisung zur Erfüllung seines Willens, zur Erlangung seiner Gnade zu geben — mir seinen ganzen Rathschluß wegen meiner Bestimmung zu entdecken, was sie hier ist, was sie nach diesem Leben seyn werde, was ich in der Ewigkeit zu erwarten habe, wie ich mich einer seeligen Ewigkeit versichern, wie ich mich hierzu bereiten soll — Wie viel wagte ich, wenn ich einer solchen Anweisung nicht achten, wenn ich sie aus Leichtsinn vernachläßigen, wenn ich wegen einiger einzelner Dunkelheiten, wovon ich nicht auf einmal die volle Aufklärung fände, oder weil alles meinen vorausgesetzten Begriffen darin nicht gemäß wäre, ihr meinen Beyfall versagen — noch mehr, wenn ich sie aus stolzem Vertrauen zu meinen eigenen Einsichten und Kräften als unnütz verachten — wenn ich ihrer endlich gar spotten — wenn ich die Merkmaale, die wenigstens meine ganze Ehrerbietung erfoderten, vorsetzlich nicht sehen — wenn ich sie, um sie verächtlich machen zu können, muthwillig verstellen wollte — wenn ich auch andre, durch diese verrätherische Verfälschungen zu verführen suchte — auch würklich zu ihrer Verachtung, tausende durch meinen Betrug verführte — mir
aus

aus dieser Verführung einen Sieg machte, und die edelsten Fähigkeiten meines Geistes nur dazu anwendete. — Und sie wäre dann doch das wahrhaftige Wort Gottes, sie wäre das wahrhaftige Licht, welches die Vorsehung zur Erleuchtung der Welt verordnet hätte — enthielte würklich den Rath Gottes von meiner Seeligkeit, und ihre Anweisungen, ihre Verheißungen, ihre Drohungen wären wahrhaftig von Gott — wie schrecklich würden mich diese Drohungen werden! Aber auch was für eine Seeligkeit für mich, wenn ich hierüber zu einer beruhigenden Gewißheit kommen könnte. Ich will sie suchen; ich will das Buch, welches der erleuchtete Theil der Welt dafür annimmt, worin ich selbst bisher alle Beruhigung gefunden habe, von neuen vornehmen, und nach dem Gange des Lichts, welches ich darin wahrnehme, es mit allen dem Ernst, mit aller der Aufrichtigkeit und Vorsicht prüfen, die ich der Wahrheit, die ich mir, die ich der Ehre meines Gottes hierbey schuldig bin, und wenn es wahrhaftig diese göttliche Offenbarung ist, so hoffe ich auch, daß mir Gott die Bestätigung des Vertrauens, womit ich es bisher angenommen, darin werde finden lassen.

Zweyte Betrachtung.

Zustand der Vernunft und der Religion der ersten Menschen nach der mosaischen Geschichte, von dem Ursprunge des menschlichen Geschlechts an, bis an die Sündfluth.

Bey dem ersten Anblicke hat dieß Buch, ich gestehe es, nichts, was die Aufmerksamkeit besonders auf sich ziehen könnte. Ueberhaupt besteht es aus einer Menge kleiner Schriften, die unter sich keine eigentliche Verbindung haben. Geschichte, moralische Abhandlungen, Lehrbücher, Lieder, Briefe — sie stehen neben einander, wie sie nur irgend der Zufall hätte zusammen bringen mögen, und sind einzeln, so wie die Verfasser in von einander entfernten Jahrhunderten gelebt haben, aufgesetzt, ohne daß man sagen könne, daß das folgende in der Absicht geschrieben wäre, um das vorhergehende zu ergänzen. Die Verfasser sind dabey dem Geiste nach so sehr, als nach dem Stande unterschieden. In einigen zeichnet sich der hohe Stand durch eine edle und erhabene Schreibart aus, andre sind dargegen in einem niedrigen und vernachläßigten Styl geschrieben; nirgends aber zeiget sich die Spur eines philosophischen scharfsinnigen Geistes, nirgends ein zusammenhangendes Ganzes; Lehren und Geschichte, es ist alles unter einander gemischt, es scheint alles abgerissen und unvollständig. Ganze Bücher von Geschichten, die mit der Religion nichts gemein haben, voll von unbedeutenden Kleinigkeiten, selbst von anstößigen Handlungen und Ausdrücken, die dem Ansehen nach mehr fähig sind, bey dem unbehutsamen Leser den moralischen Endzweck zu hindern, als denselben zu befördern. Auch die erhabensten Lehrbegriffe der Religion stehen nicht überall in dem Lichte, in der Würde, in der Verbindung, worin sie in einem solchen Buche zu erwarten; oft mehr im Vorbeygehen, nur einzeln hingestreuet, wo sie mehr aufgesucht werden müssen, als daß sie sich dem Leser als Grundsätze der Religion darböten. Nirgends ein volles zusammenhängendes System, nirgends der Scharfsinn in den Beweisen, der der Vernunft den Beyfall abzwünge, auch nicht die reizende Einkleidung, worin sie derselben besonders gefallen könnte.

Sehe ich aber dieß Buch mit etwas mehr Aufmerksamkeit und aus seinem rechten Gesichtspunkte an, so wird es mir auch auf einmal wieder wichtig, so wichtig, daß ich mich gleich nicht mehr enthalten kann, es als das schätzbarste Geschenk anzusehen, das die Vorsehung dem menschlichen

und Religion der ersten Menschen. 97

lichen Geschlechte hätte geben können, und meine Hochachtung für daßelbe wird um so viel größer, je geringschätziger dessen äußere Einrichtung bey dem ersten Anblick in die Augen fällt. Denn bey aller Unpartheylichkeit, womit ich es auch vor mir nehme, kann ich mich nicht enthalten, es wenigstens als die einzige Quelle aller wahren Philosophie von Gott und von der Bestimmung des Menschen, wo sie irgend in der Welt gewesen, wo sie noch ist, anzusehen; und selbst die Feinde desselben mögen dessen Einrichtung noch so sehr verhöhnen, sie mögen noch so viele Fehler darin aufsuchen und sich und andre damit verblenden, so können sie mit allen ihren witzigen Spöttereyen und noch so künstlichen Verfälschungen, sich dieses nicht verbergen. Denn so lange die ältere Hälfte desselben in dem kleinen Winkel, bey dem Volke, dem es zuerst anvertrauet war, noch verborgen lag, so war die reine und deutliche Erkenntniß von Gott, als dem Schöpfer und moralischen Regenten der Welt, auch nur da, außer wo von dem ersten ursprünglichen Lichte noch einige Demmerung übrig geblieben war; und wie es darauf in seiner vollkommnern Gestalt allgemeiner zu werden anfieng, so verbreitete sich auch auf einmal die große Erleuchtung, die dem Herrn Hume mit Recht so merkwürdig ist. Und wo seit dem ließ Buch hingekommen, nur so weit und nie weiter ist auch diese Erleuchtung gegangen, die allemal

mal wieder schwach oder auch heiter gewesen, je nachdem dieß Buch nach seiner innern Würde gekannt, oder von dem Aberglauben und dem Leichtsinn ist verdrungen worden. Die wahre Sonne der moralischen Welt, deren Horizont allezeit nur da, wo jene mit ihren Strahlen hingekommen, und nur so weit, als diese gereicht, und allezeit nur in dem Verhältnisse erleuchtet gewesen, als sie demselben näher gekommen oder sich davon entfernet, als wenige oder mehr Hindernisse, dickere oder schwächere Dunstkreise ihre Strahlen aufgehalten haben. Uebrigens suche man in derselben noch so viele Flecken auf, so bleibt dieser Einfluß immer unleugbar, daß jene große Wahrheiten der Religion in ihrer wahren Gestalt nie, als in diesem Lichte, sind gesehen worden. Denn wo dasselbe in den ältern Zeiten nicht hingekommen, da hat die scharfsichtigste Vernunft nichts mit befriedigender Deutlichkeit davon gesehen; wo es noch nicht aufgegangen, da herrscht auch noch die volle Finsterniß; und alle schwächere Erleuchtung in den Morgenländern, alle vollkommnere Erleuchtung von unsrer Vernunft, es sind unwidersprechlich nichts als geborgte Strahlen von diesem Lichte; und wo diese Stunde noch die Vernunft zu stolz wird, demselben zu folgen, und sich von sich selbst erleuchtet genug hält, da verlieret sie sich gleich wieder auf die alten Abwege des Scepticismus und Unglaubens. Ich wiederhole

hole es noch einmal, das Buch komme her, wo es wolle, und seine äußere Einrichtung verdiene noch so wenig Achtung, so bleibt es in Ansehung dieser Würkung allemal die merkwürdigste Erscheinung, die je in der Welt gewesen ist; und man finde in demselben noch so viele Fehler, man dichte und lüge noch so viel hinzu, so macht man es dadurch nur immer so viel merkwürdiger.

Es ist aber nicht allein die Quelle des Lichts, sondern was noch die größeste Aufmerksamkeit verdienet ist dieß, daß zugleich die ganze Geschichte der Erleuchtung, der ganze Gang dieses Lichts von der ersten Morgenröthe an, durch alle Grade bis zu der vollkommnen Höhe, worin wir es sehen, darin enthalten ist. Denn so zufällig auch die einzelnen Stücke, woraus das Buch besteht, bey einander gekommen zu seyn scheinen, und so unbedeutend einige auch für sich immer seyn mögen, so machen sie doch in dieser Verbindung von der Geschichte der Religion und der Vernunft ein Ganzes, das wir in aller philosophischen Geschichte vergeblich suchen würden. Denn wo diese glückliche Erkenntniß zuerst, und da die Vernunft sich dazu noch nicht erheben können, so früh hergekommen; wie schwer es der Vernunft in dieser ihrer sinnlichen Kindheit geworden, diese erhabenen Begriffe zu fassen; mit wie vieler Weisheit sich Gott zu dieser Schwäche herabgelassen; wie seine

II. Betracht. Von der Vernunft

Vorsehung während dieser Schwäche den gänzlichen Verfall verhütet, und diese Erkenntniß wenigstens in einer Gegend so lange erhalten, bis die Welt und die Vernunft überhaupt mehr bereitet worden, sie in ihrer ausgebreitetern Vollkommenheit anzunehmen; wie wohlthätig indessen der Einfluß dieser Morgenröthe auch auf die entferntern Gegenden schon gewesen; was für einen Zeitpunkt, was für eine Gegend die Vorsehung zu Erscheinung dieses vollkommnern Lichts endlich erwählet, was dasselbe für eine seelige Erleuchtung auf einmal über die Welt gebracht; durch was für Mittel diese Erleuchtung bey allen ihr entgegen gesetzten Hindernissen sich dennoch so schnell verbreitet, wie sie den hohen Grad von himmlischer Klarheit erhalten, daß sie jetzt gegen alle neue Verfinsterungen des Aberglaubens und einer falschen Philosophie gesichert ist, daß alle Vernunft und wahre Philosophie vielmehr dazu dienen müssen, daß dieß Licht so viel ausgebreiteter, sein Glanz so viel heller, sein Einfluß so viel wohlthätiger und fruchtbarer wird, dieser ganze Gang des Lichts erscheint hier in diesen seinen verschiednen Epochen, und überall in einer solchen deutlichen Harmonie mit der jedesmaligen Lage der Menschheit und der Vernunft, daß die Hand des Herrn der Natur, die es geleitet, gar nicht zu mißkennen ist. Und dieß ist der eigentliche Gesichtspunkt, woraus dieß Buch angesehen werden muß, wenn der wahre Werth

dessel-

desselben und die unendlich weise und göttliche Absicht, die dabey vorgewaltet hat, recht gekannt werden soll; und die Bemerkung dieses Punkts ist so viel wichtiger, da ein jeder andrer zur Mißkennung dieser wohlthätigen Absicht, und zur Verringerung von dessen Würde leicht verleiten kann.

Es würde gegen alle Billigkeit seyn, wenn man den Grund von den irrigen Urtheilen, und dem Mangel der Hochachtung, dem dasselbe so oft ausgesetzt ist, allemal in einem bösen Herzen, und in einer vorsetzlichen Feindschaft gegen die darin enthaltenen großen Lehren der Religion suchen wollte; ein jeder andrer Gesichtspunkt kann zur Minderung dieser Hochachtung etwas beytragen. Ich rede hier deßwegen nicht von denen Feinden dieses Buchs, die es nur darum hassen, weil der Gott, dessen Gegenwart ihnen in der Natur so schrecklich ist, ihnen hier noch in einem hellern Lichte erscheint, und denen der Gedanke, daß sie mehr als Thiere, daß sie für eine höhere Bestimmung da sind, so unausstehlich ist. Auch rede ich hier von den leichtsinnigen Lesern nicht, die ein jeder ernsthafter Gedanke von Gott, von einer Vorsehung, von einer Ewigkeit ermüdet; die sich über ihr Jahrhundert so wenig, als über ihr Leben, hinaus denken können; denen die edelste Simplicität Einfalt, und alles, was nur Gott und die

Tugend

Tugend lästert, Philosophie ist; diesen wird der lahmeste Witz und die unverschämteste Lüge allemal stark genug seyn, dieß Buch verächtlich zu machen. Auch der rechtschaffene, der gesetzte Leser, der es mit der wahren Ehrerbietung in die Hand nimmt, die er einem Buche schuldig glaubt, das um die Menschheit so unläugbare Verdienste hat, und was so viele Tausend der erleuchtetesten Männer als den Grund aller wahren Religion von je her verehret haben, auch dieser wird, wenn er dieß Buch aus dem angezeigten Punkte nicht ansieht, nicht recht wissen, was er aus demselben machen soll. Seine Erwartung, womit er es in die Hand nimmt, wird nicht ganz unerfüllet bleiben. Er wird ganze Theile mit der innigsten Rührung und Erhebung des Geistes lesen; das Licht, worin er, besonders in dem letztern Theile, die großen Wahrheiten von Gott, von dessen Vorsehung, von einem zukünftigen Leben findet, wird ihn entzücken; die Lauterkeit der Sittenlehre wird gleich seine ganze Seele einnehmen; er wird nirgends eine tiefsinnige Philosophie finden, aber er wird ein Licht, eine Wärme in seiner Seele empfinden, die stärker für ihre Wahrheit, als alle Philosophie, spricht; in allen andern ähnlichen Schriften wird er die Sprache der Menschen finden, hier wird er Gott sprechen hören. Selbst die Simplicität der Lehren, die über seine Begriffe gehen, wird er ohne innere Rührung nicht betrach-

trachten können; er wird nirgends einen Enthu=
siasmus, nirgends eine Kunst oder Anlage, ihn zu
ihrem Vortheile einzunehmen, dabey wahrneh=
men; er wird sie mit jenen großen Wahrheiten
in so genauer ungekünstelter Verbindung finden,
daß er selbst die Gränzen nicht würde anzugeben
wissen, wo er, ohne jene zu schwächen, diese
sollte verwerfen können. Und eben diese unge=
künstelte Aufrichtigkeit und Einfalt wird er auch
in dem Charakter der Personen, die die vornehm=
sten Urheber dieser Lehren sind, antreffen; er
wird nach der strengsten Prüfung weder einen
Enthusiasmus, noch die geringste verdächtige
Absicht an ihnen entdecken können. Aber dann
wird er es auch nicht begreifen können, vor=
nemlich bey der Voraussetzung, daß in dieser
Sammlung alles unmittelbar und buchstäblich
von Gott eingegeben seyn müsse, warum in
allen Theilen dieses Buchs nicht einerley gött=
liche Würde; warum in dem ersten Theile des=
selben so viel alte Geschichte, die so wenig er=
bauliches, so wenig interessantes an sich haben;
wozu in einem Buche, das die Quelle aller rei=
nen Religion seyn soll, so viele kleine niedrige
oft anstößige Anecdoten, selbst von solchen Per=
sonen, die zu gleicher Zeit als die großen Beken=
ner der wahren Religion und als Freunde Got=
tes aufgeführet werden; warum in diesem ersten
Theile von den wichtigsten Wahrheiten noch so
viele dürftige, niedrige, menschliche Vorstellun=
gen;

gen; warum einige der wesentlichsten kaum berühret; wozu in einem Buche, das zur Erleuchtung und moralischen Besserung des ganzen menschlichen Geschlechts bestimmet seyn soll, die umständliche Aufbewahrung einer längst veralteten Religionsverfassung, so vieler kleiner Localgesetze, die zur Beförderung eines vernünftigen Gottesdienstes und zur sittlichen Ausbildung der Menschen so wenig geschickt sind; wozu die Aufbewahrung so vieler weitläuftigen hieroglyphischen Vorstellungen und Reden, die ihre Beziehung auf längst erloschene Umstände und Völker haben, die der Gelehrteste jetzt kaum noch zu erklären weiß; warum endlich jene große Wahrheiten zum Theil so versteckt, warum so zerstreuet, warum nicht in der natürlichen Verbindung, wo sie der Leser zur Aufklärung seiner Erkenntniß, zur Erweckung seiner Rechtschaffenheit und Beruhigung so gleich übersehen könnte. Unschlüßig wegen dieser Bedenklichkeiten, wie er dieß Buch ansehen soll, wird er es bey sich niederlegen; er wird wegen der darin enthaltenen großen Wahrheiten zu viel Hochachtung dafür haben, um es ganz verwerfen zu können, aber er wird auch zu viel dargegen zu haben glauben, als daß er es als eine eigentliche göttliche Anweisung zu seiner Religion annehmen sollte; er wird also die Wahrheiten, die er seiner Denkungsart darin gemäß findet, mit Hindansetzung der eigentlich geoffenbarten annehmen, und sich
einen

und Religion der erſten Menſchen. 105

einen Deismus daraus machen, aber damit auch alle die mächtigen Hülfen zur Rechtſchaffenheit und Ruhe verlieren, die er eigentlich dadurch erhalten ſollte. Sein Verluſt wird dabey nicht ſtehen bleiben; ſelbſt jene große Wahrheiten, die er als die Grundſätze ſeiner Religion daraus behalten will, werden mit dem Verluſte der göttlichen Autorität, womit ſie in dieſem Buche beſtätiget ſind, nach und nach ihr Licht und ihre Gewißheit bey ihm verlieren; der Sittenlehre, die er wegen ihrer innern Vortrefflichkeit für ſich allein ſtark genug hält, wird er, da er ihr dieß göttliche Gewicht nimmt, zugleich alle ihre Stärke und die ſichere Richtung nehmen; bey der erſten Ueberwindung, die ſie von ihm fordert, wird er ſich die Freyheit nehmen, ſich ſeine Pflichten ſelbſt zu beſtimmen, und ſie immer nach ſeinen Leidenſchaften zu bequemen; und bey jedem ſpottenden Angriffe, dem er das göttliche Anſehn des Buchs Preis giebt, werden ihm die Lehren, die er ſich daraus vorbehalten wollte, immer ungewiſſer, immer unwichtiger werden, und ſeine ſo genannte philoſophiſche Religion, ſein Deismus wird ſich endlich in einen allgemeinen Scepticismus verlieren. Selbſt der Chriſt, der dieß Buch mit voller Zuverſicht, als die göttliche Anweiſung zu ſeiner Religion anſieht, deſſen ganze Seele dadurch gebildet iſt, der es mit der innigſten Dankbarkeit, als die Quelle aller ſeiner richtigen Erkenntniß in der Religion anſieht,

steht, dem es die heilige Richtschnur seines Wandels, dem es eine Kraft Gottes ist, der, so oft er es lieset, immer neues Licht, neue Stärke, neue Beruhigung darin findet, er für sich wird diese scheinbaren Mängel, weil sie in das Wesentliche seiner Religion keinen Einfluß haben, ruhig übersehen, und wird sich auch durch alle die daher genommenen Einwürfe, gesetzt, daß er dieselben auch nicht auflösen kann, nicht irre machen lassen, weil die göttliche Wahrheit der Gründe, worauf sein Glaube eigentlich beruhet, dadurch von ihrer Stärke nichts verliert; indessen wird er doch aus Hochachtung für dieß Buch heimlich wünschen, daß diese scheinbaren Anstöße sich nicht darin finden möchten; es wird ihm eine innere Kränkung seyn, daß die Würde desselben darüber so sehr mißkannt wird, daß der Unglaube daher so viele blendende Waffen gegen die Religion selbst nimmt, daß er in den Augen seiner leichtsinnigen Verehrer dadurch über dieselbe so viele eingebildete Siege erhält, und daß diese göttliche Religion darüber nicht so allgemein wird, als sie sonst zum Seegen der Menschheit werden würde; und er selbst wird glauben, daß dieß Buch den Endzweck, wozu es da ist, vollkommner erfüllen würde, wenn es ein ordentliches zusammenhangendes Lehrbuch wäre, oder wenigstens in Absicht auf die Wichtigkeit der Lehren und Nachrichten, und auf die Würde des Vortrags alles besser zusammen stimmte.

Sehe

Sehe ich aber dieß Buch aus diesem seinem eigentlichen Gesichtspunkte an, daß es zwar zuvörderst den göttlichen Unterricht in der Religion, aber auch zugleich die Geschichte derselben enthalten soll, und was die Vorsehung in dieser Absicht nach der jedesmaligen Fähigkeit der Menschen für einen Gang genommen, so verschwinden auf einmal alle diese Anstöße, und die Weisheit der Vorsehung, die dabey vorgewaltet, fällt so viel deutlicher in die Augen. Denn so steht alles an seiner Stelle, und alle die scheinbaren Unvollkommenheiten, die kleinen niedrigen Geschichte, die veralteten Sitten, die zum Theil anstößigen Schwachheiten und Gebrechen, worin die ersten Personen erscheinen, ihre unvollkommne Vorstellungsarten, sie gehören eigentlich nicht zur Religion, aber sie gehören zu dieser Geschichte der Menschheit und der Vernunft, es sind alles so viel authentische Beweise von dieser ihrer natürlichen Schwäche, und indem sie zugleich den Gang zeigen, wie die Vorsehung dieser Schwäche zu Hülfe gekommen, und wie viele Anstalten sie gebraucht hat, um die Menschheit zu der vollkommnern Erkenntniß zu leiten, die uns in unserm jetzigen Lichte so natürlich scheinet, so erhält eben durch diese scheinbaren Unvollkommenheiten dieß Buch im Ganzen einen Charakter der Göttlichkeit, und die Religion selbst erhält durch diese ihre Geschichte ein Licht und ein Gepräge von Wahrheit, das ein bloßer zusammenhangender Lehrbegriff ihr nie geben

geben hätte. Ein bloßes solches Lehrbuch, so vortheilhaft man sich auch dasselbe denkt, würde diesen Endzweck nie so vollkommen erfüllet haben. Der Unterricht würde mit den verschiedenen Stuffen des natürlichen Lichts nie harmonieret haben, und den Fähigkeiten der Menschen nie recht angemessen gewesen seyn; es würde eine Erscheinung gewesen seyn, die mit dem so verschiedenen moralischen Zustande der Welt kein rechtes Verhältniß gehabt, eine Erscheinung, wovon man weder den Ursprung noch den Endzweck recht gesehen hätte. Die Vernunft, wenn sie zu einiger Erleuchtung gekommen wäre, würde die Nothwendigkeit und Wohlthätigkeit eines solchen unmittelbaren Unterrichts nie haben erkennen wollen, und alle Beweise würden vielleicht nicht hinreichend gewesen seyn, ihr den göttlichen Ursprung desselben zu beweisen. Aber diese zugleich mit dem Unterrichte verbundene und durch alle Stuffen der Vernunft geleitete Geschichte desselben, diese giebt dem ganzen Buche und dem darin enthaltenen Unterrichte eine solche Wahrheit und Würde, und denen übrigen Beweisen, worauf eigentlich die Göttlichkeit dieses Unterrichts beruhet, eine solche Bestätigung, die bey allen Angriffen des Unglaubens unüberwindlich bleibt. Nun zugegeben, daß von etlichen einzelnen Büchern, woraus diese Sammlung besteht, die Verfasser mit keiner Gewißheit anzugeben sind, daß man auch nicht wisse, wie sie

eigent-

eigentlich in dieſe Sammlung gekommen, daß
man daher auch von der göttlichen Autorität
dieſer Stücke keinen eigentlichen Beweis habe,
und daß auch der Inhalt derſelben nicht von
der Würde ſey, daß man dieſen als den Grund
von einer göttlichen Eingebung anſehen könnte;
ich will noch mehr ſagen: geſetzt, daß dieß Buch
auch alle die kleinen Mängel hätte, woraus die
Feinde deſſelben ſich ſo herrliche Siege machen;
Dunkelheiten, die wir bey der großen Entfernung nicht mehr zu erklären wüßten, eine Phi-
loſophie, die mit unſrer vollkommnern Kenntniß
der Natur ſich nicht vergleichen ließe, einzelne
kleine hiſtoriſche oder chronologiſche Unrichtig-
keiten, die unter den vielfältigen Schickſalen,
worunter das Buch ſich erhalten, ſich einge-
ſchlichen, ſo verliert es für mich dadurch im Ganzen noch nichts von ſeiner Wahrheit und Würde. Ich brauche keines ſo ängſtlich erwieſenen
Canons; keines ſo ängſtlichen Erweiſes von einer durchgängig wörtlichen Eingebung, keiner ſo
ängſtlichen Rechtfertigung aller darin vorkom-
mender Handlungen oder kleiner hiſtoriſcher Zweifel. Die Ehrerbietung, das Vertrauen, womit
ich dieß Buch als die einzige Quelle aller meiner
ſichern Erkenntniß von Gott, als die einzige zuverläßige Richtſchnur aller meiner Handlungen,
als den einzigen zuverläßigen Grund aller meiner Hoffnung und Ruhe anſehe, bleiben nichts
deſtoweniger unveränderlich dieſelben. Der Un-
ter-

II. Beträcht. Von der Vernunft

terricht, den ich darin von meiner Religion finde, hat in seiner innerlichen Vollkommenheit einen so unabhängigen eigenthümlichen Beweis seiner Wahrheit, und dieser wird wiederum durch den Charakter der vornehmsten Lehrer dieser Religion, und dieser Charakter wiederum durch die außerordentlichen Zeugnisse, womit Gott darin ihre Sendung bestätiget hat, so göttlich wahr, daß, wenn ich auch alle jene Mängel zugebe, mein Glaube dadurch im geringsten nichts von seiner Beruhigung und Stärke verlieret. *)

Eines der allerschätzbarsten Stücke in dieser ganzen Sammlung ist das Erste Buch. Bey dem ersten Anblicke hat auch dieß sehr wenig reizendes. Es sieht aus als eine Sammlung alter

unzu-

*) Da es mich von dem Zwecke, den ich mir in diesen beyden Betrachtungen vorgesetzet, worin ich den Plan dieses Buchs überhaupt nur erst durchgehen will, zu weit abführen würde, wenn ich hier schon meine Gedanken von den Gründen und der eigentlichen Beschaffenheit dieser göttlichen Autorität, worauf ich mich hier berufe, ausführen wollte: diese Gründe sich auch nicht bequem auf alle einzelne Stücke dieses Buchs ohne Unterschied anbringen lassen, sondern vornemlich auf den besondern Charakter und die besondern Beweise der göttlichen Sendung der vornehmsten Lehrer der in diesen Büchern vorgetragenen Religion beruhen, so werde ich diese Gründe auch in der Folge, so wie ich auf Mosen, die Propheten, den Heiland und seine Apostel komme, am bequemsten, und wie ich zugleich hoffe, zur Zufriedenheit eines jeden billigen Lesers anbringen können.

unzusammenhängender Fragmente aus der ältesten Erdgeschichte, und kleiner nichts bedeutender Familien-Anecdoten, die mehr die Dürftigkeit des Sammlers zu verrathen, und bey Lesern von einigem Geschmacke mehr eine Verachtung als einige Hochachtung dafür zu erregen fähig scheinen. Sehe ich aber auch dieß Buch nur etwas genauer an, so finde ich in eben diesen so gering scheinenden Fragmenten und Anecdoten einen Werth, und zugleich einen Plan, der meine ganze Aufmerksamkeit auf sich zieht. Denn da der Verfasser hier bis zum ersten Ursprunge des menschlichen Geschlechts, und also über zwey tausend Jahre weiter hinaufsteigt, als irgend sonst einiges historisches Denkmaal reicht, so verbreitet er dadurch in einer zusammenhangenden Kürze über die ganze Geschichte der Erde, der Menschheit, der Vernunft und der Religion ein Licht, ohne welches dieselbe sonst für uns in undurchdringlicher ewiger Finsterniß würde seyn verborgen geblieben, und giebt dadurch nicht allein den verstümmelten und in Fabeln und Allegorien verkleideten Ueberbleibseln der ältesten Geschichte ihre Gestalt und Wahrheit wieder, sondern macht dadurch auch diese wieder zu Beweisen von der Wahrheit dieser Geschichte. Und gesetzt, daß wir auch von dieser Sammlung den eigentlichen Verfasser und das wahre Alter, so unwidersprechlich es auch ausgemacht ist, nicht anzugeben wüßten, so würden die unleugbaren innern Merkmaale das höchste Alterthum der darin vorkommenden Geschichte allein hinreichend bestätigen. Durch und durch herrschet in denselben eine Simplicität, die allein das graueste Alterthum anzeiget. Alles harmoniret darin unter einander; die Sprache, die Vorstellungsarten, die Art der Societäten, der Zustand der Künste, die Sitten und Gebräuche, es ist alles so charakteristisch, alles unter sich und mit dem ersten Zustande, worin man sich die Menschheit denken kann, so übereinstimmend, daß das echte Alter davon sich gar nicht mißkennen läßt. Einige Stücke sind sichtbarlich noch Original-Fragmente von damals noch vorhandenen vollständigern historischen Liedern. Dabey waget es der Verfasser, selbst die Geschlechtstafeln von den Stammvätern die er zu seiner Absicht brauchet, herzusetzen, und so gar ihr Alter und die Jahre ihrer Geburt und ihres Todes anzuzeigen; und eben die kleinen Familien-Anecdoten, die niemand erdichtet, die außer der Familie sich gleich verlieren, (ihre Wichtigkeit und Unwichtigkeit wird sich in der Folge zeigen,) sind wenigstens ein sicherer Beweis, daß der Verfasser sie aus der nächsten Quelle geschöpft habe, und geben seiner Geschichte ein Gepräge von Zuverläßigkeit, wobey auch aller Schein von einiger Erdichtung aufhöret. Und alles dieß wird durch den Plan, den der Verfasser dabey vor Augen gehabt hat, noch merkwürdiger. Denn in dieser scheinbaren

Rhapso-

Rhapsodie herrschet der strengste Plan, den der Verfasser nie aus den Augen verliert, der dem größern Plane des ganzen Buchs zur Grundlage dient, der von dem Ursprunge des menschlichen Geschlechts an immer deutlicher wird, und wozu auch ein jeder kleiner Zug mit der sorgfältigsten Wahl ausgesuchet ist. Denn wenn man es aus diesem Gesichtspunkte ansieht, so ist es unwidersprechlich, daß die erste Anlage zu dem großen Plane darin liegt, den die Vorsehung nach und nach hat ausführen wollen; die Morgenröthe des nach und nach sich immer mehr aufklärenden und verbreitenden Lichts, das der menschlichen Vernunft gleich die erste rechte Richtung und die ersten richtigen Blicke in Ansehung der Religion gegeben hat. Ein Buch von ungefähr zusammengerafften Fragmenten und Geschichten, hat keinen solchen zusammenhangenden Plan. Eben so wenig aber ist es möglich, daß es nach einem vorausgesetzten Plan erdichtet wäre. Wäre es erdichtet, so hätte der Verfasser gewiß solche kleine unbedeutende Anecdoten nicht gewählet, und so treffend und weit hinaus in die Zukunft läßt sich auch kein Plan erdichten.

Indessen ist dieß Buch eben dasjenige, wogegen die Feinde der Offenbarung ihre heftigsten Angriffe gerichtet haben, um so wohl das Alter desselben als dessen Inhalt, durch die niedrigsten

sten Vorstellungen und Ausdrücke, (denn gegen die Religion ist diesen großen Geistern alles erlaubt,) verdächtig zu machen. Lord Bolingbroke, der sich hierin vorzüglich unterscheidet, ist gar so gewissenhaft, daß er behauptet, daß ein Mensch, so lange er noch einen Gott glaube, dieß Buch ohne Gotteslästerung für kein göttliches Buch halten könne. Eine große Zärtlichkeit für einen Bolingbroke! An einem andern Orte vergleicht er es mit dem Don Quixotte; und sein getreuer Waffenträger, der Verfasser des Evangile du Jour, der ihm in allen seinen Ausfällen muthig folgt, suchet in der Niedrigkeit der Ausdrücke und den betrüglichsten Verdrehungen, seinem Helden selbst die Lorbern zweifelhaft zu machen. Wir müssen aber diese Schriften nur aus ihrem rechten Gesichtspunkte ansehen, so ist eben die Feindseligkeit, womit dieß Buch darin angegriffen wird, eine der größten Bestätigungen von der Wahrheit seines Inhalts. Denn so ist auch diese ein merkwürdiger Beytrag zu der Geschichte der Vernunft und des menschlichen Herzens, wie nämlich sich dieselbe auch in den erleuchtetesten Zeiten ähnlich bleibt, und wie das größte Licht den geheimen Haß der Religion nicht allein nicht mindert, sondern denselben auch noch wüthender machen kann. Dabey sind sie zugleich der authentische Beweis, was aus
der

der Menschheit und Religion werden würde, wenn Gott diese ihre für die Menschheit so wohlthätigen Grundsätze durch die Offenbarung nicht geschützt, sondern sie bloß der Vernunft überlassen hätte, der Vernunft, die auf der einen Seite bey allen ihren übrigen erhabnen Vorzügen, der allerniedrigsten Wendungen und offenbarsten Verfälschungen sich nicht schämet, um dieß Buch, was die einzige sichere Stütze dieser Grundsätze ist, unter hundert verrätherischen Titeln, dem großen Haufen verdächtig zu machen; da zugleich von der andern Seite eben dieser große Haufen, unbekümmert ob es Wahrheit oder Lügen sind, immer träge und willig genug bleibt, sich betriegen zu lassen, wenn die göttliche Autorität dieses Buchs, wovon er sich gedrückt fühlet, nur geschwächt wird. Diese Lästerungen verdienen es indessen nicht, daß ich, um sie aufzusuchen, den Weg, den ich mir vorgesetzt, immerfort verlasse; wo ich sie auf meinem Wege antreffe, wird jedesmal eine kleine Anzeige hinlänglich seyn, ihre unredlichen Absichten zu entdecken. Das übrige soll der Plan des Buchs selbst thun; denn diesen müssen sie angreifen, wenn sie zu ihren Lästerungen Vertrauen haben; bleibt dieser fest, so bleiben alle ihre einzelnen Angriffe nichts, als Beweise ihrer dürftigen Bosheit.

Mit der Untersuchung, wer der eigentliche Verfasser dieses ersten Buchs sey, will ich mich hier

hier noch nicht aufhalten; wenn ich an die eigentliche Geschichte von Moses komme, werde ich dazu nähere Gelegenheit haben, doch werde ich ihn, um der Deutlichkeit willen, zuweilen schon nennen; auch will ich die vollständige Erklärung der Schöpfungsgeschichte und der Geschichte vom Falle, bis zur Abhandlung der eigentlichen mosaischen Religion verschieben, und vorerst nur überhaupt den Plan des Buchs durchgehen, um so wohl den Endzweck des Verfassers, als auch die Art, wie er denselben ausgeführet, so viel besser übersehen zu können.

Bis an Noah ist er äußerst kurz. Die gänzliche Zerstörung der Erde durch die folgende Fluth, machte hier alle umständliche Geschichte überflüßig. Der Ursprung des menschlichen Geschlechts und dessen erste sittliche Einrichtung; dann der Grund von der mit der menschlichen Natur so genau verbundenen Schwachheit, und wie der Schöpfer derselben, durch die wesentlichen Grundsätze der Religion gleich vom Anfange zu Hülfe gekommen; dieß ist der Hauptinhalt dieses ersten Stücks.

Mit Noah fängt hierauf eine neue Epoche an. Hier durfte die Geschichte von der neuen Bevölkerung der Erde, und die Abstammung der zu des Verfassers Zeit bekanntesten Völkerschaften nebst ihren Zügen, nicht gänzlich mangeln.

geln. Denn da in dieser ersten Zeit alle Geschichte in dem unsichern Gedächtnisse der Menschen nur noch beruhete, der Stolz der Völker um die Wette auch schon anfieng, ihren Ursprung in undenkliche Zeiten hinaus zu setzen, und ihre Geschichte mit der Geschichte ihrer Götter, oder mit ihren astronomischen Rechnungen zu vermischen: So war es so viel nöthiger, diesem so unmittelbar zur Abgötterey führenden Irrthume, durch eine bis auf den ersten gemeinschaftlichen Stammvater des ganzen menschlichen Geschlechts zurückgeführte Genealogie vorzubeugen, und die große Wahrheit von der Schöpfung der Welt und des menschlichen Geschlechts in ihrer Lauterkeit zu erhalten. Uebrigens geht der Verfasser aufs genaueste seinem Plane nach, wie nämlich Gott die Erhaltung von Noah und seiner Familie als ein Mittel gebraucht, die sittliche Geselligkeit unter den Menschen gleich wieder einzuführen, und wie seine Weisheit jene große Grundwahrheit aller Moralität und Religion, daß er der Schöpfer und Regent der Welt sey, unter dessen moralischer Regierung das menschliche Geschlecht immer fortgehe, auf eine dem damaligen kindischen Zustande der Vernunft gemäße Art so lange zu erhalten gesucht, bis die Lage der Welt zu deren Befestigung eine besondere Einrichtung zugelassen habe, und diese Grundsätze nach erfundner Schreibkunst auch dadurch sicherer erhalten werden können.

Ich will jetzt den Anfang mit der ersten Periode von dem Ursprunge des menschlichen Geschlechts bis auf Noah machen. Gleich zuerst erhebt sich der Verfasser zu jenem unendlichen allerhöchsten Wesen, um die Vernunft die wichtige Wahrheit zu lehren, von welcher sie ihre ganze Erleuchtung haben muß, daß dieses einige allerhöchste Wesen der Schöpfer der Welt sey, von dessen allmächtigen Willen die ganze Natur ihr Daseyn und ihre Einrichtung erhalten habe. Im Anfang schuf Gott Himmel und Erde: der größte und erhabenste Gedanke, den alle Vernunft sich denken kann; der mit seiner Einfalt und Stärke die Einfalt jener allmächtigen Handlung ausdrücket, und der Vernunft eben so viel Licht giebt, als jenes allmächtige Wort: Es werde Licht, über die ganze Natur verbreitet hat. Nach dieser vorausgesetzten Grundwahrheit kömmt er aber gleich auf diese Erde. Denn die Menschen den eigentlichen Bau des ganzen Weltsystems, wovon sie nichts begriffen hätten, zu lehren, dieß war der Beruf dieses göttlichen Gesandten nicht. Er konnte, ohne dieses selbst zu wissen, der große und erleuchtete Prophet seyn. Wenn die göttliche Weisheit sich zum Unterrichte der Menschen herabläßt, so offenbaret sie ihnen nichts, als was zu ihrer moralischen Glückseligkeit unentbehrlich ist, und was die Vernunft entweder gar nicht oder zu spät entdeckt hätte. Alles übrige, was in der Sphäre ihrer eignen Wirksamkeit liegt, überläßt sie der Vernunft, mit dem Fortgang ihrer Cultur nach und nach sich selbst zu erklären. Aus eben dieser weisen Ursache bleibt der Verfasser auch bey der gegenwärtigen Bildung der Erde und dem Ursprunge des jetzigen menschlichen Geschlechts stehen, ohne sich in die zu diesem großen Endzweck eben so wenig wesentliche Untersuchung einzulassen, ob dieß ihre erste Bildung sey, oder ob mit derselben schon mehrere Veränderungen vorher gegangen. Es ist ihm auch hier genug, die Wirkung zu ihrer Ursache und die Menschen zu ihrem ersten Urheber zurück zu führen, und alles, was die Vernunft davon fassen kann, drängt er wieder in den erhabenen Gedanken zusammen: Gott sprach — und es ward — und es war alles gut, es war alles dem großen Plane der unendlichen Weisheit und Güte gemäß. Würdiger, stärker konnte der erste Cherub, wenn er hierbey gegenwärtig gewesen, diese Handlung im Himmel nicht verkündigen; wahrer und faßlicher konnte sie zugleich unsrer Vernunft nicht gemacht werden. Denn dieß ist der einzige Grund von dem Ursprunge der Dinge, worin die Vernunft ihre Beruhigung findet: Der Allmächtige wollte, und es ward. Zugleich ist dieß die Gränze aller Philosophie, die Gränze, wo auch Newton ehrerbietig stehen blieb; und der Philosoph, dem es zu klein deucht, bey diesem göttlichen Willen

stehen

stehen zu bleiben, sondern hierüber hinaus von Ursachen zu Ursachen ins Unendliche fortzugehen, und selber Welten zu bauen sich vermißt, der wird sich in ewigen Finsternissen verirren, wo er endlich den Schöpfer selbst verlieren wird. Bey der Betrachtung des schon eingerichteten Laufs der Natur jedesmal bey dem unmittelbaren Willen des Schöpfers stehen zu bleiben, dieß würde nie zu einiger Kenntniß der Natur, noch zur Verehrung ihres großen Urhebers führen. Hier ist es Pflicht des Philosophen, den Grund der Dinge so weit er kann aufzusuchen. Aber er hat auch eine Gränze, wo es ihm erlaubt ist, nicht mehr Philosoph zu seyn, wo es Philosophie ist, es nicht mehr zu seyn; waget er sich hierüber hinaus, so verliert sich seine Vernunft, und nachdem er seine Einbildungskraft genug ermüdet hat, so muß er den unternommenen Bau seiner Welten entweder dem blinden epicurischen Zufalle zur Ausführung überlassen, oder endlich zu dieser Gränze des allmächtigen göttlichen Willens zurück kehren, und dabey ausruhen. Alle philosophische Systeme sind zur Warnung der Vernunft und zum Beweise dieser ohnmächtigen Vermessenheit, voll von den Trümmern solcher mißlungenen Welten. Niemand hat sie glücklicher zerstöret, als der Herr von Büffon. Aber eben dadurch, daß dieser große Mann es dem Philosophen unanständig hält, bey dem Willen des Schöpfers irgend wo

in

in der Naturgeschichte stehen zu bleiben, und es sich daher zur Schuldigkeit macht, die gegenwärtige Bildung dieser Erde, (denn von dieser handelt er nur) ohne den Zutritt des Schöpfers zu erklären, so hat auch dieser scharfsinnige und schöne Geist und vortreffliche Beobachter der Natur das Schicksal seiner Vorgänger nicht vermeiden können, und je größer der Scharfsinn ist, der übrigens aus seinem Systeme hervorleuchtet, so viel warnender ist es für alle, die mit ungleich schwächern Kräften Werke der Allmacht übernehmen wollen. Hier ist der kurze Grundriß. Die Sonne war da, aber einsam und ohne einen wohnbaren Weltkörper um sich zu haben, dem sie ihr Licht und ihre Wärme hätte mittheilen können, mußten sich ihre wohlthätigen Strahlen in dem unendlichen leeren Raume, der sie umgab, unnütz verlieren. Aber ein glücklicher Zufall erfüllete auf einmal ihr mächtiges Gebiet mit allen den Planeten, die sie jetzt beherrschet. Es kam ein Comet, und dieser, da er ihr so nahe kam, wurde so gewaltig von ihr angezogen, daß er in einer schiefen Richtung auf sie stieß, und von ihrer feurigen Masse den sechs hundert funfzigsten Theil, (denn dieß ist nach der Angabe die Summe der innern Masse aller dieser Körper,) mit sich fortriß. Diese Materie wurde erst in der Gestalt eines feurigen Stroms fortgestoßen; da indessen durch diesen gewaltigen Stoß, die leichtere Materie von der dichtern sich absonderte,

derte, die größesten und lockersten am weitesten geworfen, die kleinsten und dichtesten aber von der anziehenden Kraft am meisten zurück gehalten wurden, diese verschiedenen Massen zugleich auch in ihrem noch flüßigen Stande durch die anziehende Kraft ihrer innern Theile, und durch den schräg auf ihre Oberfläche wirkenden Stoß, sich in so viele sich um sich selbst wälzende Kugeln bildeten: So bekamen sie auch nach dem verschiedenen Maaß ihrer Dichtigkeit ihren verschiedenen Abstand von der Sonne. Nun sind die verschiedenen Planeten vom Saturn bis zum Mercur sämmtlich da. Aber woher nun die Monde? auch diese entstunden eben so leicht. Denn da von der noch flüßigen Masse der größern Klumpen sich auch noch kleinere durch den Stoß losmachten, die mit jenen einerley Richtung und Bewegung behielten: So mußten auch diese in einem ihrer verschiedenen Dichte gemäßen Abstande in eben der Fläche ihres Kreises sich bewegen, und denselben zugleich in ihrem Laufe um die Sonne folgen. Hier hat die Erde ihren Einen Mond, der Jupiter seine Viere und der Saturn seine Fünf Satelliten. Aber wie bekam nun die Erde, die vorjetzt nichts als ein zusammen geschmolzener Glasklumpen seyn konnte, ihren Luftkreis und ihr Wasser? Auch hieran konnte es nicht ermangeln. So wie dieser glüende Körper sich abkühlte, verdickte sich der Dunstkreis, dieser senkte sich immer mehr herunter,

umgab

umgab den Kern mit einem Ocean, und die leichtern Theile blieben die Atmosphäre. Wie erhob sich nun aber aus dieser Tiefe das Trockene der Erde? einige Millionen Jahre Geduld. Die Bewegung der Ebbe und Fluth, die durch den Mond verursacht wurde, und mit der sich die Wirkungen der Sonne und des Windes vereinigten, setzte den Ocean in eine beständige Bewegung, zermalmte nach und nach die Schlacken der Oberfläche, machte daraus den Sand und den Thon, spühlte nachher, (ungeachtet der beständigen einförmigen Richtung,) die Tiefen und Untiefen — auch die Alpen und Cordilleras? auch diese; auch die ungleichen Lagen der Erde, daß die schwereren öfters oben, und die leichtern unten liegen. Aber noch eine Frage: Woher kamen nun aus dieser glüenden Masse die ersten Saamen und Keime von allen den Geschöpfen, womit die Erde jetzt bereichert ist? Hier ist auch hiervon die Auflösung: in der Materie ist wesentlich eine sich anziehende und ausdehnende Kraft. Woher aber aus dieser einfachen und blinden Kraft, die unzähligen Classen von Pflanzen und Thieren? Woher die so unendlich mannichfaltige Organisation? Woher in dieser unendlichen Mannichfaltigkeit die so genau abgemessenen Stufen? Woher die unbegreiflich weise Uebereinstimmung des Baues eines jeden Geschöpfes und aller seiner Theile mit seiner Bestimmung? und woher endlich die erstaunlich weise Harmonie aller

aller dieser Wesen unter einander, daß diese ganze Natur nur ein Ganzes, nur ein unendlich vollkommenes Ganze ist, und sich immer ähnlich bleibt? Ist dieß alles die Wirkung dieser einfachen und blinden Kraft? Und wenn dann nun die schon einmal gebildeten einzelnen Theile aller dieser Wesen sich auch immer selbst wieder abmodeln, ist es auch wieder nichts als diese blinde Kraft, die aus allen den Keimen dieser einzelnen Theile nur immer so viele, als zur Ausbildung eines neuen Geschöpfes nöthig sind, auswählet, und dieselben so an einander verbindet, daß es immer dasselbige vollkommene Geschöpf, daß es unveränderlich bis ans Ende der Natur dieselbige Art bleibt, und diese Art unverrückt ihr selbiges Maaß und ihr Verhältniß mit der übrigen Natur behält? Und endlich woher kam aus diesem ursprünglich feurigen und in Glas verwandelten Klumpen der Keim und das Muster zum ersten Menschen? Wie entstund dieser erste Mensch gerade zu der rechten Zeit, da die Erde zu seiner Wohnung und Erhaltung bereitet war? Wie wuchs er von seiner hülflosen Kindheit zum vollkommenen Menschen, und wer machte diese blinde Materie so gelehrig, daß gleich ein Paar Menschen entstunden, die bis auf den nothwendigen Unterschied des Geschlechts, in ihrer ganzen übrigen Organisation, in ihrer Gestalt, ihren Empfindungen und Trieben (nach dem Ursprunge des Geistes ist nicht zu fragen) sich auf
einmal

einmal so glücklich zusammen fanden? An was
für Zweige, sagt der Herr von Voltaire hier,
sucht man sich nicht zu halten, wenn man in Gefahr ist, in seinem Systeme zu ertrinken! Und
warum aller dieser unbegreiflicher Unsinn? Um
den Gedanken eines Schöpfers zu entfernen,
und um einem Buche auszuweichen, das denselben in seinem wahren Lichte die Welt erst kennen gelehret. Ist es dann aber nun der Vernunft so viel anständiger, sich in einer ewigen
Finsterniß zu verlieren, mit großen leeren Worten nichts zu sagen, nichts zu denken, als bey
der so sichtbaren Allmacht und Weisheit des
höchsten Wesens stehen zu bleiben, wo sie den
Grund der Dinge, den sie sucht, mit voller Beruhigung sehen kann? Und kann dann auch die
Vernunft von einem allerhöchsten allmächtigen
und weisen Gott, wenn es anders nicht ein
bloßer Name seyn soll, niedriger denken, als daß
er, wenn er eine Welt erschaffen wollte, diese
so stückweise erschaffen, und es den blinden
Kräften der Materie überlassen sollte, ob daraus je eine Welt von Ordnung, eine Wohnung
für lebendige und vernünftige Geschöpfe werden, oder ein ewiges Chaos bleiben sollte? Aber
welches ist dann, fragt der Herr von Voltaire,
das wahre System? Das, von einem allerhöchsten und unendlichen Wesen ist es, antwortet er,
das einem jeden Elemente, einer jeden Art von
Geschöpfen die Natur, die Bestimmung und die
Stelle,

Stelle, die es in der Reihe der Wesen haben soll, unveränderlich angewiesen; daß das Gold und das Eisen, die Bäume und die Kräuter, den Menschen und die Ameise, die Berge und den Ocean nach ewigen und unveränderlichen Gesetzen erschaffen hat; und ich kann es nicht oft genug sagen, setzt er hinzu, daß wir Menschen keine Götter sind, die Welten durch ein Wort erschaffen könnten. Wie wahr! und dennoch will dieser Mann das Licht nicht erkennen, dem er die Erkenntniß dieser Wahrheit allein zu danken hat; dennoch macht er sich einen Beruf daraus, auch noch die letzten Kräfte seines Geistes darzu anzuwenden, daß er das ehrwürdigste aller Bücher, das einzige Buch, wodurch diese selige Erkenntniß allein in die Welt gekommen ist, wodurch sie sich allein gegen die Verführung einer falschen Philosophie erhalten kann, verdächtig und verächtlich mache. Wie traurig! Dort will die Vernunft sich lieber stolz in ewigen Finsternissen verlieren, als die unendliche Allmacht und Weisheit eines Schöpfers, die ihr, wo sie hinsieht, in die Augen strahlet, erkennen; hier fühlt sie sich gezwungen, sie zu bekennen, aber doch will sie die Ehre dieses Schöpfers eher allen Unglauben wieder Preis geben, als mit Dankbarkeit das Licht erkennen, worin er sich ihr zuerst offenbaret hat.

Denn wenn dieß die einzige wahre Philosophie vom Ursprunge der Welt und des menschlichen

lichen Geschlechts ist, wie sie es ist, wo hat dann die Vernunft diese Philosophie außer diesem Buche sonst je in dem Lichte, in der Verbindung, in der Vollkommenheit gekannt, als in dem Systeme dieses Buchs? Hier harmoniret alles; die Bildung der Erde, das Entstehen der Geschöpfe, der Mensch schon im Stande sich zu erhalten, seine Gehülfinn zugleich mit ihm da, beyde ihrer Natur nach sich vollkommen ähnlich, von einerley Empfindungen und von den sanftesten Trieben gegen einander belebt, beyde gleich von ihrer Existenz an, auf den Gränzen des Standes wo ihre Fähigkeiten und Triebe zur Anlage einer vernünftigen Gesellschaft sich entwickeln können, beyde gleich in einer Gegend, die ihnen zu ihrer ersten nöthigen Erhaltung alles darbietet. Der Philosoph biete alle Kräfte seines Witzes auf, um sich den Ursprung der Erde und der Menschen zu denken, so kann er sich keinen andern, worin seine Vernunft sich beruhigte, als diesen denken; er kann das Gemählde mit seiner Einbildung sich weiter ausmahlen: aber die Hauptzüge müssen dieselbigen bleiben, und er lasse eines davon weg, so ist die ganze Schöpfung ein Traum. Hier, und hier allein ist alles der Weisheit und Güte des höchsten Wesens, alles seiner herrlichen Größe gemäß. Alles auf einmal; nichts dem blinden Zufalle überlassen; alles in der vollkommensten Verbindung; eine unendliche Mannichfaltigkeit, und nur ein Ganzes — Ein großer göttlicher Gedanke. Ein göttlicher Wink — und die Erde nimmt die wohnbare Gestalt an, wie die Natur der Geschöpfe, die zugleich mit da sind, es erfodert. In ihrer Art vollkommen schön und reich, wie ein Werk des Allmächtigen, aber in allen nach der Natur und Bestimmung des Menschen, dessen Wohnung sie vorzüglich seyn soll, eingerichtet. Durch und durch mit dieser ein Plan, wie seine Sinne, seine Fähigkeiten, seine Neigungen und Bedürfnisse und seine höhere Bestimmung es erfodern. Reich, daß sie ihm alles liefert, was er zu seinem Unterhalt und Vergnügen sich wünschen kann; unerschöpflich, wenn er sie mit Fleiß und Vernunft bearbeitet; dürftig, wenn er sie aus Trägheit liegen läßt, oder aus Ueppigkeit ihre Schätze mißbrauchen will. Reich und schön, daß er zur Verehrung der Weisheit und Güte des Schöpfers immer neue Reize darin findet, aber vergänglich und mit Unvollkommenheiten vermischt, daß er nicht unersättlich seine ganze Glückseligkeit darin suche, sondern zum Nachdenken über seine höhere Bestimmung dadurch erwecket werde. Und nun wie die Wohnung bereitet ist, kommt der Mensch; und auch so, wie er aus den Händen eines weisen und gütigen Schöpfers kommen kann. Gleich als Mensch, der zum Stammvater des vernünftigen Geschlechts, das diese Erde beherrschen soll, verordnet ist, und der, so wie

er

und Religion der ersten Menschen.

er seine Existenz bekommt, seine große Bestimmung empfinden und erfüllen soll; mit festen Gliedern und reifen Sinnen und Fähigkeiten, und mit so viel Hülfen, als er zur nächsten Erfüllung dieses seines großen Berufs bedarf. Eine jede Geschichte der Erde, die den Ursprung des Menschen anders beschreibt, und den Schöpfer entweder ganz davon ausschließt, oder den Anfang seiner Existenz niedriger, als hier geschehen, angiebt, ist ein Roman, der die Einbildung wohl eine Zeitlang unterhalten, aber die Vernunft nie befriedigen kann. Selbst Bolingbroke hält keinen andern für möglich. Denn der Mensch komme her, wo er wolle, und man denke sich dessen ersten Ursprung noch so tief in die Ewigkeit hinein, so muß seine Natur das gewesen seyn, was sie jetzt ist; er muß gleich bey dem Anfange seiner Existenz, bey einem völlig ausgebildeten Leibe, ein solches Maaß von Fähigkeiten und Trieben gehabt haben, woraus die fernere Entwickelung seines Zustandes sich als möglich erklären läßt. Aber so läßt er sich ohne die unmittelbare Hand des Schöpfers nicht denken; und der Philosoph, der diese Hand bey der Bildung des ersten Menschen nicht erkennen will, der erdenke sich noch so viele Systeme, so bleibt die Erklärung dieses Ursprungs immer gleich unmöglich. Bey dem Uebergange von der rohen Materie zu der einfachsten Organisation, von dieser zur Bildung des Menschen, und von dieser

ſer bis zu dem Zuſtande, daß er ſich erhalten und ein vernünftiger Menſch werden kann, wird er bey einer jeden Stufe, ſo viel er ſich ihrer auch denkt, unausweichliche Abgründe finden, worin ſich ſeine Vernunft verliert. Millionen von Jahren verändern hierin nichts. War je in der rohen Materie eine ſolche bildende Kraft, warum bildet ſie nicht noch immer fort, warum bleibt alles unveränderlich in dem Maaße, in den Stufen, in der Verbindung, worin es iſt, warum bleibt der Uran Utang, das nächſte Glied, was den Menſchen mit dem Thiere verbindet, immer Thier? Rouſſeaus Thiermenſch hätte ewig ein Thier bleiben müſſen, und der Philoſoph fühlet ſich ſelbſt mit dieſem ſeinem Ideal der Menſchheit ſo verlegen, daß er ihn ohne Sprung auch nur auf die erſte Stufe des geſelligen Lebens nicht heben kann; und ſo paradieſiſch er ſich auch dieſen thieriſchen Stand als den beneidenswürdigen eigentlichen Zuſtand der Menſchheit denkt, da der Menſch ſeine Nahrung und Wohnung von einer Eiche gehabt, mit einem Weſen ſeiner Art weiter keine Gemeinſchaft gehabt, als die die Triebe der Natur erfodert, das Andenken und die Kenntniß ſeiner Wohlthäterinn auch gleich wieder vergeſſen, die Mutter um ihr Kind ſich nicht länger bekümmert, als der Trieb zum Stillen gewähret, das Kind, ſo bald es ſeine Eicheln ſelbſt finden können, auch weiter an die Mutter nicht gedacht,

den

und Religion der ersten Menschen.

den Vater nie gekannt, thierisch wie Vater und Mutter hernach wieder fortgelebet, keine Empfindung von vergangenen und zukünftigen, und keine andre Sprache als die Raben und Affen gehabt, so paradiesisch, sage ich, als sich Rousseau auch diesen Zustand denkt, so hat er dabey noch den Kummer, daß er denselben nirgends auf der Erde findet, daß selbst die Hottentotten und Caraiben ausgeartete vernünftigere Wesen sind, als die Natur dieser seiner Meynung nach sie haben wollen, und daß sich nirgends, auch in der niedrigsten Wildheit, keine Art Menschen findet, die nicht eine vernünftige Sprache hätten, in ehelicher Verbindung, in einiger vernünftigen Gesellschaft lebten, und überhaupt einen Grad von vernünftigen Fähigkeiten zeigten, so daß der Unterschied allemal so ist, wie er unter Menschen und Thieren seyn soll. Der Herr von Condamine war bey dem ersten Anblicke der amerikanischen Wilden zweifelhaft, ob er sie auch für vollkommene Menschen halten sollte; aber wie er ihre Brücken, ihre Kähne und künstlichen Waffen sah, so sah er wahre Vernunft, und ließ ihrer Menschheit alle Gerechtigkeit wiederfahren. Rousseau nimmt zwar überhaupt einen Schöpfer der Welt und ein erstes Paar Menschen an, aber aus großer philosophischer Vorsicht nimmt er sich wohl in Acht, zu untersuchen, wo dieß erste Paar hergekommen, denn sonst hätte er dieser Schöpfungsgeschichte nicht wol ausweichen können; aber ein neuer

Philosoph sollte von Mose reden? eine Hochachtung für dieses Buch verrathen? Wie erniedrigend! Lieber allen möglichen Unsinn. Und Rousseaus System wird dadurch wirklich auch nur noch so viel widersprechender. Denn was für eine Vorstellung von einem unendlich weisen und gütigen Wesen, das dem Menschen zwar den edelsten Trieb zur Vollkommenheit in die Natur legt, (diesen erkennet Rousseau selbst als den ersten Grundtrieb,) und ihn mit allen dazu nöthigen Fähigkeiten ausrüstet, dann aber auf eine so niedrige Stufe setzt, wo es auf Millionen Zufälle, die sich noch ohne Widerspruch nicht denken lassen, ankommt, ob er bey aller der herrlichen Anlage ewig ein Thier bleiben, oder sich endlich bis zum Menschen herauf arbeiten werde. War es aber die Absicht des Schöpfers, daß diese niedrige Stufe die eigentliche Bestimmung der Menschheit seyn sollte: wozu jener Trieb zu höhern Vollkommenheiten? wozu die unnütze Verschwendung so vieler edler Fähigkeiten, und warum ließ er sich den Menschen aus seinen Händen so entwischen, daß ein ganz ander Geschlecht daraus wurde, als wie er erwählet hatte? Aber so schaffen Philosophen. Der Schöpfer der Welt schafft so zweydeutig nicht. Will man ihn also nicht ganz läugnen, (und so werden die Widersprüche noch unendlicher) so muß man sich den ersten Menschen gleich bey seinem Ursprunge in einem solchen Zustande und mit so viel Hülfen

denken,

denken, als zu seiner Erhaltung und zur nächsten Entwickelung seiner Fähigkeiten bis zur Geselligkeit und zur Sprache, das ist, bis zur wirklichen Menschheit wesentlich nöthig waren. Dieß ist der einzige Ursprung des menschlichen Geschlechts, den sich die Vernunft als möglich denken kann; und dieß ist der Ursprung nach der Beschreibung dieses Buchs. Die Beschreibung selbst kündiget schon die ganze Größe dieses göttlichen Werks an. Die ganze übrige Natur entsteht durch den bloßen allmächtigen Wink. Der Schöpfer spricht: es werde Licht, und es wird; er spricht: es werde eine wohnbare Erde, und die Wasser sammlen sich in ihre angewiesenen abgemessenen Tiefen; er spricht noch einmal, und Erde, Luft und Wasser wimmeln von unzählbaren Arten von Geschöpfen. Nun kommt der Mensch; und auf einmal hebt sich die Sprache — Lasset uns Menschen machen — Die Gottheit geht gleichsam mit sich selbst zu Rathe — Philosophen hörts! die ihr alle Kräfte eurer Vernunft dazu anwendet, um den edelsten Vorzug eurer Natur euch abzuläugnen, und durch eure verrätherischen Grundsätze die Menschen, so viel an euch ist, in Thiere umzuschaffen! Tyrannen hörts! die ihr eure Nebenmenschen als Geschöpfe der niedrigsten Gattung ansehet, und die vorzügliche Macht, die der Schöpfer euch, als seinen Statthaltern, hier auf der Erde gab, nur zur Zerstörung ihrer

Ordnung und zur Beraubung der Menschheit von ihren natürlichsten Rechten anwendet! Menschen, die ihr selbst keine andre Bestimmung, als die Erfüllung eurer niedrigsten Triebe, kennet, höret euren Schöpfer sprechen! Lasset uns Menschen machen — ein Bild das uns gleich sey — einen vernünftigen Menschen — der seine ganze Bestimmung, der die ganze Absicht dieser Schöpfung, der ihre Weisheit und Ordnung übersehe, der diese ganze Natur als ihr Herr mit Vernunft beherrsche, der alle übrige Geschöpfe zu seinem Dienste, zu seinem Nuzzen und zur Beförderung der allgemeinen Ordnung und Vollkommenheit anwende; ein Bild das uns gleich sey — einen unsterblichen Menschen, dessen vernünftige Natur durch nichts zerstöret werden könne, der ewig lebe, ewig mit uns lebe; ein Bild das uns gleich sey — dessen vernünftige Natur irgends ihre Gränze habe, der sich bis zu uns erhebe, der in unsrer Erkenntniß, in der Erkenntniß und Liebe des Guten, der in seiner Vollkommenheit ewig fortgehe. Und der Mensch wird; Gott schuf den Menschen ihm zum Bilde, zum Bilde Gottes, zu diesem erhabenen herrlichen Bilde schuf er ihn — dem Leibe nach zwar irdisch und sterblich, aber der Schöpfer bläset ihm den lebendigen Odem ein. Ein sinnlicher Ausdruck, der aber diese edlere Natur, die den Menschen so sehr über alle die andern Geschöpfe erhebt

erhebt (denn so bekam keines seine Lebenskraft,) und dem Schöpfer selber ähnlich macht, aufs erhabenste abbildet. So schuf er Mann und Frau und segnete sie, mit dem Befehle, ihr Geschlecht fortzupflanzen, daß es sich über die ganze Erde verbreite, und die ganze übrige Natur beherrsche. Der Beschreibung nach sind dieß alles so viele verschiedene Handlungen; aber dieß ist Schwachheit der menschlichen Sprache; an sich war alles ein Wink der göttlichen Allmacht, nur Menschen können die Wirkungen derselben nicht anders als Einzeln ausdrücken. Auch der besondere Segen und Befehl gehören zu dieser menschlichen Vorstellungsart; sie sollen beyde nichts als die unmittelbare Wirksamkeit des göttlichen Willens ausdrücken; dieser ist Segen und Befehl zugleich; so er spricht so geschiehts, so er gebeut so ist es da, so hat alles die Natur, die Vollkommenheit, die es nach der Absicht der unendlichen Weisheit haben sollte: Es ist alles sehr gut: Gott will, der Mensch soll der Stammvater des erhabenen glücklichen Geschlechts seyn, für welches die ganze übrige Natur bereitet ist, und der Mensch ist da, mit den vernünftigen Fähigkeiten und Kräften, wie er seiner Bestimmung gemäß seyn soll. So segnet und spricht der Allmächtige; und so wie der Mensch diese vernünftige Natur erhält, so findet er sich durch die göttliche Veranstaltung auch gleich in dem Stande, daß er seine Bestimmung

erfül-

erfüllen, und den Anfang zu einem vernünftigen und geselligen Leben machen kann. In der Beschreibung sind auch dieß wieder so viel besondere auf einander folgende Handlungen; aber auch dieß ist menschliche Einkleidung, die besonders in diesen ersten Geschichten, da die Menschheit in ihrem kindischen Stande sich Gott noch nicht anders, als anthropopatisch, oder auf menschliche Art vorstellen konnte, wohl bemerkt und von der eigentlichen Vorstellungsart muß unterschieden werden.

Ich will sie in der angegebenen Ordnung jetzt einzeln durchgehen. Das erste ist, daß sich der Schöpfer dem Menschen, so bald er seine Existenz hat, als den Herrn der Welt und als seinen Schöpfer offenbaret. Dieß liegt in dem angeführten Segen und Befehle. Die Art dieser Offenbarung brauchen wir nicht erklären zu können; auch können wir uns hieben keine Worte denken; der Mensch hatte in diesem ersten Augenblicke seiner Existenz noch keine Worte. Gott bedarf aber auch keiner Worte, wenn er sich dem Menschen offenbaren oder empfinden machen will. Und so wie bey dieser Erscheinung die Mannichfaltigkeit und Schönheit der Natur, dem Menschen in die Augen fiel, und er auf sein eigenes Daseyn aufmerksam wurde, so war die einfachste und dunkelste Vorstellung hinreichend, die Größe und Güte dieses hohen Urhebers

und Religion der ersten Menschen. 137

bers der Natur und seine Abhängigkeit von demselben ihm empfinden zu machen. Es ist zwar ein eigenthümliches Vorrecht der Vernunft, daß sie auch durch ihr eigenes Vermögen bis zur Erkenntniß dieses Schöpfers der Welt sich erheben kann. Dieses Vorrecht bleibt ihr auch, und macht ihren wesentlichen Vorzug; denn wo sie recht sieht, da muß sie ihn sehen; und so wie ihre Erleuchtung zunimmt, so wie ihre Einsicht in die Ordnung und Vollkommenheit der Natur wächst, so muß auch ihre Ueberzeugung von dem Daseyn dieses höchsten Wesens und von seinen herrlichen Vollkommenheiten immer deutlicher und stärker werden. Aber wenn es der schon geübten Vernunft, wegen der sinnlichen Schwäche, noch so schwer ward, wie es ihre Geschichte beweiset, diesen Gott nach seiner Wahrheit zu erkennen, da sie ihn, nachdem sie ihn schon gekannt, in ihrem sinnlichen Verfalle so weit verlieren konnte, daß er ihr der Unbekannte Gott ward; wie hätte der erste Mensch in der dürftigsten Kindheit seiner Vernunft, bey seinem Eintritt in die Welt, da alles seine Sinne vielmehr betäubte, und da das längste Leben kaum hinreichte, die Dinge die zunächst um ihn waren einzeln kennen zu lernen, wie hätte, sage ich, dieser erste Mensch, bloß durch die Betrachtung der Ordnung der Natur, die für ihn nichts als ein erstaunliches Chaos seyn konnte, dem, ohne diese Offenbarung selbst seine eigene Existenz der

dun-

dunkelste Traum hätte seyn müssen, sich bis zur Erkenntniß dieses allerhöchsten Wesens erheben können? Welche Vernunft kann es sich aber dann auch von diesem unendlichen weisen und gütigen Schöpfer denken, daß er den ersten Menschen, der der Stammvater des ganzen Geschlechts seyn sollte, so wie er ihm die Existenz gegeben, in dieser seiner dürftigen Kindheit hätte von sich stoßen können, ohne ihn über seinen Ursprung zu unterrichten, und sich ihm als den Herrn der Natur und als seinen Vater und Schöpfer zu offenbaren? Man muß den Gedanken von einer Schöpfung wieder ganz aufgeben, oder diese Offenbarung auch annehmen.

Aber ohne Sprache hätten die größten Anstaltungen der Vorsehung mit dem Menschen keinen Endzweck. Diese ist das charakteristische Eigenthum der Menschheit, das den Menschen eigentlich erst der hohen Bestimmung fähig macht, wozu die Weisheit Gottes ihn erheben wollen. Alle seine übrigen vernünftigen Fähigkeiten machen diesen seinen Vorzug nicht aus, aber dieß, daß er alles was in und außer ihm ist, alles was er durch die Sinne empfindet, was dadurch für Vorstellungen in seiner Seele entstehen, was er darüber denkt, je gedacht und empfunden hat, daß er dieß durch besondere Töne vermögend ist auszudrücken, dadurch bey andern eben diese Vorstellungen zu erwecken, sie

sich

sich und andern in der Seele zu befestigen, auch vermittelst dieser Töne, so oft er will, sie sich und andern wieder gegenwärtig zu machen, dieß ist das große Mittel, wodurch die Menschheit erst zu ihrer Bestimmung kommt, das sie ihrer übrigen Vorzüge allein erst fähig macht, und wodurch der Mensch, auch auf der niedrigsten Stufe der Wildheit, doch schon unendlich über die Thiere erhaben bleibt.

Es ist noch jetzt eine der wichtigsten Aufgaben unter den Weisen, ob der Mensch auch hierzu einer unmittelbaren Hülfe des Schöpfers bedurft habe, oder ob er durch seine bloßen natürlichen Fähigkeiten sich dazu habe erheben können. Die Absicht der scharfsinnigen Männer, die sich mit dieser Untersuchung beschäftigen, ist nichts weniger als den ersten Menschen den Händen seines Schöpfers zu entziehen. Sie erkennen alle bey dessen vernünftiger Bildung diese weise schöpferische Hand. Aber da der Philosoph nur da erst, wie billig, eine unmittelbare Hülfe des Schöpfers oder Wunder annimmt, wo die natürlichen Kräfte zur Hervorbringung des gesetzten Endzwecks nicht hinreichen, so gehen ihre scharfsinnigen Bemühungen auch nur darauf hinaus, zu untersuchen, ob die vernünftigen Fähigkeiten, womit der Mensch erschaffen worden, allein hinreichend gewesen, den Menschen zu dieser Vollkommenheit zu führen, oder ob ihm

ihm noch ein unmittelbarer Unterricht unentbehrlich dazu gewesen. Denn da Sprache und Vernunft eine solche Beziehung auf einander haben, daß sie beydes Ursache und Wirkungen von einander zu seyn scheinen; indem die Sprache schon eine gewisse geübte Vernunft voraussetzt, eine geübte Vernunft sich aber ohne Worte nicht gedenken läßt, bey einer jeden förmlichen Sprache auch schon eine gewisse Verabredung anzunehmen, so haben einige Männer das Entstehen einer wirklichen Sprache nicht geglaubt, ohne Wunder erklären zu können. Aber man macht sich diese Erklärung vielleicht dadurch nur so schwer, daß man sich die Sprache gleich anfangs zu vollkommen und philosophisch denkt, und daß man dabey voraussetzt, daß die Seele überhaupt keiner vernünftigen Vorstellungen ohne Worte fähig sey, wobey man denn auch, nach meiner Einsicht, die Hauptbegriffe, woraus die Sache entschieden werden muß, nicht deutlich genug aus einander setzt.

Vorerst hat der Mensch in seiner vernünftigen Natur alles, was wesentlich zur Sprache erfodert wird. Er hat das Vermögen zu empfinden, und diese Empfindungen sich im Gedächtnisse zu bezeichnen; er hat den Trieb, dieselben seines Gleichen mitzutheilen; und zugleich liegt in den Organen seiner Stimme das Vermögen, seine Empfindungen durch entsprechende vernehmliche Töne auszudrücken.

Das

Das Vermögen zu empfinden, und von den empfundenen Dingen sich eine Vorstellung zu machen, ist von aller Sprache der erste wesentliche Grund. Dieß ist aber eine unabhängige Kraft der Seele, die vor aller Sprache hergeht; und die Worte sind so wenig zur ersten Bezeichnung des empfundenen Objects, als zur Wiederhervorbringung dieser Vorstellung, unentbehrlich. Denn dieß Vermögen ist auch bey Kindern und bey Tauben und Stummen, und die Lebhaftigkeit der Mienen und Gebehrden, womit sie ihre Empfindungen ausdrücken, ist der Beweis, daß es nicht bloß die ersten sinnlichen Eindrücke, sondern daß es Vorstellungen sind, die die Seele sich schon gefasset und mit Vernunft bearbeitet hat. Bloße Worte oder Töne können auch überhaupt keinen Begriff in die Seele bringen; sie sind das vollkommenste Mittel, die schon gefaßten zu bezeichnen und zu befestigen: aber die Vorstellung der Sache selbst muß durch die Sinne schon vorher in die Seele gekommen seyn, oder zugleich mit dem Tone hineingebracht werden. Auf diese und keine andere Art lernen die Kinder reden. Das Kind kennet entweder die Sache schon, und hat sich schon eine Vorstellung davon gemacht, und so lernt es nur das Wort womit sie bedeutet wird, oder es lernt beydes zugleich. Die Vorstellungen bleiben allemal der Grund und auch das Maaß der Sprache. Der Mensch kann mehr

Worte auswendig lernen, aber so lange er von der Sache selbst, die die Worte bezeichnen, keinen Begriff hat, so ist es auch für ihn keine vernünftige Sprache. Die Zahl der Worte kann das Maaß der Begriffe nie übersteigen. Daher muß auch die Sprache der ersten Welt, so wie die Sprache der Kinder, sehr arm gewesen seyn, und kann nur in sehr allgemeinen unbestimmten Ausdrücken bestanden haben. Aber so wie der Mensch mit den Objecten, die um ihn sind, bekannter wird, und durch das gesellige Leben zur Aufmerksamkeit und zum Nachdenken mehr gereizet wird, so wird auch seine Sprache reicher, schöner und nachdrücklicher. Ein ungeübtes Auge sieht auf einem grünen Anger nichts als Gras, wo der Kräuterkenner hundert verschiedene Pflanzen durch besondere Worte unterscheidet; und an einem Gemählde, wo der Unwissende nichts als schöne Farben bewundert, wird der Kunstverständige eine Menge besondrer Schönheiten anzugeben wissen. Dieß ist der Grund von dem Reichthum und Nachdrucke der Sprache aller gesitteter Völker, und von der Armuth der Sprachen der kleinen wilden Völkerschaften. Die Sprache enthält immerfort das Maaß und die Geschichte von der geübten Vernunft einzelner Menschen und ganzer Nationen, und ihr Wörterbuch enthält die Summe aller ihrer vernünftigen Begriffe. Das Maaß der Begriffe, und das Vermögen

die-

dieselben zu bezeichnen, behalten immer das genaueste Verhältniß gegen einander. Was man sich daher auch von einem unmittelbaren göttlichen Unterrichte denken möchte, so hätte derselbe dem Menschen die Fertigkeit zu reden doch nicht weiter mittheilen können, als er Begriffe hatte; wozu hätten ihm aber mitgetheilte Begriffe von Dingen helfen sollen, die er kennen zu lernen noch keine Gelegenheit gehabt, und zu wissen noch nicht nöthig hatte. Wo er aber diese hat, da ist auch aller unmittelbarer Unterricht überflüßig, da sind Trieb und Fertigkeit auch von selbst schon da, die Empfindung durch einen Ton anzugeben. Dieser Trieb geht in gewisser Maaße durch die ganze empfindende Natur, und fängt schon unter der Menschheit auf den niedrigern Stufen des Lebens an, wo er aber noch der bloße Ton des Erhaltungstriebes, und einfach wie dieser ist; im Menschen aber steigt er nach dessen höherer Bestimmung, und wird Sprache. Denn so wie seine Empfindungen sich vermehren und deutlicher, mannichfaltiger und lebhafter werden, wächst auch der Trieb sie auszudrücken, und der Mechanismus der Organen seiner Stimme giebt ihm ungesucht den natürlichen Ton an, der von jeder Sache, wie er sie empfindet, das getreueste Bild ist. Und diese wundervolle Einrichtung der Werkzeuge der Sprache ist es, die bey dieser Untersuchung die meiste Aufmerksamkeit verdienet. Denn so

K 2 will-

willkührlich uns auch die Worte in einer Sprache vorkommen, so haben sie dennoch ursprünglich ihren Grund in dieser Einrichtung der Organen, der unabhängig von aller Wahl ist; und
so unendlich mannichfaltig nach dem Gehöre diese
Einrichtung in ihrer Wirkung, nämlich in der
Verschiedenheit der Töne ist, so einfach und
simpel ist sie in ihrer ersten Ursache. Denn was
ist simpler als der Mechanismus, daß der einfache Laut, der der Grund aller Töne ist, bloß
durch die allmählige Verengerung des Halses,
von A als der freyesten Oeffnung, bis U, nicht
allein in die fünf Haupt-Vocalen, sondern in
so unzählige Mittellauter und Diphtongen sich
abändert; und daß wiederum die, nach den verschiedenen Mundarten, so unzählige Beugungen
dieses Lauts, nur aus sechs Haupt-Consonan-
ten, oder aus so viel härtern oder mildern Beugungen bestehen, die die sechs Werkzeuge der
Sprache, die Kehle, der Gaumen, die Zunge,
die Nase, die Zähne und die Lippen diesem Laute
geben, und daß der Mensch dabey weiter nichts
thut, als wiederholen und zusammensetzen.
Was uns aber die unendliche Weisheit des Urhebers unsrer Natur hier noch mehr bewundern
macht, ist dieß, daß diese Organen nicht nur
das Instrument sind, durch deren leichteste Beu-
gung wir nicht allein alle mögliche Empfindungen, die in unsrer Seele vorgehen, angeben können, sondern daß der Schöpfer, um diesen ersten

charak-

charakteristischen Vorzug unsrer Natur, der der Grund von allen unsern vernünftigen Vorzügen ist, uns zu erleichtern, die Structur dieser Organen selbst so eingerichtet hat, daß ein jedes davon durch die Empfindung selbst schon in den Ton gesetzt wird, den die Natur dieser Empfindung fodert; und das rauhe Object als Rauh, das sanfte als Sanft, durch eben den natürlichen Miechanismus ausdrückt, der in allen Menschen die einfachern Empfindungen der Freude, des Schmerzens, der Verwunderung oder des Hohns, durch ihren besondern Ton angiebt, auch keinen andern angeben kann, ohne daß Willkühr und Verabredung dabey einige Statt hätten, oder Clima und Gewohnheit darin was ändern könnten; so daß die erste Operation der Sprache, worauf das ganze System derselben beruhet, mehr von der physischen Natur der Dinge, und von dem Eindruck den sie auf uns machen, als von Ueberlegung oder Wahl abhängt. Und diese nachahmende physische Schilderung der Objecte und ihrer Wirkung auf uns, enthält die Keime und ersten Stammwörter von allen Sprachen, und ist, wie sie Leibnitz nennet, die allgemeine Natursprache, die nirgend gesprochen wird, aber dennoch, so versteckt sie auch ist, der Grund von allen Sprachen, weil die Natur überall dieselbe, und die Empfindungen der Menschen überall sich ähnlich sind. Jetzt, nachdem der Zufall, die Verschie-

denheit

benheit des Climas, die Vermischungen der Völker, und die Kunst, in den Sprachen so viele Veränderungen veranlasset haben, da auch die Empfindungen und Situationen, die zur Bezeichnung des Objects die erste Veranlassung gegeben haben, sich unmöglich von allen mehr ausmachen lassen, würde es eine sehr vergebne Mühe seyn, die ersten Züge der Natur darin noch aufsuchen zu wollen. Wer könnte jetzt, da Clima, Vermischung, und Gewohnheit in der Farbe und Gestalt der Menschen so viele Veränderungen gemacht haben, die eigentlichen Gesichtszüge des ersten Stammvaters noch ausmachen? Indessen so wie hier in den wesentlichen Zügen sich dennoch ein allgemeiner Familien-Charakter erhalten hat: so sind auch die Spuren dieser nachahmenden Töne, in allen und besonders in den Stammsprachen, die die wenigste Vermischung gelitten haben, noch immer kenntlich; und die mahlerischen Worte, deren alle Redner und Dichter sich so glücklich zu bedienen wissen, sind in allen Sprachen davon der Beweis. Der Ausdruck wird in jeder verschieden seyn, indessen wird der Ton, den die Natur selbst angegeben, ungeachtet der Verschiedenheit des Worts, dennoch kenntlich seyn.

Anfangs wird diese Sprache zwar sehr arm seyn, denn der Mensch ist in seiner Kindheit nicht gleich der abstrakt denkende Philosoph; er wird

wird zuerst nur die Dinge, die seinen Sinnen am nächsten sind, und hierunter zuvörderst diejenigen die ihm ins Gehör fallen, auszudrücken suchen. Hiervon ist die Nachahmung in allen Sprachen so deutlich, daß es überflüßig wäre, dergleichen Worte anzuführen. Der Mensch wird aber hierbey allein nicht lange stehen bleiben, sondern bey dem Triebe den er bey sich selbst fühlet, alle seine Empfindungen auszudrücken, und bey dem Gefühle, daß seine Stimme das einzige vollkommene Mittel dazu ist, wird er von der Benennung der Dinge, die sich eigentlich durch Töne mahlen lassen, von Schattirung zu Schattirung weiter gehen, und auch diejenigen Empfindungen, die mit dem Gehöre nichts mehr gemein haben, dennoch durch solche Töne auszudrücken suchen, daß die Nachahmung, die die Natur dictiret, dabey immer kenntlich bleibt. So bald das Kind die Organen seiner Sprache nur brauchen kann, wird es durch diesen geheimen natürlichen Mechanismus nicht allein die bloß tönenden Dinge nachahmen, sondern es wird sich bey allen Dingen einen Ton denken, und auch diejenigen, die es durch den Geschmack als süß oder bitter, durchs Gehör als hart oder weich, rauh oder sanft, auch selbst die, die es durch das Gesicht als dunkel oder hell, schnell oder träge, hoch oder tief, holpricht und rauh, oder flach und eben unterscheidet, durch einen mahlerischen Ton unterscheiden, und durch eine

physische

physische Nothwendigkeit eben das Organ dabey gebrauchen, was die Natur selbst zu diesem Ausdrucke gebildet hat, und dieser Ton würde Stammwort in der Sprache des Kindes bleiben, wenn es nicht an andre, die schon mehr ausgebildet, gewöhnet würde. Nichts kann mit einem Tone weniger Gemeinschaft haben, als die innern Gemüthsbewegungen, und dennoch ist diese mechanisch mahlerische Sprache in den verschiedenen Ausdrücken von Angst, Schrecken, Furcht, Zittern, Verzweiflung, Ruhe, in allen bekannten Sprachen kenntlich. Auch die Organen selbst mahlen sich und ihre Wirkungen in allen Sprachen, durch die ihnen eigenthümlichen Töne. Zur Bezeichnung des Gaumens oder der Kehle wird man nirgends die Töne der Zunge, noch die Zahnbuchstaben zur Bezeichnung der Lippen und derer Wirkungen gebraucht finden. Der Grund von diesem nicht genug zu bewundernden Mechanismus ist vielleicht noch nicht genug erforscht, indessen ist er da, und in diesen Werkzeugen der Sprache eben so deutlich da, als er in den Muskeln des Gesichts ist, nur mit dem Unterschiede, daß er sich in diesen durch Züge, und in jenen durch Töne mahlet. Denn so wie eine jede lebhafte Empfindung von Leid, Freude, Zorn, Wuth, Schaam, Verwunderung, Hohn, ihren besondern Muskel hat, durch den sie sich ohne alle Wahl und immer nothwendig ausdrückt, ohne je den einen mit dem andern

zu

zu verwechseln, so ist es vielleicht einer, tief in
der ersten Grundlage der Natur verborgener, und
mit diesem geheimen Mechanismus des Gesichts
genau verwandter Zug in diesen Werkzeugen der
Sprache, (so soll der Mensch nach der Anlage
seiner ganzen Natur nichts als Wahrheit seyn)
der jener unvollkommenern Sprache des Gesichts, durch einen mit dessen Zügen harmo-
nierenden Ton, um die Empfindungen dadurch
noch deutlicher auszudrücken, zu Hülfe kommt,
und allemal nur das, der jedesmaligen Empfindung entsprechende Organ, in Bewegung setzt,
so daß jedes Organ, wie jeder Muskel im Gesichte, seinen unveränderlichen charakteristischen
Ausdruck hat, das die rauhern und härtern
Töne der Kehle und des Gaumens, nie zur Bezeichnung der sanften Empfindungen gebraucht;
dann, die Empfindungen wobey eine Vorstellung von Festigkeit und Härte eintritt, nie durch
die flüßigern Töne der beweglichen Lippen, die
flüßigen beweglichen und sanften hergegen, nie
durch die festern Zahnbuchstaben bezeichnet werden. Und vielleicht ließe sich die Spur dieses
geheimen gemeinschaftlichen Mechanismus bey
einer genauern Aufmerksamkeit, auch selbst noch
bis in den verschiedenen Mischungen und Schat-
tierungen der Töne nachforschen; daß, so wie im
Gesichte die gemischte Empfindung von Freude
und Wehmuth, von Zorn und Betrübniß, von
Schaam und Reue, durch die zusammengesetzte

mehr oder minder starke Action der eigenthümlichen Muskeln sich mahlet, daß, sage ich, vielleicht auch in der verschiedenen mehrern oder mindern Zusammensetzung der Töne der weichern und härtern Organen, die gemischte Empfindung der verschiedenen Objecte und ihrer Wirkungen, auf eine jener Sprache der Augen und des Gesichts ähnliche Mischung, sich hie und da vielleicht auch noch entdecken ließe, ungeachtet die meisten Stammwörter, so wie sie die Natur zuerst dictiret, durch die Länge der Zeit schon ganz unkenntlich geworden, sich vielleicht auch schon ganz verloren haben, oder in uns unbekannten Sprachen nur noch übrig sind. Und so wie dieß in allen bekannten Sprachen ist, so ist es vermuthlich, weil die Natur sich überall gleich ist, auch in allen unbekannten, und auch selbst in den Sprachen der Wilden. Die Veränderungen, die das Clima und die Gewohnheit auf das Spiel der Organen machen, und die rauhern und feinern Empfindungen des einen Volkes vor dem andern, auch selbst die rauhere und schönere Natur, werden in dem Ausdrucke einen großen Unterschied machen; der Grieche und der Grönländer werden ihre Empfindungen, so wie im Gesichte, also auch in den Tönen, sehr verschieden angeben, und der Sinese, der kein R in seiner Sprache hat, oder der Einwohner von Utaiti, der im Sprechen fast nie den Mund schließt, und dessen Töne beynahe lauter Vocalen

sind,

sind, wird sie ebenfalls anders ausdrücken; aber so wie bey allem Unterschiede, den Clima und Gewohnheit auf die Farbe und Züge des Gesichts gemacht haben, die Sprache der Empfindungen in den Hauptzügen des Gesichts dennoch immer dieselbe bleibt, oder wie ungeachtet der Verschiedenheit der Töne einer Geige und eines Blasinstruments, der Ausdruck des Componisten auch dem ungeübtesten Ohre dennoch vernehmlich bleibt, so wird auch, ungeachtet aller jener Verschiedenheit, die Sprache der Natur dennoch kenntlich seyn.

Anfangs wird auch diese Sprache noch sehr arm, und bloß eine Bezeichnung sinnlicher Dinge und deren Empfindung seyn, denn natürlicher Weise fängt der Mensch hierbey an, indessen ist sie nunmehr schon der Grund von dem folgenden ganzen Reichthume; und der Grund beruhet auf dem natürlichen Vermögen, Aehnlichkeiten zu finden. Denn man gehe die reichsten Sprachen der Welt durch, so macht diese Vergleichung sinnlicher Bilder, mit ähnlichen moralischen Vorstellungen ihren ganzen Nachdruck und Reichthum aus. Wie viel tragen hierzu die gewöhnlichsten Wirkungen der Natur und die gemeinsten Handlungen des Lebens nicht schon bey; zu wie unzählig vielen andern abstrakten oder moralischen Begriffen geben uns wieder die Wirkungen und Empfindungen unsrer

Sinne

Sinne die Ausdrücke; wie unendlich sind die Benennungen moralischer Empfindungen, die von den Gliedern unsers Leibes, von dem Herzen, als dem geglaubten Sitze der Seele, von den Augen als dem Sitze der Kenntniß, von den Händen als den Hauptwerkzeugen des Gefühls und der Thätigkeit hergenommen sind. Und an aller dieser Bereicherung haben weder Philosophie, noch Kunst, noch Verabredung den geringsten Antheil. Die Natur giebt allein die Anleitung dazu, und äußert sich als ein wesentliches Eigenthum der Vernunft bey Kindern und Wilden; und so wie die Einbildung durch das gesellschaftliche Leben mehr erweckt wird, und mit der Aufmerksamkeit die Kenntniß und Reflexion sich vermehren, wird der Mensch auch immer mehr Aehnlichkeiten wahrnehmen, womit er seine geistigen oder moralischen Empfindungen ausdrücken kann, ohne daß er je nöthig hat, sich besondre Worte dafür zu erdenken. Die sinnlichen Empfindungen gehen immer vorher, und bleiben von den moralischen und abstrakten das Maaß; sind jene gering, so bleiben diese es auch: in dem Maaße aber, daß jene sich vermehren, daß sie mannichfaltiger, deutlicher und feiner werden, in dem Maaße erheitert und verfeinert sich auch der moralische Sinn, und um so viel reicher, stärker und schöner wird die Sprache.

In dieser etymologischen Abstammung der moralischen oder geistigen Begriffe von den sinnlichen

chen in der Sprache, liegt eine Geschichte der Vernunft von jeder Nation, die der Aufmerksamkeit des scharfsinnigen Philosophen würdig ist. Wie reich und stark ist in diesen letzten funfzig Jahren unsre deutsche Sprache, in genauerer Bezeichnung so mannichfaltiger moralischer Schattirungen nicht geworden, wofür wir vorher keinen Ausdruck hatten, ohne daß eigentlich auch nur ein einziges neues Wort erfunden worden wäre. Der Beobachtungsgeist ist seitdem mehr unter uns erweckt, wir sind mit der Natur, wir sind mit den schönen Künsten bekannter geworden, hier finden wir neue lebhafte Bilder, neue treffende Aehnlichkeiten, und dieß ist die Quelle unsers größern Reichthums. Die Baarschaft hat sich eigentlich nicht vermehret, der mehrere Umsatz und die Circulation machen ihren Fond allein so ergiebig, daß, da sie kurz vorher noch so dürftig schien, sie sich jetzt mit der brittischen und französischen Ueppigkeit dreist vergleichen darf. Und diese Uebertragung der sinnlichen Vorstellungen und Bilder ist so wenig eine Unvollkommenheit, daß sie vielmehr der wesentliche Grund des Reichthums, der Schönheit und Stärke von allen Sprachen ist. Denn was würde es für alle unsre Seelenkräfte für eine erstickende Last seyn, wie langweilig, schwankend und matt würden alle unsre Reden seyn, wie langsam würde darinnen alle Kenntniß sich verbreiten, wenn wir für einen jeden neuen Begriff,

für

II. Betracht. Von der Vernunft.

für einen jeden neuen Gedanken, jedesmal auch ein neues Wort ersinnen oder lernen müßten; da hergegen diese bildlichen Vorstellungen dem Verstande auf alle Weise zu Hülfe kommen, so viele einzelne Begriffe, die die Aufmerksamkeit so sehr vertheilen würden, unter einen Gesichtspunkt bringen, die moralischen und abstrakten durch das sinnliche Bild auch dem ungeübten faßlich machen, und ihnen dadurch, daß sie sie gleichsam mit einem bekannten sinnlichen Bilde stempeln, die nicht zu mißdeutende Festigkeit geben, daß dadurch allemal sicher dieselbige Vorstellung auch wiederum erweckt wird.

Dieß wäre indessen allein noch keine vernünftige Sprache; es wäre immer nur die erste Stufe noch. Denn eine Sprache, die noch nichts als einzelne Begriffe, gesetzt, daß diese noch so bedeutend wären, anzugeben wüßte, ohne zugleich ihr Verhältniß gegen einander, ihre Verbindungen, ihre Abänderungen, ihre Trennungen angeben zu können, würde noch weiter nichts, als einzelne thierische Vorstellungen, erwecken können, sie würde nach dem Gleichnisse des vortrefflichen Herrn Sulzers, den ich hier mit vorzüglicher Dankbarkeit nenne, ein unerklärliches hieroglyphisches Gemählde seyn, wo die einzelnen Bilder von Menschen, Bäumen, Thieren, ohne Handlung und Verbindung willkührlich hingeworfen, unter einander stünden;

ein

ein bloßes Wortregister, was den Menschen noch zu keinem Gebrauche seiner Vernunft, noch zu einiger gesellschaftlichen Verbindung erheben könnte. Aber eben so wenig wird der Mensch auch hier stehen bleiben, sondern eben der Trieb, der ihm von seinen einzelnen Empfindungen den Ausdruck angab, wird ihn auch reizen, das Verhältniß auszudrücken, worin er sich die Sache entweder als wirkend oder leidend, als gegenwärtig, vergangen oder zukünftig, und besonders in Beziehung auf sich oder auf andre sich vorstellet. Das erste wird seyn, daß er die Wirkung der Sache auszudrücken sucht. Dieß ist der Infinitiv; hiebey fängt die Sprache der Kinder an. Aber je mehr der Trieb sich vernehmlich zu machen, durch den gesellschaftlichen Umgang und durch die Vermehrung der Empfindungen gereizet wird, so viel dringender wird derselbe auch werden, auch die Beschaffenheit der Dinge, wie er dieselbe empfindet, imgleichen ihre Abänderung in Ansehung der Zeit und der Zahl auszudrücken. Zur Bezeichnung der Beschaffenheit wird die Empfindung selbst den ersten Ton wieder angeben, und um die Vielheit oder den höhern Grad auszudrücken, wird sich der Ton durch eine Verdoppelung oder durch einen andern Zusatz verstärken, und dieß ist der eigentliche Anfang einer vernünftigen Sprache, und der Grund der Grammatik, die Kunst und Philosophie nachher weiter ausgebildet,

det, aber ſo weit noch ein bloßes Werk der Natur iſt; wovon dieß der Beweis, daß auch die unvollkommenſten Sprachen der Wilden hierin noch übereinkommen. Indeſſen kann der Menſch nun anfangen zu urtheilen, und Begriffe mit einander zu verbinden und zu trennen. Nur daß auch dieſe Sprache immer noch ſehr unvollkommen, unbeſtimmt, langweilig und voller Wiederholungen ſeyn wird; noch immer ein unvollkommenes Gemählde, das die einzelnen Handlungen der nächſten Figuren zwar mit einander verbindet, dem aber noch, um das Ganze in eine gemeinſchaftliche Handlung zu bringen, die vollkommenere Gruppirung und geſchickte Vertheilung von Licht und Schatten fehlet. Und ſo wie dieß in der Mahlerey das Werk der vollkommenſten Kunſt iſt, ſo iſt dieß in Anſehung der Sprache auch das Werk der vollkommnern Grammatik, die ebenfalls alle einzelne Sätze der Rede, in Abſicht auf das vorhergehende und folgende, in den eigentlichen Geſichtspunkt bringt, und indem ſie, beſonders durch die Vor- und Verbindungsworte, mit einem Blicke überſehen läßt, ob der eine Satz von dem andern ein Beweis, eine Folge, eine Verbindung, Trennung, Verknüpfung, Ausnahme oder Gegenſatz, eine Bejahung oder Verneinung iſt, der ganzen Rede durch dieſe einzelnen Sylben das volle Licht, den Verſtand, und die Verbindung giebt. Dieſe Grammatik

nun

nun gehöret ganz zum Gebiete der geübten Vernunft und Philosophie, die aber auch, besonders was die Vor= und Verbindungsworte, das größte Meisterstück der Vernunft, betrifft, sowohl in Ansehung ihres Anfangs und Fortgangs am schwersten zu erklären ist.

So unvollkommen nun diese Ausführung auch ist, so ist doch daraus wohl so viel deutlich, daß die Sprache nicht anders als ein bloßes Werk der Vernunft angesehen werden könne, wobey aller göttlicher Unterricht, wie man sich denselben auch denken möchte, bey den ersten Menschen eben so überflüßig, als bey den übrigen Anwendungen seiner vernünftigen Fähigkeiten oder seiner Glieder, gewesen wäre. Und dieß ist auch das System des Verfassers von diesem Buche. Es ist hier keine Anzeige von einem unmittelbaren göttlichen Unterrichte oder von einer eingegebenen Sprachkunst. Der Schöpfer giebt dem Menschen nur die Veranlassung dazu. Gott habe die Thiere, dieß sind die Worte des Textes, zu dem Menschen gebracht, um zu sehen, wie er sie nennen würde, und so habe er einem jeden Thiere seinen besondern Namen gegeben. Der Schöpfer läßt den Menschen in einer solchen Gegend entstehen, wo er mit der Natur und mit den Thieren, die er zunächst zu seiner Erhaltung braucht, gleich bekannt wurde, und zugleich fand er in dem

dem Tone der Thiere selbst die nächste Anleitung, sich dieselben zu bezeichnen. Wie simpel! und wie wahr! Wie ehrwürdig würde nicht selbst denen, die die höhere Autorität dieses Buchs auch nicht erkennen, diese Geschichte von dem Ursprunge des Menschen seyn, worin die erste einfältige Sprache der Natur so kenntlich ist, wenn diese edle Einfalt nicht so oft miskannt, und durch so seltsame buchstäbliche Auslegungen, und durch das daraus entstehende eben so seltsame Wunderbare, (ein Schicksal, was dieß ehrwürdigste aller Bücher allein trifft,) nicht so oft, obgleich mit der besten Absicht, verstellet würde. Daß der erste Mensch, so wie er seine Existenz erhielt, gleich in eine solche Gegend kam, wo er mit der Natur, so weit sie zu seiner Erhaltung nöthig war, gleich bekannt wurde; dieß erforderte der unmittelbare Endzweck seiner Schöpfung. Aber daß alle Thiere aus allen Gegenden des Erdbodens, in allen ihren Geschlechten und Arten, vom weißen Bären und Rhinozeros bis zur Maus, und vom Strauße bis zum Colibris, um den ersten Menschen sich versammlet, um ihm als ihrem Herrn zu huldigen, und daß darauf mit diesem Eindrucke von der Majestät ihres Herrn, das eine nach dem Nordpol, und das andre in die afrikanischen Wüsten gegangen; welcher Endzweck! Um seine Herrschaft über dieselben auszuüben, hatte er, so oft es nöthig war, in seiner Vernunft und in seinen

Glie-

Gliedern, auch ohne diese Huldigung, alle nöthige Mittel. Oder aber sollte es deswegen seyn, damit der Schöpfer ihn von einem jeden Thiere die Natur und den Namen lehrete? Aber zu welchem Ende auch diese Gelehrsamkeit? Wird das Kind dadurch auch klüger, wenn es das ganze linnäische Natursystem herzusagen weiß? Die Kenntniß der Thiere, die ihm zum Baue der Erde, und zu seiner unmittelbaren Nahrung behülflich waren, war ihm nöthig. Man nehme hierbey, wenn man will, auch noch einen besondern Unterricht an. Aber worzu die Kenntniß aller übrigen Thiere? Und warum diese Kenntniß der Thiere mehr, als der Pflanzen und der Fische? So wie er aber für diese, so wie sie ihm nach und nach vorkamen, Namen zu finden, und mit ihrer Natur sich bekannt zu machen wußte, so gut konnte er auch für jene Namen finden. Der große Redner und Philosoph sollte er anfangs nicht seyn, denn er wäre beydes noch umsonst gewesen; er bekam nur die Hülfen, die er zur nächsten Erfüllung seiner Bestimmung brauchte; die Veranlassung zur fernern Ausbildung seiner Vernunft und Sprache sollte er in der vernünftigen Gesellschaft finden, wozu zugleich mit seiner Existenz die Anlage von seinem Schöpfer gemacht war. Denn allein für sich hätte der Mensch alle Vorzüge seiner Natur noch umsonst; in der Verbindung mit seines gleichen wird er erst der Mensch, und der Trieb, den der Schöpfer ihm hierzu eingepflanzet hat, ist das große Mittel, wodurch diese Vorzüge sich entwickeln, und wodurch selbst der erste Grundtrieb der vernünftigen Natur, der Trieb zur Vollkommenheit, seine Thätigkeit erhalten muß. Auf diesen Trieb ist die ganze Natur eingerichtet; hierdurch erhält sie allein ihre Schönheit und ihre Harmonie, und er ist in der vernünftigen Natur eben das wirksame allgemeine Gesetz, was die anziehende Kraft in der körperlichen ist, das alle vernünftige Kräfte in eine gemeinschaftliche Wirksamkeit setzet, und den Menschen von Stufe zu Stufe zu der großen Bestimmung erhebt, daß er die ganze Natur beherrschen, und alle einzelne Vollkommenheiten, zur Verherrlichung seines Schöpfers und zu seiner und seiner Mitgeschöpfe Vollkommenheit verbinden, und als Werkzeuge und Mittel zu immer neuen Vollkommenheiten gebrauchen kann.

Ohne diesen Trieb, würde der Mensch mit allen seinen großen Vorzügen nichts mehr als ein ander Thier seyn; er würde die Natur nicht anders als ein Thier ansehen, bey allen seinen Fähigkeiten nichts mehr als ein Thier davon genießen, und die Erde selbst würde, bey allem ihrem innern Reichthume, unter den glücklichsten Himmelsgegenden, eine ewige Wildniß bleiben. Denn ohne allen Trieb seine Fähigkeiten

ten zu bearbeiten, ohne alle gereizte Einbildung, ohne alle Aufmerksamkeit, durch keine andre Leidenschaften, als durch den bloßen Trieb der Natur erweckt, der immer leicht gesättiget würde, würde er sein Leben in thierischer Unempfindlichkeit verschlummern, sein Gedächtniß würde ohne alles Nachsinnen, in bloß thierischen sinnlichen Eindrücken bestehen; der Keim von Vernunft, Erfindungskraft und Tugend würde sich nie entwickeln; ohne Gelegenheit, den Einfluß und die Folgen seiner Handlungen zu bemerken, würde selbst das Gefühl von Sittlichkeit und Gewissen nie in ihm erweckt werden, und alle Neigungen und Triebe, die in der Gesellschaft zu den sanftesten Empfindungen von Freundschaft, Wohlwollen und Großmuth sie veredeln, würden nichts als thierischer Instinkt bleiben. So sind völlig alle Menschen, die in ihrer Kindheit in den Wäldern sich verloren haben, bey denen, ob sie gleich, wie sie sich verloren, schon Sprache und unzählige Begriffe gehabt haben müssen, sich dennoch mit dem Vermögen zu sprechen, alles Gedächtniß wieder verloren hat; und so sind, mit mehrerm oder wenigerm Unterschiede, in dem niedrigen geselligen Leben noch alle Wilden. Sie beobachten nichts, ihr Herz fodert nichts, ihre Einbildungskraft bietet ihnen keine Bilder dar, alle ihre Fähigkeiten sind bloß auf sinnliche Fertigkeiten eingeschränkt; ohne alle Empfindungen vom Schönen, ohne allen Trieb,

L 3   durch

durch die Bearbeitung der Natur ihr Leben ruhiger und bequemer zu machen, oder an eine Bearbeitung des Verstandes und Besserung des Willens zu denken, überlassen sie sich bloß ihren gegenwärtigen Empfindungen, verfolgen mit thierischer Heftigkeit alles dasjenige als gut, wozu der thierische Instinkt sie treibt, und verfolgen auch wieder mit eben dieser Wuth alles als böse, wodurch derselbe in seiner unmittelbaren Genugthuung gekränkt wird. So sind sie ihrer Vernunft, ihrer Sittlichkeit, ihrer Sprache, ihrer Lebensart nach, Jahrtausende her, immer eben die Wilden, die sie von ihrer ersten Verwilderung an gewesen sind, und dieß sind sie, ungeachtet sie schon in einer Art von Gesellschaft leben; eine Sprache haben; was würden sie seyn, wenn sie in dem primitiven Rousseauischen Naturstande ohne alle gesellschaftliche Verbindung wären?

Die Gesellschaft hat dargegen zwar auch ihre Unvollkommenheiten; sie vermehret die Bedürfnisse, sie reizet die Begierden und vervielfältiget die Leidenschaften, die die Quelle von so vielen Unruhen und Mühseligkeiten des Lebens werden, die dem Wilden in seinem thierischen Zustande unbekannt bleiben. Aber wie reichlich werden alle diese Unvollkommenheiten durch sie auch wiederum ersetzt; was erweckt das Gefühl dieser Dürftigkeit nicht für eine wohlthätige Wirksamkeit,

keit, wie glücklich verändert sich dadurch die Gestalt der Erde, wie sehr werden der Reichthum
und die Schönheit der Natur dadurch vermehret, wie reich und bequem ist das dürftigste Mit-
glied der Gesellschaft, gegen den Wilden unter
dem glücklichsten Himmelsstriche, und wie gering ist die Zahl aller amerikanischen Wilden,
gegen die Bewohner eines hundertmal kleinern
gesitteten Landes? Die mehr gereizten Leidenschaften können zwar der Vernunft, sie können
der Sittlichkeit und der allgemeinen Ruhe auch
sehr nachtheilig werden: aber wie viel haben die
Menschheit und Vernunft auch ihnen wiederum
zu danken; wie schnell entwickelt sich durch sie
der Keim aller menschlichen Vollkommenheit; wie
viel tragen sie zur Verschönerung der Menschheit bey; wie befruchtend ist ihr Einfluß in alle
nützlichen und schönen Wissenschaften und Künste; wie reizend sind die Vorzüge der durch sie
verfeinerten Sinne; und was machen sie für ein
glückliches Band gegen die mörderische Ungeselligkeit der Wilden, die zu ihrer Sicherheit uner-
meßliche Wüsten um sich haben müssen? und
wenn die verfeinerten Empfindungen der Sittlichkeit schädlich werden, wie viel gewinnt diese
auf der andern Seite nicht auch wieder durch
die erhöheten Empfindungen der Zärtlichkeit, der
Menschenliebe und Großmuth?

Rousseau selbst, mit so blendenden Farben
er auch den ungeselligen thierischen Zustand, als

den beneidenswürdigen eigentlichen Zustand der Menschen beschreibt, muß doch endlich diesen Trieb zur Geselligkeit, und den davon nicht zu trennenden Reiz der Leidenschaften, als die Quelle aller wahren Vollkommenheit, die unter den Menschen ist, ansehen, und die unendlich weise und wohlthätige Hand verehren, die aus eben der Quelle alle unsre Glückseligkeit herzuleiten gewußt, woraus dem Ansehen nach das größte Elend hätte entspringen müssen; und je größer die Gesellschaft, je fester und genauer die Vereinigung ist, desto schneller entwickelt sich auch der Trieb zur Vollkommenheit.

Auch hierzu ist in dieser Geschichte, so wie der Mensch entsteht, die Anstalt da. Es ist nicht gut, daß der Mensch allein sey. Adam hat für sich die Anlage zu allen Vollkommenheiten: aber damit ist die Absicht seiner Schöpfung noch nicht erreicht; es fehlt ihm eben die Gehülfinn noch, in deren genauen Vereinigung er zu seiner Bestimmung sich erheben soll. In der ganzen Natur, wo er hinsieht, sucht er sie vergebens. Seine Seele ist voller Empfindung, es reizet alles um ihn herum seine Aufmerksamkeit, ein jeder neuer Blick setzt ihn in neues Entzücken, ein geheimer Trieb drängt ihn seine Empfindungen mitzutheilen, aber es ist alles für ihn taub und stumm; in seinem Herzen fühlet er einen Trieb zur Zärtlichkeit und

Freund=

Freundschaft, aber er findet ihn nirgends beantwortet; er fühlet die Würde seiner Natur, aber es ist alles um ihn zu niedrig, er findet nirgends den Gegenstand, mit dem er sie theilen könnte. Sein Schöpfer hat ihm die ganze Natur übergeben, aber er fühlt sich nur so viel unruhiger und dürftiger; unter ihm preiset alles mit seiner Zufriedenheit die Weisheit und Güte des Schöpfers; nur er ist das widersprechende Geschöpf, das für seine höhern Triebe nirgends die Beruhigung findet. Es ist alles an seiner Stelle, nur er, der Herr der Natur, nicht; seufzend und unruhig geht er unter ihren Schönheiten umher; ihr ganzer Reichthum hat für ihn keinen Reiz; umsonst hat der Schöpfer das Paradies so schön gemacht, weil er seine Empfindungen mit niemand theilen kann. Aber er schlägt seine Augen auf — entzückender Anblick! er sieht sein Bild! Welche unaussprechliche Reize! Ja sie ist es, sein Herz sagt es ihm, ihr erster zärtlicher Blick versichert ihm die sanfteste Erfüllung aller seiner Wünsche, und reißt ihn in ihre Arme. Nun ist er der Mensch, nun fühlt er sich das vollkommene glückliche Geschöpf, wozu die Güte seines Schöpfers ihn erheben wollen. Und zugleich ist der ganze Plan der Schöpfung jetzt erfüllet — es ist alles sehr gut; der Schöpfer ruhet; die Natur hat jetzt ihre Harmonie, und zu ihrer fortdaurenden Vollkommenheit ist alles da; denn die Anlage zu der vernünftigen

Gesellschaft ist da, worauf diese ganze Vollkommenheit beruhet, und das Band das sie erhalten soll, ist von der Hand des Schöpfers selbst geknüpft, so geknüpft, daß es mit dem Fortgange der Menschheit immer fester, zärtlicher und allgemeiner wird. Denn die, bey der so viel grössern natürlichen Dürftigkeit, unentbehrliche gemeinschaftliche Hülfe, der dabey beständig fortdaurende wechselsweise Reiz des einen Geschlechts gegen das andre, die sanften Unterhaltungen, der größre Muth des stärkern, und die sanftern Empfindungen des schwächern Geschlechts, die jährlich auf einander folgenden Geburten, der langsame Wachsthum der Kinder, ihre vieljährige Hülflosigkeit, die durch die älterliche Zärtlichkeit wiederum verstärkte eheliche Liebe, sind alles mit unendlicher Weisheit gewählte Mittel, dieses Band so viel unauflöslicher zu machen.

Die menschliche Natur geht hier von der thierischen ganz ab: aber so viel sichtbarer ist auch die unmittelbare Hand des Schöpfers. Die ganze Bestimmung der thierischen Natur geht allein auf die fortdaurende Art; daher hat ein jedes Thier für sich alles, was es zu seiner Erhaltung braucht; daher die vorüber gehenden Triebe des einen Geschlechts gegen das andre; daher die frühere Vollkommenheit und Reife. Alle anhaltendere gemeinschaftliche Triebe und
Ver-

Verbindungen würden hier überflüßig, und der größern Absicht der Schöpfung entgegen seyn. Aber der Mensch soll sein Geschlecht nicht allein thierisch fortpflanzen; seine Verbindung ist ganz auf die höhere Bestimmung der Menschheit eingerichtet; diese soll zugleich der Grund der höhern allgemeinen Geselligkeit seyn, daß die Menschheit durch diese gemeinschaftliche Hülfe, die ganze Natur zu ihrer allgemeinen Vervollkommenung anwenden, und besonders auch zu den höhern moralischen Vollkommenheiten sich erheben könne, wozu sie den Trieb und die Fähigkeit erhalten hat. Zu dieser großen Absicht war das unzertrennliche Band der Ehe unentbehrlich. Denn man lasse der Menschheit alle ihre übrigen Vorzüge, und nehme dieses Band weg, so zerfällt der ganze Endzweck der Schöpfung. Bloß durch den umschweifenden thierischen Trieb allein, wäre die Menschheit auf ewig in den niedrigsten thierischen Stand versenkt; denn so sind alle Triebe zur Vollkommenheit, alle vernünftige Fähigkeiten umsonst, so ist die Erde eine ewige Wüste, und so ist bey den schnellen Geburten und der langen Hülflosigkeit der Kinder, selbst auch die thierische Fortpflanzung des menschlichen Geschlechts nicht mehr möglich. Nur die Ehe, dieß durch die Hand des Schöpfers so fest geknüpfte, und durch die beyden sanftesten Triebe die in der Natur möglich sind, so unauflöslich gemachte Band, daß es auch alle Verwilderung

rung nicht hat trennen können: dieß ist es, was die ganze Absicht der Schöpfung in Erfüllung bringt, was der Menschheit ihre Vorzüge versichert, was auch den Wilden die Vorzüge der Menschheit noch erhält, und was hier bey dem ersten Paar Menschen auch gleich hinreichend war, daß ihre vernünftige Natur, ohne alle weitere unmittelbare Anleitung, ein hinreichender Grund zur Uebung der Sprache, und zur ganzen Anlage des geselligen Lebens werden konnte. Denn der gleich durch den ersten Anblick von beyden Seiten erregte Trieb, sich einander ihre Empfindungen mitzutheilen, ließ das Vermögen, sich dieselben auszudrücken, nicht lange unbearbeitet; die zärtliche Sympathie gab davon selbst den ersten Ton an, und die immer beredtere Vertraulichkeit war auch immer sinnreich genug, für eine jede neue Empfindung einen neuen gefühlvollen Ausdruck zu finden. Diese ersten Ausdrücke der Zärtlichkeit wurden bald noch mit mehrern Tönen bereichert. Der gemeinschaftliche Trieb, sich gefällig zu machen, und durch neue Entdeckungen in der Natur das beyderseitige Vergnügen zu vermehren, reizte die Aufmerksamkeit, und vermehrte mit einer jeden noch nicht wahrgenommenen Wirkung in der Natur, mit einem jeden neuen Thiere, mit einer jeden angenehmen Frucht oder wohlriechenden Blume, die Sprache. Mit der Sprache erweiterte sich die Vorstellungskraft, diese gab wieder zu neuen Bemerkungen, zu neuen

Aus-

und Religion der ersten Menschen. 169

Ausdrücken Anlaß; die Verbindung bekam dadurch immer neue Reize, das vertrauliche Band wurde durch das sanfte Gefühl der gemeinschaftlichen Hülfe immer fester, und die hinzukommenden neuen Empfindungen der älterlichen Triebe, gaben demselben wiederum mit einer jeden Geburt eine neue Verstärkung. Vater und Mutter erblicken sich mit Entzücken in dem neugebornen Kinde, und machen sich einander mit erneueter Zärtlichkeit auf ihre eigenen Züge in demselben aufmerksam; unter dem Stillen erweitert sich der natürliche Trieb der Mutter gegen das Kind, und die Hülflosigkeit verbindet den Vater an beyde so viel fester. Das Leben der Aeltern wird dadurch mühsamer, aber die natürliche Zärtlichkeit übernimmt die neue Vorsorge mit Vergnügen, und findet in einem jeden lächelnden Blicke des Kindes die angenehmste Vergeltung. So wie die kleine Seele sich zu entwickeln anfängt, werden sie täglich durch neue Entdeckungen entzückt; ein jeder Ton, den es ihnen anfängt nachzustammeln, ist für ihre Zärtlichkeit eine ganze Rede; zugleich fängt es an seine Glieder zu gebrauchen, nun sehen sie sich schon in größrer Gesellschaft, und fühlen sich erleichtert. Es folgt eine Reihe eben so hülfloser Geschöpfe, aber die erste Sorge ist schon überwunden, und nun vermehren sich mit einer jeden neuen Geburt ihre freudigen Erwartungen. So wie die ältern Kinder heranwachsen, können sie

diese-

dieselben zu ihren Geschäfften schon abrichten; ihr Leben wird dadurch erleichtert; die Sprache, so weit der einfache Zustand sie erfodert, ist auch da; die Gesellschaft ist nun schon unterhaltender. Die Kinder wissen sich wiederum nicht glücklicher, als in der Verbindung mit den Aeltern; das Gefühl von dieser ihrer wohlthätigen Liebe macht ihren Trieb gegen sie wieder eben so zärtlich; der väterliche ernsthaftere Blick, der stärkere Ton, die grösre Macht giebt ihnen zugleich den Eindruck des Gehorsams, beydes bildet sie nach den Gesinnungen der Aeltern, deren Wille wird ihr höchstes Gesetz, und dieser während der Hülflosigkeit tief eingeprägte Eindruck von der väterlichen Gewalt bleibt auch, wenn jene schon aufgehöret; das Alter und die Vergrößerung der Familie machen dieses Ansehen des Vaters immer noch ehrwürdiger; er bleibt das Haupt und der unumschränkte Herr von seiner Nachkommenschaft, so lange er lebt, und so ist die Anlage zu der sittlichen Societät schon gemacht und befestiget, ehe Eigennutz, Herrschaft und Gewaltthätigkeit dieselben zerrütten können.

Dieß ist der Ursprung der menschlichen Gesellschaft nach diesem Buche. Wo ist der Philosoph, der sich einen andern denken, der aber auch, wenn dieß der einzige mögliche ist, die unmittelbare Hand des Schöpfers davon ausschließen kann?

Der

Der Schöpfer aber, der jedes Thier, das was es zu seiner Erhaltung braucht, mit Sicherheit finden lehrt, der wird die Stammältern des menschlichen Geschlechts, bey der größern Dürftigkeit ihrer Natur, und bey dem Mangel eines solchen Instinkts, nicht aufs Gerathewohl in eine unbebauete Erde setzen, wo sie, mit allem was zu ihrer Erhaltung nöthig, unbekannt, eher tausendmal in Gefahr wären umzukommen, oder mit ihrem ganzen Geschlechte gleich auf so viele Jahrhunderte thierisch zu verwildern. Dieser weisen Vorsorge gemäß, bringt seine väterliche Hand den ersten Menschen gleich in eine Gegend, wo er unmittelbar alle die Erhaltungsmittel findet, die ihm zum ersten Antritte seiner vernünftigen Bestimmung unentbehrlich sind; deren sanftes Clima seinen Leib vor allem Ungemache schützt, wo er mit den Thieren, die er zu seiner Erhaltung braucht, gleich bekannt wird, und die nöthigen Früchte, durch ihr reizendes Ansehn, ihn zu ihrem Genusse selber einladen. Nun ist er in dem Paradiese, in dem glücklichen Stande, wo er sich als den Herrn der Erde fühlet, für jeden Sinn wo er sich hinwendet neue erquickende Nahrung findet, in der schönen Natur, die ihn umgiebt, zur Vermehrung seiner Glückseligkeit eine neue reizende Entdeckung nach der andern macht, wo er, noch unbekannt mit allen unruhigen Leidenschaften, seine volle Glückseligkeit mit seiner Gattinn theilen, mit ihr in dieser sanf-

ten

ten Ruhe der Allmacht und Güte ihres herrlichen Schöpfers nachdenken, und durch die mit der Natur sich täglich vermehrende Bekanntschaft, auch für seine künftige Erhaltung sorgen kann. Denn die ganze Erde ist dieß Paradies nicht, sie ist es nur in dieser Gegend, die zu seiner ersten Wohnung gewählt ist. Und auch diese ist deswegen nicht so reich und schön, daß er sein ganzes Leben in einem wollüstigen Müssiggange darin verschlummern soll. Er soll durch ihren Reichthum gleich zuerst zur Erkenntniß der herrlichen Weisheit und Güte des grossen Urhebers der Natur erweckt werden: aber zugleich soll er sie auch bebauen, und durch den Reichthum, den er hier vor sich findet, erweckt werden, die Natur der Geschöpfe zu beobachten, damit er auch nachher in den unbebaueten und rauhern Gegenden seine Erhaltung so viel leichter finden, und die vernünftige Gesellschaft so viel eher sich bilden könne. Denn der Mensch sey in oder außer dem Paradiese, so ist die Arbeit sein erster Beruf. Hierauf ist seine Natur, hierauf ist die Natur der ganzen Erde eingerichtet; unbearbeitet sind sie beyde dürftig; und diese Dürftigkeit ist, da sie der Trieb zur Arbeit werden soll, des Menschen erste mit unendlicher Weisheit gewählte Wohlthat. Ohne diese würde er selbst alle paradiesische Schönheit in thierischer Unempfindlichkeit genießen, und bey ihrem willigern Reichthume würden alle seine

Fähig-

Fähigkeiten ewig unentwickelt bleiben. Die Arbeit ist es allein, die ihn zum Genusse seiner Vorzüge erhebt. Denn sie ist es, die alle seine Lebenskräfte in ihrer Ordnung und Wirksamkeit erhält, die seinen Gliedern die Festigkeit und unerschöpfliche Geschicklichkeit giebt, die alle seine Sinne verfeinert, seine Empfindungen erweitert, seiner Einbildungskraft immer neue Reize giebt, die seine Begierden vervielfältiget und zugleich in der sichersten Ordnung erhält, die den Trieb zur Vollkommenheit in ihm nähret, allen seinen Seelenkräften zu ihrer immer vollkommenern Entwickelung die nöthige Spannung giebt, und die auch der Erde ihre reizende Schönheit und den unerschöpflichen Reichthum ertheilet. Denn unbebauet und roh ist sie auf die Erhaltung des Menschen gar nicht eingerichtet, und ihre willigen Produkte haben mit der Vermehrungskraft der Menschen gar kein Verhältniß. Ihr Reichthum ist allein Belohnung der Arbeit. Was sie willig hervorbringt, sind nur die Proben, die sie dem Menschen zeiget, um ihn zu ihrer Cultur dadurch zu reizen. Vernachläßiget er diese ihre Anerbietungen, so bestraft sie ihn mit thierischer Dürftigkeit; gebraucht er sie, so ist sie mit Großmuth dankbar, vergilt seine Mühe mit immer neuen Belohnungen, verschönert sich unter seinen Händen, vermehret und vervielfältiget ihren Reichthum, so wie die Hände, die sie bearbeiten, sich vermehren, und beweist ihrem fleißigen Bebauer ihre wohlthätige Fruchtbarkeit, auch noch unter den rauhesten Himmelsgegenden.

Ein neuer Zug, der diese Schöpfungsgeschichte als ein unmittelbares Werk des Herrn der Natur charakterisiret. Der Mensch soll, nach dieser Angabe, aus der Bebauung der Erde gleich sein erstes und vornehmstes Geschäfft machen, damit er so viel eher zu den vernünftigen Vollkommenheiten des gesellschaftlichen Lebens sich erhebe. Dieß ist derselbige Weg, den die Natur hierzu gewählet hat. Die Allmacht des Schöpfers sprach über alle Thiere und Gewächse, ohne Ausnahme, ihren befruchtenden Segen: aber die unendlich größere Vermehrungskraft, die sie den Gewächsen beylegte, und das hierin enthaltene Verhältniß ist der unwidersprechlichste Beweis, daß die ganze Einrichtung der Natur kein Werk eines blinden Zufalls, sondern ein mit unendlicher Weisheit gewählter Plan ist, der die größte Vollkommenheit des Ganzen zur Absicht hat. Ein jedes anderes Verhältniß würde die ganze Ordnung der Natur zerstören, und den Menschen nie zu seiner Bestimmung kommen lassen. Nur in dieser ist alles harmonisch, und ist zugleich für die Erhaltung des Menschen, für das Maaß seiner Kräfte, und für seine leibliche und sittliche Vollkommenheit am meisten gesorgt. Auch die Herrschaft, die der Mensch über die
Natur

und Religion der ersten Menschen.

Natur bekommen hat, ist nach diesem Verhältnisse abgemessen. Er ist auch der Herr der Thiere; er kann sie alle durch seine Vernunft zur Vermehrung seines Wohlstandes gebrauchen. Aber die Gränzen, die die Natur ihrer Fruchtbarkeit gesezt hat, kann er mit aller seiner Industrie nicht erweitern. Eine jede willkührliche größere Vervielfältigung würde über die ganze Natur Armuth bringen, und der Mensch würde dadurch selbst an allen seinen Vorzügen am meisten verlieren. In den Erdgewächsen ist diese eingeschränkte Fruchtbarkeit allein nicht; ihre Vermehrungskraft, so unendlich sie schon in sich ist, ist über dem noch ganz dem Fleiße des Menschen überlassen, und ganz darauf eingerichtet, ihn zu ihrer fleißigen Bebauung noch mehr zu reizen. Ihre Nahrung und Bereitung ist seiner Gesundheit am zuträglichsten; ihre Mannichfaltigkeit nähret ihn mit dem meisten Vergnügen, je mehr sie bearbeitet werden, je ergiebiger werden sie, je mehr können die Menschen bey einander bleiben, und ihre Hände, ihre Hülfen, ihre Einsichten und Erfahrungen sich einander mittheilen; der Erfindungsgeist wird dadurch zugleich immer mehr erweckt, das Leben bequemer und leichter, das gesellige Band wird so viel genauer; zugleich verfeinern sich die geselligen Gefühle, die Theilnehmung am Glücke und Unglücke wird allgemeiner, die Sorge für die gemeinschaftliche Ordnung und Ruhe hält die wilderen Ausbrüche der Leidenschaften zurück, die dadurch veranlaßten Verordnungen und Gesetze machen eine größere Gleichheit in den Gesinnungen und Sitten, der Einfluß von Tugend und Laster wird so vielmehr erkannt, das moralische Gefühl so vielmehr erweckt und verfeinert, und so wird der Ackerbau, oder die Kunst Kräuter und Gewächse in nöthiger Menge hervor zu bringen, der Grund von aller Gesellschaft, und dadurch der Grund von aller Vollkommenheit, wozu das menschliche Geschlecht sich erheben kann. Dieß bestätiget ohne Ausnahme die ganze Geschichte der Menschheit. Wo der Ackerbau ie hingekommen, oder wo er noch das wichtigste Geschäfft ist, da ist alles blühend, da ist die größte Bevölkerung, da sind Bequemlichkeit und Ueberfluß, da sind die sanftesten Sitten, die weisesten und menschlichsten Gesetze, da finden alle übrige Wissenschaften und Künste ihre Ermunterung und Nahrung. In dem Maaße hergegen, daß sich die Menschen davon entfernen, in dem Maaße ist die Natur so viel ärmer und die Menschheit so viel roher, weil der Mangel der nöthigen Nahrungsmittel keine ruhige beständige Wohnungen, und weder genaue noch große gesellschaftliche Verbindungen zuläßt. Dieß ist der einzige Grund, daß alle wilde Nationen auf der niedrigen Stufe der Menschheit, wohin sie bey ihrer ersten Verwilderung versunken, Jahrtausende stehen bleiben; daß ihre vernünftige

tige Natur immer gleich ungebildet und roh, ihre Sprache immer gleich dürftig; daß in ihren Hütten, ihren Werkzeugen, ihren Waffen sich so wenig von einigen vernünftigen Nachdenken zeigt; daß ihre kleine Völkerschaften nichts wie Rudel von Thieren sind, die alles, was dazu nicht gehöret, mit thierischer Wuth verfolgen, und daß sie, unempfindlich gegen alle Schönheiten der Natur, von alle ihrem Reichthume unter den schönsten Himmelsgegenden, nichts mehr als jede andre Raubthiere genießen.

Die Völker, die von der Viehzucht leben, sind weniger wild; indessen ist die damit verbundene umschweifende Lebensart und größere Zerstreuung dennoch der Grund, daß Vernunft, Sittlichkeit und Künste bey ihnen doch noch wenig weiter ausgebreitet seyn, als sie bey dem ersten Anfange ihrer Horden gewesen seyn mögen. Alle gesittete Nationen haben daher ihren vernünftigen Wohlstand dem Ackerbaue auch allein zugeschrieben. Daher auch die dankbaren Vergötterungen derer im Alterthume, die ihre Zeitgenossen mit dieser wohlthätigen Wissenschaft und mit den dazu nöthigen Werkzeugen zuerst bekannt gemacht; daher die Hochachtung, womit auch selbst die größten Heerführer und Regenten den Ackerbau, als das edelste Geschäfft wählten; daher führet der Kaiser in China jährlich noch an einem feyerlichen Tage, in Begleitung aller

Großen

Großen seines Hofes, den Pflug, um einem Gewerbe alle seine Würde zu erhalten, das der Grund von der glücklichen Größe seines Landes und seiner eigenen Hoheit ist.

So führet der Schöpfer den Menschen Schritt vor Schritt seiner Bestimmung immer näher. Aber bloß sinnlich und roh, wie der Mensch jetzt noch war, konnte die Vorsehung ihn auch hier noch nicht verlassen. Die Gesellschaft ist der einzige Weg, wodurch die Menschheit zu ihrer vernünftigen Vollkommenheit sich erheben kann. Aber da die Sinnlichkeit hierin auch so vielmehr Reize und Nahrung findet, so würde diese, ohne eine hinreichende gesetzliche Einschränkung, den Endzweck seiner moralischen Bestimmung auch so vielmehr zerstören. Eine Einschränkung, die dem neuerschaffenen Menschen noch so viel unentbehrlicher war, da seine Vernunft noch gar nicht gebildet, da sein moralisches Gefühl noch nicht erweckt war, da er den Unterschied des Guten und Bösen, weder noch aus dem natürlichen Verhältnisse, noch aus der Erfahrung kannte; da er selbst seinen Gott noch nicht genug kannte. Er kannte zwar Gott schon als seinen Schöpfer, und wo er hinsah, sah er dessen Allmacht und Güte. Aber diese Erkenntniß ist für den sinnlichen Menschen allein noch nicht hinreichend; er muß seinen Gott auch
als

als einen heiligen und weisen und zugleich als einen allwissenden und allgegenwärtigen Gott kennen, unter dessen moralischen Aufsicht und Regierung er beständig stehe; der, ob er ihm gleich die Herrschaft über die Erde übergeben, ihn seinen Begierden deswegen nicht gesetzlos überlassen habe, sondern dessen Wille allemal sein erstes höchstes und unveränderliches Gesetz sey, und daß er nur unter der Bedingung eines vollkommenen Gehorsams, von dessen Gnade sich eine fortdaurende Glückseligkeit versprechen könne, deren Verlust aber dargegen auch die nothwendige Folge und Strafe seines Ungehorsams sey, wenn er von seinen Begierden, zur Uebertretung dieses Gesetzes sich verleiten lasse. Diese Erkenntniß ist der Grund, worauf alle moralische Ordnung und Vollkommenheit der menschlichen Gesellschaft beruhet, und wodurch die Rechte der Menschheit allein in Sicherheit gesetzt sind; ohne diese ist der Mensch das gefährlichste und fürchterlichste Geschöpf in der Natur. Und dieß ist der Unterricht, den auch der erste Mensch gleich bey seinem Eintritte in die Welt mitbekömmt. *)
Denn man nehme die Geschichte von der ver-

---

*) Da ich in der Folge, wo ich von der eigentlichen Mosaischen Religion handle, Gelegenheit haben werde, auch von dieser Geschichte noch einmal zu reden, so werde ich da auch noch etwas umständlicher davon reden.

botenen Frucht, worauf sich dieß bezieht, für eine allegorische Vorstellung, wie sie es dann auch wohl ist, oder man nehme sie auch nur, wie sie nach dem Buchstaben lautet, so ist dieser Unterricht immer wesentlich darin enthalten. Der Mensch, der in einer vernünftigen und sittlichen Gesellschaft leben soll, muß in dieselbe gleich mit dem Eindruck kommen, daß sein über ihn waltender Schöpfer das Recht habe, seinen sinnlichen Trieben und Begierden gewisse Schranken zu setzen, die er ohne den Verlust seiner Glückseligkeit nicht übertreten könne. Und so wie mit dem Fortgange seines Lebens seine Vernunft sich entwickelt und er in mehrere Verhältnisse kommt, so werden Erfahrung und Vernunft ihn diese Schranken auch immer deutlicher einsehen, und die Weisheit und Güte dieses Gesetzes so vielmehr erkennen und verehren lehren.

Die sinnliche Natur äußert sich auch gleich bey der ersten reizenden Gelegenheit. Das Gesetz ist nicht Schuld daran. Die Rechte seiner Natur bleiben dem Menschen dabey ungekränkt, er behält den vollen Genuß seiner Sinne, den vollen Genuß von allem, was ihm zu seiner Erhaltung und Glückseligkeit gegeben ist. Aber so ist die Natur des sinnlichen Menschen; seine ganze Glückseligkeit und Ruhe ist an die einzige gereizte Begierde geheftet,

tet, und der Genuß des ganzen übrigen Pa‍radieses ist ihm nichts, wenn er nicht auch die einzige verbotene Frucht genießen kann. Er erinnert sich zwar des göttlichen Verbots: aber sollte der Schöpfer ihm ein so neidisches Gesetz gegeben, und, da er ihn zum Herrn der Natur gemacht, seine Freyheit und Glück‍seligkeit doch wieder so eingeschränkt haben? Hier wird das Gesetz verhaßt, die verbotene Frucht in der gereizten Einbildung immer schö‍ner, die Begierde immer heftiger, die Erfül‍lung derselben das einzige höchste Gut; sie reißt ihn hin — hier ist der Mensch in seiner vollen sinnlichen Schwäche — der Sünder. Der Schöpfer bleibt bey dieser Schwäche ge‍rechtfertiget; ohne Gesetz hätte der Mensch die Sünde zwar noch nicht gekannt, aber das Gewissen, was sich gleich nach dem Falle bey ihm reget, ist der Beweis, daß er seiner Sinn‍lichkeit allein nicht mehr überlassen gewesen; er kann sich das Gesetz, das der Schöpfer ihm gegeben, nicht abläugnen, er fühlet die ganze Autorität desselben, und so entstehen die ersten Regungen seiner moralischen Natur; sein Gewissen hält es ihm vor, daß er gesün‍diget habe; seine Ruhe, seine freudige Zuver‍sicht zu seinem Schöpfer verschwinden; eine jede rauschende Luft, o was hilft das Paradies einem beunruhigten Gewissen! kündiget ihm mit Schrecken die Ankunft seines Richters an;

er will fliehen, er will sich verbergen, er will sich entschuldigen, aber sein Gott ist da, — hier ist die Religion des Sünders, — sein Gott ist der allgegenwärtige Gott, vor dem er vergeblich zu fliehen sucht, der allwissende Gott, der alle seine Handlungen kennet, zugleich der heilige und gerechte Gott, der die Uebertretung seines Gesetzes nicht unbestraft lassen kann, aber der auch als Richter dem Sünder seine Liebe nicht entzieht, der dieselbe Liebe für den gefallenen Menschen behält, die er für ihn in seiner Unschuld hatte; sie äußert sich gegen den gefallenen Menschen nur mit der Weisheit, die seine Schwäche nöthig macht. Denn so wie er seiner unordentlichen Sinnlichkeit sich überläßt, so muß er auch die Folgen davon empfinden; er muß in den Folgen der Sünde, mit dem Unterschiede des Guten und Bösen, die Wohlthätigkeit und Weisheit des göttlichen Gesetzes, und in dem Verluste seiner Glückseligkeit und Ruhe die Gefahr kennen lernen, welche unvermeidlich ist, wenn er von seinen sinnlichen Begierden zur Uebertretung dieses Gesetzes sich verleiten läßt. Diese Folgen sind mit unendlicher Weisheit und Güte gewählte Strafen und Arzney für den Sünder zugleich; an sich zwar natürliche Folgen, die aber, da Gott der Urheber dieser Einrichtung der Natur ist, allemal mit Absicht Strafen sind; mit der Absicht Strafen, daß sie den Menschen aufmerksam auf sich machen, und ihn zur Erkenntniß der Sünde bringen, aber auch Arzneyen, die die unordentlichen Triebe mäßigen und die fernern Ausbrüche durch ihre Warnung verhüten sollen. Nun kann der Mensch aber auch im Paradiese nicht bleiben; eine vollkommene Glückseligkeit ist für den sinnlichen Menschen nicht, der Baum des Lebens ist nur der Preis eines vollkommenen Gehorsams; die Mühseligkeit des Lebens muß seiner Sinnlichkeit gleich seyn, um dieser das Gegengewicht zu halten; und diese Mühe muß er in allen Berufsgeschäfften seines Lebens empfinden. Bey seinem Eintritte in die Welt mußte ein Paradies für ihn seyn; er mußte hier mit der Natur erst bekannt werden und die Anleitung darin bekommen, daß er sich erhalten, und gleich als das Haupt eines vernünftigen Geschlechts fortleben konnte. Aber seine eigentliche und beständige Wohnung konnte es nicht seyn. Der sinnliche Mensch muß eine Erde bewohnen, die sich für seine Schwäche schickt; eine Erde, die er mit Mühe bauet, und die ihn mit ihrer ganzen Einrichtung lehret, daß er nicht von ungefähr auf sie hingeworfen, sondern daß der Schöpfer der Welt, der ihm seine Natur gab, und seine Schwachheit vorher sah, mit unendlicher Weisheit diese Wohnung für ihn eingerichtet habe. Denn der Schöpfer ist durch diese Schwach-

Schwachheit nichts weniger als überrascht; diese veränderte Wohnung des Menschen ist mit der ersten ein unveränderter weiser Plan. Die erste war nur die Wiege seiner Kindheit, wo er in den Armen der Natur so lange verpflegt ward, bis er zur Erfüllung seiner leiblichen und moralischen Bestimmung hinreichend vorbereitet war. Diese Vorbereitung hat er jetzt; er kannte Gott als seinen und der Welt Schöpfer, und zugleich kennet er ihn auch nun als den allwissenden, heiligen und gerechten Regenten der Welt, der ihn seinen sinnlichen Begierden nicht ganz überlassen habe, und dessen Gesetz er ohne Verlust seiner Glückseligkeit nicht übertreten könne. Aber für den sinnlichen Menschen, der die Schwachheit seiner Natur bey den vielen Reizungen, womit er umgeben ist, nur zu oft fühlet, würde diese Vorstellung, von einer über ihn wachenden allwissenden Heiligkeit und Gerechtigkeit allein zu fürchterlich seyn; sie würde unter den mannichfaltigen Mühseligkeiten seines Lebens allen seinen Muth niederschlagen; die Drohungen eines allmächtigen erzürnten Gottes würden ihm alles freudige Vertrauen zu dessen Vorsehung benehmen, der Gedanke, daß ein Gott über ihn walte, würde ihm zu schrecklich seyn. Dieser Gedanke muß aber auch dem Sünder trostreich bleiben; auch der gefallene Mensch muß unter den Uebertretungen, die sein Ge=
wissen

wissen ihm vorhält, den Muth behalten sich
zu seinem Gott zu erheben; auch unter der An-
kündigung des Todes muß er das Vertrauen
und die Hoffnung behalten, daß er nicht ganz
verstoßen seyn soll. Dieß ist die volle Religion des Sünders, und diese nimmt auch
der gefallene Mensch aus dem Paradiese in
sein mühseliges Leben jetzo mit. Die Verheissung, die er zur Unterstützung seines Vertrauens erhält, ist zwar noch dunkel, aber sie
ist für ihn hinreichend; eine umständlichere
und genauere würde ihm, bey dem Mangel
der dazu nöthigen Begriffe, noch nicht verständlich gewesen seyn; er kann zu seiner Beruhigung sich so viel daraus erklären, daß er nicht
ganz verloren gehen soll; dieß ist jetzt noch für
ihn genug. Und nun ist er völlig bereitet, seine
Bestimmung anzutreten, und auch die unbebaute Erde nach der Absicht Gottes zu bewohnen. Er findet zwar die ergiebige willige Natur nicht mehr, indessen bleibt die Vorsehung
für seine Erhaltung dieselbe. Sie läßt ihn in
derselben milden Gegend, wo er die Früchte, die
er in seiner ersten Wohnung kennen gelernet, wieder findet, und die er jetzt zwar mit mehr Mühe
suchen und bauen muß, aber doch mit Sicherheit genießen kann. Dabey kennt er schon die
Natur der Thiere, die er zugleich zu seinem Unterhalte und Dienste brauchen kann, und zugleich
hat er auch schon gelernt, ihre Häute fürs erste

zu seiner Bedeckung zu gebrauchen, bis er bey seiner fernern Bekanntschaft mit der Natur die Mittel findet, nach der Beschaffenheit des Climas sich bequemere Kleidungen zu bereiten. Denn wenn auch gleich die mildere Gegend diese Bedeckung entbehrlich machte, so machen doch die Erhaltung der Sittlichkeit und die Würde und Gefälligkeit der menschlichen Natur, die der Schöpfer selbst in der Bildung des Menschen mit so vieler Weisheit zu schonen gesucht hat, imgleichen auch die Erhaltung und Schonung der Gesundheit, diese Bedeckung auch unter den sanftesten Himmelsgegenden so unentbehrlich, daß die Natur auch bey den Thieren in dieser Absicht dafür gesorget hat. Denn kein Thier hat eine bloße Haut; ein jedes hat seine Bedeckung, die der Gegend, wo es sich aufhält, seiner Wohnung und überhaupt seiner ganzen Natur gemäß ist, um sowohl die nöthige Ausdünstung, als auch die zu seiner Gesundheit eben so nöthige Reinlichkeit dadurch zu unterhalten. Und der verwilderte Mensch, der mit unbedecktem Leibe geht, setzet sich bey aller scheinbaren Abhärtung, und bey den Mitteln, die er braucht, seine Haut gegen die Witterung und Insekten zu schützen, durch die dadurch verhinderte Ausdünstung und durch die unvermeidliche Unreinigkeit eben so vielen Leibesbeschwerden aus, als die Verzärtelung je verursachen mag.

So wenig war durch diesen veränderten Zustand

stand der erste Schöpfungsplan zerrüttet. Der Mensch bleibt unter derselbigen wohlthätigen Vorsehung, und alle Schritte, die sie von dem ersten Augenblicke seiner Existenz an, bis auf diesen Punkt mit ihm gegangen, sind so viele mit göttlicher Weisheit gewählte Leitungen, um ihn seiner vernunftigen Bestimmung immer näher zu bringen, daß er nunmehro, nach verlassenem Stande seiner Kindheit, seinen großen Beruf, als der Stammvater des menschlichen Geschlechts antreten, und den Grund zu der sittlichen Gesellschaft legen kann. Und von nun an sehen wir ihn auch gleich als einen solchen; **gleich als Vater**; und die, während ihrer Schwangerschaft und in der Gebuhrt durch die ersten schmerzhaften Empfindungen wegen ihres Falls, geängstete Mutter ruft, nach glücklicher Entbindung, bey Erblickung des Kindes, dem Vater mit so viel mehr Entzücken zu, sie habe durch die Gnade Gottes seines gleichen, einen Menschen wie ihn; die Bedeutung des Namens, den er ihr beylegt, daß sie die Mutter der Lebendigen seyn solle, sey erfüllet; und da sie die Erfüllung von den angekundigten Schmerzen jetzt erfahren hatte, so hoffte sie vielleicht mit diesem Kinde auch schon die Erfüllung der tröstlichern Verheißung zu sehen. Aber die Erfüllung dieser Verheißung, die weiter als auf die Milderung der Mühseligkeit dieses Lebens gieng, war nach dem Rathschlusse Gottes der spätern Welt vorbehalten;

die irdische Mühseligkeit mußte bleiben, und der nächst darauf gebohrne Sohn bekam davon auch schon den bedeutenden Namen.

Der Verfasser dieses Buchs, der keine Annalen von der ersten Welt schreiben wollen, thut der übrigen Kinder, die hierauf gefolgt, keine Erwähnung. Mit kluger Wahl nennet er diese beyden nur, weil ihre Erwähnung zu seiner Absicht, nämlich zur Fortsetzung der Geschichte der Vorsehung, oder der Menschheit und der Religion, hinreichend ist. So wie die beyden Söhne heran wachsen, zeiget sich auch gleich in der Wahl ihrer Beschäfftigung die Anlage zu dem gesellschaftlichen Leben, als ein Erfolg des Unterrichts, den Adam aus seiner ersten Wohnung mitgenommen. Der eine hat sich die Viehzucht, der andre den Ackerbau gewählt, unter welchem letztern Worte hier wohl nur allein erst die Bauung und Wartung der sich zunächst anbietenden nährhaftesten Früchte und Erdgewächse zu verstehen ist, weil der mühsamere und künstlichere Bau des eigentlichen Getraides wohl nicht anders, als eine spätere Folge von diesem, angesehen werden kann, nachdem bey einer größern Vermehrung und Verbreitung der Menschen in weniger fruchtbare Gegenden, der Mangel sie vermuthlich zuerst mit diesem letztern Nahrungsmittel bekannt gemacht; das aber auch nachher, da die vorzügliche Nutzbarkeit davon erst gekannt worden, das wesentlichste und wichtigste Stück
des

des Ackerbaues geblieben ist. Hier ist nun schon der volle Abriß von der ersten Anlage des gesellschaftlichen Lebens. Adam der Vater, — und der Anführer zu den nöthigen Erhaltungsgeschäfften; — zugleich auch der Priester, der, um in den Seinigen den großen Gedanken, daß Gott der Schöpfer und Urheber alles Guten sey, und die Empfindung der Ehrfurcht und Dankbarkeit so viel lebhafter in ihnen zu machen, den einen Sohn unter seiner Anführung das Beste von seiner Heerde, den andern die besten Früchte diesem herrlichen Schöpfer zum Opfer bringen läßt; der natürlichste Ausbruch eines von der Allgegenwart und Güte des höchsten Wesens durchdrungenen Gemüths, ohne daß man nöthig hat, einen besondern göttlichen Befehl oder Unterricht sich dabey zu denken. Dargegen ist dieß so viel mehr zu vermuthen, daß der Vater, so oft er mit seiner Familie, die nun schon aus mehrern Gliedern bestehen konnte, zu dieser feyerlichen Handlung sich vereinigte, voll von den großen Scenen seines Lebens, es sich auch jedesmal werde zur Pflicht gemacht haben, ihnen die merkwürdigste Geschichte seines ersten Auftritts in die Welt, die göttlichen Erscheinungen und Befehle, und seine darauf erfolgte traurige Veränderung in seiner noch ganz bildlichen Sprache vorzumahlen, um das Gefühl der Ehrfurcht gegen dieses allwissende heilige Wesen in ihnen zu erhalten.

Jerusal. 2te Fortf.   N   Aber

Aber die sinnliche Natur äussert sich hier auch bald wieder in aller ihrer Schwäche, und der bekümmerte Vater erlebt in seiner zerrütteten Familie eben die traurigen Auftritte wieder, die sein Leben schon so mühselig gemacht haben. Die geheime Eifersucht, womit der ältere Bruder den jüngern vielleicht schon lange angesehen, weil dieser mit seinen sanftern Sitten dem Vater etwan angenehmer war, und weil er ihn auch durch gewisse Vorzüge von Gott selbst begünstiget hält, bringt ihn, mitten unter ihrem gemeinschaftlichen Gottesdienste, gegen denselben in die äußerste Wuth, die sich in allen Zügen seines Gesichts ausdrückt. So ist der sinnliche Mensch; er kennet einen Gott, er opfert ihm, und mitten unter dem Opfer läßt er sich durch seine aufgebrachte Leidenschaft hinreißen. Der Schöpfer wiederholet ihm dasselbige warnende Gesetz, und daß nicht das Opfer, sondern daß eine wachsame Mäßigung seiner Leidenschaften ihm eben so wohl, wie dem Bruder, ein freudiges und heitres Vertrauen zu seiner Gnade geben könne; aber die aufgebrachte Leidenschaft ist gegen alle Stimme Gottes taub; Cain sucht den Bruder auf eine verrätherische Art von den Seinigen zu entfernen, und wird dessen Mörder; (der wahre Charakter des rohen Wilden, der alle Beleidigungen mit dem Blute des Feindes abwäscht;) und er kennet die Allwissenheit Gottes noch so wenig, daß er mit der verstellten Unwissenheit, wo sein Bruder sey, seine Mordthat völlig verborgen glaubt. Die Liebe Gottes verläßt indessen auch hier den Sünder nicht, sie nimmt von der Sünde selbst Gelegenheit, ihm eben die große Wahrheit, die dem Sünder nicht genug wiederholet werden kann, einzuprägen, daß er unter der gesetzlichen Regierung eines allgegenwärtigen und heiligen Gottes stehe, dem keine seiner Handlungen verborgen seyn könne. Gleich darauf erwacht auch das Gewissen des Mörders; er geräth in Verzweiflung, und in der erschreckten Einbildung sieht er alles, was er um sich sieht, als Werkzeuge der Rache an. Aber ungeachtet der Größe seiner Sünde soll auch er das Vertrauen zu der Liebe seines Schöpfers nicht verlieren; er bekommt die Versicherung, daß er unter dem Schutze von dessen Vorsehung bleiben soll. Nur muß er die Folge der Sünde empfinden, und die Würde des Menschenbluts kann gleich bey dem Anfange der Societät nicht genug gesichert werden. Der Mörder darf die Wohlthaten der Societät nicht mehr genießen, er muß vor dem Zorne des gekränkten Vaters von den schon bebaueten Feldern flüchtig werden, und in unbebaute wilde Gegenden ziehen, wo er von dem Beystande des väterlichen Hauses verlassen, mit seiner einzelnen Familie seinen Unterhalt mit so viel mehr Gefahr und Mühe, die sein unruhiges Gewissen noch vermehret, suchen muß. Endlich setzet er sich in eine von der

väter-

väterlichen Wohnung noch entferntere Gegend weiter gegen Morgen, und bey Gelegenheit der beständigen Wohnung, die er für sich und die Seinigen daselbst errichtet, giebt er so viele tausend Jahre nachher dem Verfasser des Evangile du Jour zu der armseligen Spotterey noch die Veranlassung, wo Cain zur Anlage dieser Stadt die erforderlichen Werkzeuge und Hände her bekommen habe; als wenn alle Pflanzorte in der ersten Welt, oder alle Wohnplätze der jetzigen wilden Völker ein Paris oder Londen seyn müßten. Ein würdiges Denkmaal des feinen Witzes, womit in unserm verfeinerten Jahrhunderte alles, was zur Religion gehöret, lächerlich gemacht werden kann. In der Folge werde ich Gelegenheit haben, mehrere von der Art zu bemerken. Ich will hier nur die Anmerkung noch machen, wie in dieser weitläuftigen dialogischen Art zu erzählen, sich die volle Kindheit der Sprache äußert, und sich ganz in Bildern und sinnlichen Vorstellungen und Vergleichungen ausdrückt, deren unbestimmte Bedeutung den eigentlichen Sinn zwar etwas dunkel läßt, aber dem Gedanken selbst, der darin liegt, eine so viel mahlerische und poetische Stärke giebt. Was kann die überraschende und gefährliche Natur der Sünde und der unordentlichen Begierden, und die nöthige Wachsamkeit darüber sinnlicher und stärker ausdrücken, als das Bild eines vor der Thür auf seinen Raub
lauren-

laurenden reißenden Thieres, das der Mensch
ohne Gefahr nie aus den Augen lassen darf?
Und was konnte wiederum dem Menschen von
der Allwissenheit Gottes, die er unter diesem ab-
straften Begriffe sich noch nicht denken konnte,
eine bedeutendere Vorstellung machen, als, daß
das Blut des Erschlagenen zu Gott hinauf ge-
schryen, und Cain als den Mörder angeklagt
habe? Die volle Sprache eines mit seinem noch
unmündigen Kinde redenden Vaters. Und eben
diese Bildersprache, worin natürlicher Weise alle
erst entstandene Sprachen sich ausdrücken, ist
ein sichtliches Kennzeichen, daß diese Geschichte
von der ersten Welt, bis über die Sündfluth
hinaus, nicht Worte des Verfassers des Buchs
sind, der schon die reichste Sprache in seiner Gewalt hatte, sondern originale historische Lieder,
wie sie von den ersten Stammvätern des menschlichen Geschlechts, bey dem Mangel aller übrigen Gedächtnißmittel, in ihren feyerlichen Zusammenkünften abgesungen, und auf die Art
durch die Familie von Noah, bis an die Zeiten
des Verfassers, in dieser echten Gestalt sich erhalten haben. Nach der Sündfluth wäre auch
sonst der Name der Stadt Hanoch wohl nicht
bekannt geblieben. Da aber der Verfasser die
Geschichte von diesem Geschlechte nicht weiter zu
seinem Zwecke braucht, so wenig als die von den
übrigen Kindern Adams, so setzt er die Abstammung davon auch nicht weiter, als bis auf Lamech

und

und dessen Kinder fort, deren Namen für die Geschichte zu merkwürdig waren, als daß sie hätten dürfen vergessen werden. Von Lamech wird es als was besonders angeführt, daß er zwo Frauen genommen; und da der Unterschied der innern Moralität der Handlungen, und die daraus entstehende größere und mindere Sträflichkeit noch nicht genug gekannt war, so sahen die Seinigen diese Abweichung von der ersten göttlichen und von allen Vätern bis hieher beobachteten Verordnung, vielleicht als ein so kühnes und sträfliches Verbrechen an, daß deßwegen uber ihn, wie über Cain, ein ähnliches Gericht ergehen würde. Lamech aber, voll Vertrauen zu der Unschuld seines Unternehmens, sucht sie damit zu beruhigen, daß er niemand dadurch beleidigt habe, daß er deßwegen verfolgt zu werden fürchten dürfe. Denn da Cain, der doch seinen Bruder erschlagen, dennoch die Versicherung erhalten, daß sein Tod, an dem der sich an ihm vergreifen würde, siebenmal gerochen werden solle; so würde sein Tod, bey einem gewiß viel geringeren Vergehen, sieben und siebenzigfältig (hier sind schon die zwey runden Zahlen Sieben und Zehen) von der Vorsehung gerochen werden. Es ist wohl am wahrscheinlichsten, daß Lamech auf diese Art wegen seiner Polygamie sich habe rechtfertigen wollen. Wegen eines begangenen Mords würde er sich wenigstens nicht unschuldiger als Cain gehalten haben. Die Ausleger

und Religion der ersten Menschen. 195

leger haben auch bey dieser Anrede Lamechs an seine Frauen schon längst die Anmerkung gemacht, daß sie, wegen des darin so kenntlich dichterischen Tons, das Stück eines alten Liedes seyn müsse; und wahrscheinlich ist eben diese Erzählung das Lied, wozu dieses Stück gehört. Denn was hätte der Verfasser sonst für eine Ursache haben können, eine Anrede von Lamech an seine Weiber hier anzuführen, die sich in dem vorhergehenden auf nichts bezogen hätte.

Es werden aus dieser Ehe vier Kinder namhaft gemacht. Jubal wird der Vater der herumziehenden Hirten genannt. Da die Hirten nach der Sündfluth von dieser Linie nicht abstammen, so ist dieß wieder ein Beweis, daß dieß historische Fragment sich noch vor der Sündfluth herschreibe, und daß Moses es genommen, wie er es gefunden, welches der Name der Naeman, die sich um diese Zeit vielleicht auch noch besonders merkwürdig gemacht, noch mehr bestätiget. Die Namen der beyden übrigen Söhne aber, des Jubals und Tubals nämlich, verdienten wegen ihrer zwey großen und wohlthätigen Erfindungen, mit vorzüglicher Dankbarkeit aufbehalten zu werden. Jubal, der Erfinder der Cither, der Apollo oder der erste Barde der alten Welt, der vielleicht in der Gesellschaft der Naeman, als der ersten Muse, der Mneme, (das Alterthum hatte zu Anfangs nur Eine) seinen rohen Zeitgenossen das sanfte Gefühl der Harmonie einflößte, ihre heiligen Lieder, die die großen Begebenheiten der ersten Welt, die ersten Gesetze und Ermunterungen zur Verehrung Gottes und zur Tugend in sich hielten, mit seiner Cither begleitete, und sich dadurch um die Menschen das Verdienst machte, daß er ihnen neue ungekannte Freuden inspirirte, ihre Sitten sanfter, und das Band der Geselligkeit so viel fester, freundschaftlicher und wohlthätiger machte.

Tubal, dessen Verdienst durch die Erfindung der Metalle eben so groß war, indem er dadurch alle Geschäffte des Lebens, und besonders den Ackerbau erleichterte, den Menschen bessere Waffen gegen die Thiere gab, und die Menschheit lehrete, durch den Schmuck sich eine Würde und Gefälligkeit zu geben. Zwo Erfindungen, die, wo sie zuerst hingekommen, den Menschen allemal so wohlthätig geschienen, daß sie aus Dankbarkeit, die Urheber davon vergöttert haben. Und da die Aegypter zu des Verfassers Zeit diese Erfindung ihren Göttern schon zuschrieben, so hätte er dieß falsche Göttersystem nicht nachdrücklicher, als durch die Anführung dieses echten archäologischen Fragments, zu nichte machen können.

Der Zeitpunkt dieser Erfindung ist auch hier nicht zu früh angegeben. Ja wenn die Vorsehung

sehung den ersten Menschen gleich nach seiner Existenz sich selbst überlassen hätte, so wäre diese Geschichte allerdings ein sehr übel ausgedachter Roman. Denn so hätten tausende von Jahren hingehen müssen, ehe der Mensch aus seinem thierischen Zustande sich erheben, und seine Vernunft, auch nur bis zur geringsten Erfindung, sich hätte entwickeln können. Aber nach den hier beschriebenen vorher gegangenen Anstalten der Vorsehung, die Menschen gleich zu einer sittlichen Gesellschaft zu bringen, hat die Angabe dieser Erfindungen alle Wahrscheinlichkeit, und läßt sich keine Geschichte denken, wy die Vernunft in natürlichern Stufen, als hier angegeben werden, sich hätte erheben können. Rousseau läßt seinen Thiermenschen tausende von Jahren in seiner Wildheit herumlaufen, ohne abzusehen, wie er ihn nur auf die erste Stufe der Menschheit bringen soll. Aber so bald hat er ihn auch diesen Sprung nur thun lassen, daß er sich an eine häusliche Gesellschaft gewöhnet, so fängt sein Wilder an zu sprechen, fühlt die sanften Regungen eines Ehegatten und Vaters, wird ein geselliger Mensch, ein gesitteter Bürger, Künstler und Philosoph mit einer Schnelligkeit, die sich Rousseau selbst wieder nicht zu erklären weiß.

Die Menschheit ist sich im Großen wie im Kleinen gleich. Ein Kind ohne Gesellschaft bleibt ein Thier, und lernt seine vernünftigen Seelenkräfte nie gebrauchen; aber in der vernünftigen Gesellschaft entwickeln sich dieselben mit einer fast unbegreiflichen Schnelligkeit, und der geschäfftige Beobachtungsgeist setzt den bemerkenden Vater alle Tage in neue entzückende Bewunderung. So ist die Menschheit im Grossen auch. Der Wilde sieht und erfindet nichts: aber so bald seine Vernunft durch ein geselligers ruhigers Leben nur erweckt wird, so ist der Beobachtungsgeist auch da, und die Erfindungen gehen unter der gemeinschaftlichen Arbeit mehrerer Augen und Hände so schnell, daß man bey jedem Schritte hinten nach was zu bewundern findet.

Man braucht sich deswegen beyde hier erwähnten Künste nicht gleich in ihrer Vollkommenheit zu denken. Auch der geringste Anfang mußte die Erfinder schon, als die ersten Wohlthäter der Menschheit, geehrt machen. Für ein noch rohes Ohr hat auch die einfachste Harmonie schon ihre entzückenden Reize, und die allererste Kenntniß der Metalle hat schon ihren unschätzbaren Werth. Der Zufall, der an allen Erfindungen den meisten Theil hat, hat vermuthlich auch zu diesen beyden die erste Gelegenheit gegeben. Ein ungefähres Spiel mit einem hohlen Rohre, oder einige über einen Bogen gespannte trockene Gedärme oder Nerven von
Thie-

Thieren, das gemeinnützige Werkzeug aller Wilden, konnte zur Erfindung der musikalischen Instrumente, und zur harmonischen Abtheilung der Töne sehr leicht die erste Veranlassung geben; so wie der Glanz und die ausserordentliche Schwere einiger in einem Bache gefundener Gold- und Kupferkörner, oder einiger vom Regen bloß gespülter und wahrgenommener gediegener Gold- Silber- und Kupferstufen die Aufmerksamkeit erregen, und zur ersten Bekanntschaft mit diesen Metallen die Gelegenheit werden konnte, ohne daß es nöthig ist, eine tiefe Forschung in den Eingeweiden der Erde dabey gleich voraus zu setzen. Die Natur hat diese ihre Schätze so neidisch tief auch nicht versteckt. Die Erzgänge in den Klüften der Gebirge sind nur die Vorraths- kammern, worin sie dieselben mit Sparsamkeit aufbewahret, daß der Geiz und die Ueppigkeit sie nicht auf einmal erschöpfen können: aber aus milder Vorsicht liegen die reichsten Gänge alle noch über dem Fuße des Gebirges, und so hoch am Tage, daß der Regen und die Bäche dem Menschen ohne sein Graben davon so viel zuführen können, als er zur Nothdurft und zur Zierde braucht, und ihm damit selbst die Werkzeuge anbietet, diesen Schätzen tiefer nachzuforschen. Diese Milde der Natur zeigt sich noch in allen Ländern, wo die Unersättlichkeit dieselbe noch nicht hat erschöpfen können. Es ist bekannt, in was für einer Menge und Größe die Gold-

körner

körner in dem reichen Arabien, das nach dem Zeugnisse des vortrefflichen Beobachters, des Herrn Nieburs, jetzt gar kein eigenes Gold mehr hat, in den ältesten Zeiten sollen seyn gefunden worden, und in was für ungeheuren Massen die gediegenen Silberstufen auf den Gebirgen von Peru, bey dessen erster Entdeckung, von aller Erde entblößet am Tage gelegen. Es ist also gar kein Grund, warum um diese Zeit die Metalle nicht auch schon hätten bekannt seyn können, ohne daß man auch gleich bey dem ersten Gebrauche desselben Schmelzöfen, Mühlen oder Hammer anzunehmen nöthig habe. Es giebt noch Völker genug, die zu deren Bearbeitung keine andere Werkzeuge als Kiesel haben. Diese waren demnach auch hier zu den ersten Versuchen schon hinreichend, um die Natur dieser Körper kennen zu lernen, und sie zu allerhand nützlichen Werkzeugen, und auch schon zum Putze gebrauchen zu können. Es geschieht hier zwar des Eisens auch schon Erwähnung, aber da dieß Metall, wo es auch gediegen, sich nur in einer sehr geringen nicht leicht zu bemerkenden Menge findet, und in seiner eigentlichen Miner gar nicht zu erkennen ist, sondern seine Natur erst durch ein künstliches Feuer erhält, so möchte dessen Angabe für diese Zeit allerdings zu früh erscheinen, da besonders die ungleich leichtere Bearbeitung des gediegenen Kupfers dasselbe so viel entbehrlicher machte.

Die

Die Bekanntschaft mit demselben ist daher auch bey allen Völkern am spätesten gekommen. Alle alte Waffen die sich finden, sind vom Metall oder Kupfer, welches man früh zu härten gelernt. Die Helden des Homers hatten keine andre; die Lanze des Achilles, die in dem Tempel der Minerva zu Phaselis aufbewahret wurde, war nebst dem Schwerdte des Memnons, nach dem Zeugnisse des Pausanias, vom Kupfer. Selbst die Römer hielten das Eisen zu ihren Waffen noch entbehrlich; es wäre wenigstens nicht wohl begreiflich, wenn sie sich desselben bedienet hätten, daß von der ungeheuren Menge, die sie zu ihrer eigenen und der Welt Zerstörung gebrauchten, kein einziges Stück davon zu finden wäre, da die Zeit von ihren übrigen Werkzeugen und Geräthen so vieles erhalten hat. Die Kenntniß des Eisens würde also, wie ich schon gesagt, für diese Zeit noch wohl zu früh scheinen. Aber sollte nicht auch das hier gebrauchte Wort Eisen vielleicht erst nachher die bestimmtere Bedeutung bekommen haben?

Von weiterer Erfindung der Künste und ihrem Fortgange geschieht hier keine Erwähnung. Vielleicht waren keine mehrere Nachrichten davon übrig; und da der Endzweck des Verfassers nur war, die Verbindung der ersten Welt mit der folgenden zu zeigen, und die ersten Folgen des geselligen Lebens anzugeben, so wäre es überflüßig gewesen, wenn auch mehrere vorhanden

handen gewesen wären, diese Geschichte damit auszudehnen. Man würde aus diesem Stillschweigen also sehr irrig schließen, daß die Menschheit von diesem ersten Anfange des gesellschaftlichen Lebens an, die vielen Jahrhunderte hindurch bis an die Fluth, ohne zu ihrer Vollkommenheit weiter fortzugehen, in ihrer Kindheit geblieben wäre. In einem ruhigen geselligen Leben, und in einem glücklichen Clima, wo die Schönheit der Natur den Geist erheitert, und ihre willige Fruchtbarkeit den Menschen die nöthigen Bedürfnisse leicht finden läßt, da macht der Beobachtungsgeist, zumal wenn alles um ihn herum ihm noch neu ist, nothwendig schnellere Schritte als nachher, wo mehrere Bedürfnisse und Geschäffte seine Aufmerksamkeit auf sich ziehen, oder die Tyranney den Menschen muthlos und dumm macht. Die Seele des Kindes macht in den ersten Jahren einen erstaunlichen Fortgang, der nachher, wenn das mehrere Lernen und die mehrern Zerstreuungen hinzu kommen, kaum mehr zu merken ist. Da die Künste nach der Fluth in den Ländern, wo ein glückliches Clima dem Erfindungsgeiste die Ruhe ließ, in den wenigen Jahrhunderten einen so schnellen Fortgang gehabt; warum sollte das erste Geschlecht, da das viel längere Leben demselben noch zu Hülfe kam, so viel langsamer hierin gewesen seyn? Aber es wäre, wie ich schon gesagt, nach der Absicht des Verfassers eben so

über-

und Religion der ersten Menschen.

überflüßig gewesen, von dieser ersten Welt eine weitläuftige Geschichte der Künste aufzusuchen, als wenn er eine weitläuftige Beschreibung von den damaligen Ländern und Völkerschaften hätte machen wollen. Man muß nur die Hauptabsicht dieses Buchs immer vor Augen behalten. Diese ist, wie ich es nicht oft genug wiederholen kann, eine Geschichte der Religion, das ist, eine Geschichte der menschlichen Schwachheit und der Vorsehung zu geben, wie nämlich Gott dieser Schwachheit, nach dem jedesmaligen Maaße ihrer Fähigkeit zu Hülfe gekommen, und sich ihr, als dem Schöpfer und Regenten der Welt offenbaret, und durch was für weise Anstalten er diese große und erste Grundwahrheit der Religion stufenweise immer mehr zu befestigen und aufzuklären gesucht habe. Der diese Absicht bey Lesung dieses Buchs nicht bemerkt, der weiß nicht, was er liest; der aber diese vor Augen hat, der wird in einem jeden Zuge die Klugheit des Verfassers bewundern. Diese ganze Geschichte würde aber immer ein dunkles Räthsel geblieben seyn, wenn der Verfasser diesseits der Fluth stehen geblieben, und nicht bis zu dem ersten Ursprunge des menschlichen Geschlechts in die von allen andern Geschichtschreibern so genannte verborgene Zeit zurück gegangen wäre. Aber so wie er auch hiervon mit der klügsten Wahl die wesentlichsten Züge nur angegeben, so geht er, mit Vorbeylassung aller andern Nachrichten,

richten, die zu dieser Absicht nicht wesentlich gehören, unmittelbar zu der Geschichte von Noah, als dem Stammvater der neuen Welt, und nimmt nur, um die Verbindung anzuzeigen, das einzige Geschlechtregister von Adam bis auf Ihn, das, so wie es hier angeführet wird, in dessen Familie sich wahrscheinlich erhalten hat, und auch dadurch schon als eine solche Original-Urkunde kenntlich wird, daß, obgleich in dem vorhergehenden Stücke des Seths und seines Sohnes des Enochs Erwähnung geschehen, dieß neue Stück dennoch wiederum damit anfängt.

Aber ein jedes Geschlechtregister von Menschen ist auch eine Genealogie des menschlichen Verfalls. Die Stelle des erschlagenen Abels war durch diesen Seth wiederum ersetzt: aber in der zweyten Generation hat der Vater schon neue Gelegenheit zu der traurigen Bemerkung, daß alle seine Nachkommen seinem Bilde ähnlich, und daß seine Schwachheit das natürliche Eigenthum seines ganzen Geschlechts seyn werde. Der Verfall wird zwar nicht auf einmal allgemein, aber doch schon so merklich, daß man in der zweyten Generation schon anfieng, sich nach Gott zu nennen, (man fieng an zu predigen von dem Namen des Herrn,) und daß die Verehrung Gottes schon ein unterscheidender Charakter des einen Geschlechts vor dem andern ward. Vielleicht war die frühere Entfernung einiger Geschlechter von der Wohnung Adams,

und

und die Unterlaſſung der feyerlichen Anrufung Gottes und der Opfer, die nächſte Veranlaſſung zu dieſer ſo frühen ſittlichen Verwilderung, ſo wie hergegen in denen Familien, die in der nähern Verbindung mit Adam ſich zu ſeinen gottesdienſtlichen Verſammlungen hielten, die gottesfürchtigen Geſinnungen durch ſein Anſehen und ſeine Ermahnungen auch ſo viel länger unterhalten wurden.

Das Merkwürdige in dieſer Genealogie iſt übrigens das außerordentliche hohe Alter. Aber ſo unnatürlich daſſelbe in Vergleichung mit unſerer jetzigen Lebenszeit auch iſt, ſo unvernünftig würde es dennoch ſeyn, dieſe Angabe deswegen für fabelhaft erklären zu wollen. So wenig unſer jetziges Leben an dieſes Alter auch reicht, ſo wenig laſſen ſich doch die eigentlichen Gränzen davon auch noch jetzt beſtimmen. Unter allen Lebenden und ſo vielmal größern Geſchöpfen iſt der Menſch wenigſtens noch jetzt nach der ganzen Anlage ſeiner Natur des längſten Lebens fähig. Die Fiebern und Gefäße, woraus der Bau unſers Leibes beſteht, behalten die Reizbarkeit und Biegſamkeit, wovon die eigentliche Lebenskraft abhängt, vor allen andern Thieren am längſten. Unter funfzehn bis ſechzehn hundert Menſchen iſt im Ganzen immer noch einer, der das hundertſte Jahr erreicht, ohne daß man ſich bey einem ſolchem

chem, besondere Ursachen, die sich bey andern Menschen nicht finden, zu denken hätte. Und auch dieß ist nach der Einrichtung der menschlichen Natur das äußerste mögliche Ziel noch nicht. Denn wenn wir auch die unsichern Exempel nicht annehmen wollen, die Plinius und einige neuere Geschichtschreiber von Menschen, die in das dritte Jahrhundert gelebt, anführen; so sind doch die Exempel von beyderley Geschlecht unwidersprechlich, die unter allen Himmelsgegenden ein Alter von Ein hundert zwanzig bis funfzig Jahren erreicht, und nicht allein alle ihre Sinne, sondern auch alle Munterkeit der Lebenskräfte dabey erhalten haben. Und zum Beweise, daß auch dieß noch nicht die äußerste Gränze der Natur sey, ist der durch sein hohes Alter so berühmt gewordene Thomas Parre, der im hundert und zwey und funfzigsten Jahre starb, und bey dessen Oeffnung Harway dennoch fand, daß er nach der Beschaffenheit seiner Lebenstheile noch länger hätte leben können, wenn er seine gewohnte simple Lebensart gegen die reichere Diät, die ihm die Milde des Grafen von Arundel zuwandte, nicht zuletzt noch verwechselt hätte. Wenn aber auch dieß äußerste hohe Alter noch jetzt das ordentliche Lebensziel wäre, so würden wir die natürlichen Ursachen von jenem vierfach höhern dennoch vergeblich aufsuchen. Mit Gewißheit können

wir

wir nichts mehr davon sagen, als daß die Vorsehung ihre besondern Absichten dabey gehabt haben müsse, die in dem allgemeinen Schöpfungsplane dieser Erde, den wir aber nicht übersehen können, ihren Grund gehabt; daß aber eine zur Zeit der Sündfluth in der Constitution der Erde und der Luft vorgegangene Veränderung dabey ihren besondern Einfluß gehabt, dieß scheint die successive Abnahme dieses Alters von dieser Zeit an wohl zu beweisen.

In Noah und seinen Söhnen erhält sich die angeerbte stärkere Natur noch unveränderlich. Aber mit ihnen nimmt sie auch vom Geschlechte zu Geschlechte stufenweise um die Hälfte ab, bis sie endlich nach wenig Jahrhunderten da stehen bleibt, wo die Beschaffenheit der Luft und der Bau unsers Körpers ihr natürliches Verhältniß wieder erhalten, und wo noch jetzt die Gränze von unserm Leben ist. Abraham und sein Großvater Nahor haben vor dem angeführten Thomas Parre nur wenige Jahre noch voraus; und Jacob, der zu Pharao sagt, daß sein Ater noch lange nicht an das hohe Alter seiner Väter reiche, stirbt noch diesseits der Lebensgränze dieses Alten und mehrerer aus unserm Jahrhunderte, ohne daß seitdem die Natur in ihren Lebenskräften einige Abnahme noch gelitten hätte.

Daß aber dieses Geschlechtregister nicht zuerst von Mose aus einer unsichern Tradition aufgesetzet, sondern eine in der Familie von Noah aus der ersten Welt mit herübergekommene Originalurkunde sey, dieß wird, auſſer den übrigen schon angeführten Merkmaalen des höhern Alters dieser Geschichte, aus der genauen Angabe der Jahre noch so vielmehr wahrscheinlich. So wie eben die genaue Angabe der succeßiven Abnahme dieses Alters in der Familie von Sem, ebenfalls für das höhere authentische Alter dieses Geschlechtregisters spricht.

Zu Mosis Zeiten, der sie uns aufbehalten, war ein solches Alter wenigstens schon eben so unnatürlich, als es uns ist. Wäre er also von deren Authenticität durch die zuverläßigste Ueberlieferung nicht so vollkommen sicher gewesen, eine Ueberlieferung wovon sich noch in den Zeugnissen der ältesten Schriftsteller die Spuren finden, und die er vielleicht auch selbst noch in den ältesten ägyptischen Denkmaalen bestätiget fand; was wäre ihm leichter gewesen, als ihnen allen Vorwurf der Unwahrscheinlichkeit auf mehr als eine Art zu benehmen?

Dem Herrn von Voltaire ist es indessen ein wichtiger Sieg (denn woraus weiß dieser Mann

Mann sich nicht Waffen und Siege zu machen,) daß in den Berechnungen dieser Jahre die ebräischen und samaritanischen Abschriften mit einander nicht übereinstimmen, und daß die griechische Uebersetzung wieder von beyden abgeht. Aber der große Mann, der, selbst die Welt mit so vielen Geschichten, allgemeinen und besondern, bereichert, sollte doch billig am allererſten erkennen, wie leicht dergleichen chronologische Irrungen, da ſie ſich in der neueſten Geſchichte ſo leicht zutragen, bey Urkunden möglich ſind, die durch die Hände von ſo vielen tauſend Abſchreibern gegangen, indem er ſelbſt ſeinen Sanchoniaton, ſeinen Held den er Moſi ſo zuverſichtlich entgegen ſetzt, um nicht weniger dann achthundert Jahr bald jünger bald älter macht. Es iſt noch nie einem vernünftigen Vertheidiger dieſer Bücher in den Sinn gekommen, zu behaupten, daß die Augen und Hände der vielen tauſend Abſchreiber dergeſtalt durch ein Wunder geleitet worden, daß ſie ſich nie hätten verſehen, noch ein Wort oder einen Buchſtaben für den andern hätten leſen oder ſchreiben können, wenn man zumal bey den Zahlen annimmt, daß ſie durch Buchſtaben ausgedrückt worden, wovon der geringſte Zug den Abſchreiber irre machen können. Und da dieſer ſo laut beſchriene Unterſchied nur in der Abtheilung der Jahre vor der Geburt der darinn benannten Söhne besteht, die ganze Summe der Lebensjahre hergegen bis auf einen geringen Unterschied völlig einstimmig ist, so macht dieser Unterschied die authentische Glaubwürdigkeit dieses Stücks so wenig verdächtig, daß sie vielmehr noch dadurch bestätiget wird. Und vielleicht hebt eine mehrere Entdeckung alter Handschriften auch noch diesen unwesentlichen Unterschied, so wie Herr Kennicot durch seine preißwürdigen Bemühungen den Herrn von V. seinen Sieg über die dreyßig tausend Bethschemiten schon genommen und aus den ältesten Handschriften erwiesen hat, daß es nur siebenzig gewesen sind, wofür er sich dann freylich auch die gewöhnlichen niedrigsten Scheltworte, und nichts geringers, als die Anweisung nach Bedlam, zugezogen hat.

Das einzige, was sonst in dieser Genealogie als merkwürdig aufbehalten ist, ist dieß, daß Gott den Henoch, da er noch nicht die Hälfte der gewöhnlichen Lebensjahre erreicht, wegen seiner Gottesfurcht weggenommen habe. Die Worte haben wegen ihrer Kürze wieder ihre Undeutlichkeit, doch läßt sich überhaupt der Sinn daraus erkennen. Henoch, heißt es, sey, nachdem er Methusalem gezeuget, noch dreyhundert Jahre in einem göttlichen

chen Leben geblieben, und habe in allen ein Alter von dreyhundert fünf und sechzig Jahren erreicht. Darauf wird es noch einmal wiederholet, daß er ein göttlich Leben geführet, aber daß er darauf nicht mehr gewesen, weil Gott ihn weggenommen habe. Die erste Redensart, daß er ein göttlich Leben geführet, ist deutlich genug, und die gleich darauf folgende Wiederholung derselben scheint wohl die exemplarische Größe seiner Gottesfurcht, und den Grund, warum ihn Gott so früh weggenommen, anzuzeigen. Dieser letztere Ausdruck ist aber etwas dunkler, und weil von allen übrigen steht, daß sie gestorben, so ist von diesem die gewöhnliche Erklärung, daß Gott ihn zur Belohnung seiner Unschuld und zum Beweise eines noch vollkommenern Lebens, ohne daß er gestorben, durch eine sanftere Verwandlung in dasselbe gesetzt habe; und man hält diese Erklärung, durch die Umschreibung des Apostels im Briefe an die Ebräer, daß er den Tod nicht gesehen habe, bestätigt. Es bleibt aber auch noch diese Erklärung übrig, daß Gott ihn plötzlich, ohne daß er das volle Lebensziel seiner Väter erreicht, weggenommen habe, und daß also mehr nur der Begriff des Unerwarteten und Uebernatürlichen, als einer solchen Verwandlung, darin zu suchen, die der Apostel vermuthlich eigentlicher ausgedrückt haben würde. Ein so unerwarteter frühzeitiger Tod, wobey keine sichtbare Ursache vorhanden war, konnte um diese Zeit nicht anders, als eine unmittelbare Wirkung der Gottheit, angesehen werden, und war dieß hinreichend genug, denselben auch durch den Ausdruck von der gewöhnlichen Art zu sterben, zu unterscheiden. So sahen alle alte Völker dergleichen schnelle frühzeitige Todesfälle an. Denn je weniger der Mensch mit dem ordentlichen Gange der Vorsehung in der Natur bekannt ist, je mehr ist er geneigt, alles, wovon er nicht die nächste Ursache sieht, als eine solche unmittelbare Wirkung der Gottheit anzusehen. Da nun Henoch sich zugleich durch seinen gottesfürchtigen Wandel auf eine so unterscheidende Art merkwürdig gemacht hatte, so mußte auch dieser außerordentliche Tod, als eine unmittelbare Erklärung des göttlichen Wohlgefallens, die größte Aufmerksamkeit auf sich ziehen. Es blieb also dieser Tod, auch als natürlicher Tod genommen, immer ein Beweis, von einer über die Unschuld mit Wohlgefallen wachenden vergeltenden Vorsehung, die der nachdenkenden Vernunft nachher allemal der sicherste Grund ihrer Hoffnung eines zukünftigen bessern Lebens geblieben ist.

Und

Und hiermit beschließt der Verfasser seine Geschichte von der ersten Welt. Wäre es ihm um das Wunderbare zu thun gewesen, oder hätte er dem Stolze seines Volks, zu dessen Geschichte und Religion er sich zugleich den Weg damit zu bahnen die Absicht hatte, schmeicheln, und demselben nach ägyptischer Art ein undenkliches Alter geben wollen, so hätte er die beste Gelegenheit darzu gehabt. Aber eben diese Kürze und Simplicität ist der größte Beweis von seiner Aufrichtigkeit und Klugheit. Bolingbroke macht ihm zwar den Einwurf, daß er nur Auszüge aus Geschichten und keine ganze Geschichte, auch nur Auszüge aus Genealogien und keine ganze geliefert, aber abgeschmackters hätte doch auch wohl nichts erdacht werden können. Was hätte dann eine jede weitläuftigere Beschreibung von einer Welt, die bis auf ein Geschlecht ganz untergegangen, für einen vernünftigen Endzweck haben können? Und würde eine jede durch so viele Jahrhunderte durchgeführte umständlichere Geschichte, die allein im Gedächtnisse hätte aufbewahret und mündlich fortgepflanzet werden können, bloß allein durch ihre Weitläuftigkeit nicht schon ein verdächtiger Roman werden und allen Glauben verlieren müssen? In dieser ausgesuchten Kürze spricht hergegen alles für die

Klugheit und Glaubwürdigkeit des Verfassers. Ganz durfte er diese erste Geschichte, ohne nicht völlig seinen Endzweck zu verlieren, nicht übergehen. Mit diesem allgemeinern Endzwekke verband er zugleich noch den nähern, daß er besonders auch das Volk, dessen Lehrer und Gesetzgeber er war, von dem göttlichen Ursprunge seiner Religion zu überzeugen suchte. Durch die allgemeine Verblendung der Menschen und ihren Verfall zur Abgötterey hatte sich dieselbe zu seiner Zeit beynahe ganz verloren, und die damalige Vernunft war allein noch viel zu schwach, derselben die nöthige Aufklärung und Unterstützung wieder zu geben. Was konnte er also seiner Religion für ein größer Ansehen geben, als wenn er bewies, daß eben diese seine Grundlehre von einem einigen Gott, Schöpfer und Regenten der Welt, der Glaube der ersten Welt gewesen, daß Gott sich selbst den ersten Stammvätern des menschlichen Geschlechts so offenbaret, und daß dieser Glaube durch das Geschlecht von Noah sich bis auf ihre nächsten Väter fortgepflanzet habe. Nun sehe man den Verfasser dieses Buchs als den eigentlichen Verfasser dieser fünf ersten Capitel an, oder man sehe sie, wie sie das volle Ansehen haben, als Original-Urkunden an, die aus der alten Welt durch die Familie vom Sem mit herüber gekommen, und

und darin sich erhalten haben, so giebt diese Geschichte bey aller ihrer scheinbaren mangelhaften Kürze, seiner Absicht alles Licht, was sie braucht.

Und so wird dieses unschätzbare Stück des Alterthums, das unsern schönen Geistern bisher so anstößig gewesen, aus diesem Gesichtspunkte nun vielleicht auch von ihnen mit etwas mehr Achtung angesehen. Ja ich wage es so gar zu hoffen, daß auch selbst diese Cosmogenie, so wie ich hier ihre wesentlichsten Züge nur eben schattiret habe, eines aufmerksamern Blickes von Ihnen werde gewürdiget werden. Denn man sehe dieselbe als ein bloßes Gedicht des Verfassers, oder als ein andres altes Fragment an, und vergleiche sie mit den Archäologien der Aegypter, der Hindos, des sogenannten Sanchoniatons, oder mit den Systemen unsrer neuerer Weisen, unsrer Robinets, Rousseaus, Helvetius, hier ist alles Fabel, alles Traum, alles Abgrund und Widerspruch, wie licht, wie wahr, wie zusammenhängend ist alles dort!

Aber es ist Zeit, daß ich zu der folgenden Geschichte fortgehe.

Dritte Betrachtung.

Zustand der Welt und Religion von der Sündfluth bis an Mosen nach dieser Beschreibung.

Erste Abtheilung.
Von Noah bis zu Abraham.

Der Verfasser macht den Uebergang zu dieser Geschichte mit der Beschreibung der großen Fluth. Denn da mit dieser Fluth eine ganz neue Geschichte der Menschheit anfieng, und zugleich nichts geschickter war, den großen Grundsatz der Religion, daß Gott nicht allein der Schöpfer, sondern auch der moralische Regent der Welt sey, zu bestätigen; so würde er seinem ganzen Religions-System nicht allein den stärksten Beweis, sondern auch seiner ganzen Religions-Geschichte die wesentlichste Verbindung entzogen haben, wenn er diese große Begebenheit übergangen hätte. Der Inhalt ist dieser: Da die Gesinnungen der Gottesfurcht, die bey einem Theile der Menschen sich noch immer erhalten hätten, mit ihrer Vermehrung und weitern Verbreitung sich auch mehr und mehr verlozen, und diese Verwilderung, besonders durch die leichtsinnigen Verbindungen mit den offenbaren Verächtern der Gottheit, endlich so allgemein geworden, daß zuletzt alles Gefühl von Sittlichkeit und Gottesfurcht von der ganzen Erde bis auf die Familie von Noah verschwunden; so habe Gott aus gerechtem Gerichte eine Fluth kommen lassen, die dieß ganze gottlose Geschlecht vertilgt, doch so, daß die Natur der Erde und ihrer Bewohner, ihrer ersten Einrichtung gemäß, dabey unverändert geblieben. Noah aber, der zum Beweise dieser über die Welt wachenden Vorsehung, mit seinem Hause wegen seiner Rechtschaffenheit zur ferneren Fortpflanzung des menschlichen Geschlechts erhalten werden sollen, habe in einer Offenbarung den Befehl bekommen, ein bedecktes Schiff bereiten zu lassen, um so wohl mit den Seinigen bey dem Einbruche der Fluth sich darinn zu retten, als auch so viel Thiere mit hinein zu nehmen, als er indessen zu seiner Erhaltung und zur nachmaligen Bebauung der Erde nöthig haben würde; und so wie diese Anstalten fertig gewesen, sey zu der bestimmten Zeit diese fürchterliche Fluth eingebrochen; bey einem vierzigtägigen Regen habe sich zugleich das Weltmeer oder die große Tiefe dergestalt ergossen, daß die Fluth auch über die höchsten Berge gegangen; nachdem sie aber in dieser Höhe ein hundert

bis zu Abraham.

dert und funfzig Tage gestanden, und alles darinn umgekommen, so habe diese schreckliche Ergießung aufgehöret, und der Wind nach und nach die Fluth so weit wieder vertrieben, daß endlich Noah sein Schiff verlassen, und die Erde zu bebauen wiederum anfangen können. Dieß ist der kurze Inhalt der vollständigern Beschreibung, die der Verfasser in Cap. 6. 7. 8. davon anführet.

Ich habe in der vorhergehenden Abhandlung schon gesagt, daß die ganze Geschichte der ersten Welt in diesem Buche aus so vielen Original-Urkunden oder historischen Liedern, als dem einzigen Gedächtnißmittel aller alten Völker, zu bestehen scheine, worinn die ersten Menschen die merkwürdigsten Begebenheiten, die sie erlebt, unter sich zu erhalten und auf ihre Nachkommen fortzupflanzen gesucht hätten. Die Beschreibung dieser Fluth hat das volle Ansehen von eben einem solchen Liede. Es ist wenigstens keine Begebenheit möglich, die Noah und seine Söhne mit mehr Erstaunen hätte erfüllen, und die ihnen wichtiger hätte seyn können, das Andenken davon zu erhalten, und mit derselben zugleich die große Grundwahrheit der Religion, von einer über die Menschen wachenden heiligen und gerechten Vorsehung, die ihnen bisher so wichtig gewesen, bey ihren feyerlichen Zusammenkünften

sich

sich in einem solchen heiligen Liebe vorzuhalten, und das Andenken davon auch auf ihre späteste Nachkommenschaft fortzupflanzen. Auch hat die Beschreibung selbst alle Kennzeichen, die diese Muthmaßung bestätigen. Die Art, wie der Verfall der Menschen vorgestellet wird, die Beschreibung des göttlichen Rathschlusses, die öftern und gleich hinter einander vorkommenden Wiederholungen von beyden, die weitläuftige Art zu erzählen, da der Rathschluß Gottes bald historisch beschrieben, bald Gott selbst als redend eingeführet wird, die Beschreibung der Fluth selbst, die alte Benennung des Schiffs, es ist alles die Sprache des höchsten Alterthums, und von der eigenen einförmigen Schreibart Mosis, die mit seiner speciellern Geschichte von Abraham anfängt, deutlich unterschieden. Auch ist die Berechnung der Zeit älter, als die, deren Moses sich bedienet. Hier ist noch das leichter zu berechnende ältere Mondenjahr, die Monathe nach der runden Zahl von dreyßig Tagen berechnet, da Moses hergegen bey der Anordnung seiner Feste schon die genauere Berechnung nach Sonnenjahren und die nöthige Einschaltung kannte. Dabey ist der Grund des hier angegebenen Verfalls eben die Sinnlichkeit, die den Verfall des ersten Stammvaters und seiner nächsten Nachkommenschaft schon veranlasset hatte, da der eine Theil mit Hindanse-
zung

zung aller Gottesfurcht, seinen sinnlichen Trieben sich dergestalt gleich überlassen, daß die Verehrung Gottes in der dritten Generation schon ein characteristisches Unterscheidungszeichen geworden war. Einige andere Geschlechter hätten sich zwar durch ihren unschuldigen gottesfürchtigen Wandel als Kinder Gottes von jenen ruchlosen noch eine Zeitlang unterschieden, und wären diesem Bekenntnisse Gottes und seiner Vorsehung treu geblieben; aber so wie sie sich mehr verbreitet und von den Hütten ihrer gottesfürchtigen Väter sich entfernet, so hätte diese verderbte Sinnlichkeit sich auch ihrer nach und nach bemächtiget, das Gefühl der Religion hätte sich immer mehr verloren, auch sie wären bloß ihren sinnlichen Trieben nachgegangen, und da sie sich ohne Scheu mit den öffentlichen Verächtern Gottes in die genauesten Verbindungen eingelassen, so wäre diese gesetzlose Sinnlichkeit endlich so allgemein geworden, daß auch diese, die es bisher noch für einen unterscheidenden Ruhm gehalten hätten, den Namen von Bekennern und Kindern Gottes zu führen, eben solche Gibborim und Nephilim, solche Titanen und Centauren, wie die übrigen, geworden wären, die ohne alles Gefühl von Sittlichkeit und Gerechtigkeit die Vorsehung verleugnet, dem Himmel getrotzet, und sich kühn allen ihren wilden und gewaltthätigen Trieben überlassen hätten.

hätten. Luther übersetzet die beyden Worte Gibborim und Nephilim durch Tyrannen und Gewaltige, vermuthlich um die Fabel von den Riesen dadurch nicht zu bestätigen, doch wäre der Name Riesen dieser alten dichterischen Sprache gemäßer gewesen. Nur daß man sich bey diesen Namen kein wirkliches Geschlecht von Riesen denken darf. Die Natur bringt so wenig ganze Geschlechter von Riesen als von Zwergen hervor, die natürliche menschliche Größe nach ihrem äußersten Maaße zwischen vier und sieben Fuß gerechnet. Beyde sind nur einzelne Abartungen, die sich nicht fortpflanzen. Alle Riesen des Alterthums sind nichts als symbolische Wesen und Geschöpfe der Dichtkunst, worunter alle alte Völker ihre großen Vorfahren abbildeten, wenn sie ihre außerordentlichen Heldenthaten vorstellen wollten. Moralische Größe war in diesen rauhern Zeiten noch nicht gekannt; man kannte noch keine andere Größe, als wilden Muth und Stärke, die in gesetzloser Gewaltthätigkeit bestand, welche die dichterische Einbildung, um sie so viel außerordentlicher und fürchterlicher zu machen, unter keinem stärkern Bilde, als unter dem Bilde ungeheurer Riesen, vorzustellen wußte. Dieß ist die Sprache der Natur, ohne daß dabey einige Nachahmung Statt hätte. Als solche Riesen beschrieben die alten nordischen Völker in ihren Liedern ihre re Helden; und dergleichen Riesen sind auch die neun Ellen großen Aloiden und Titanen der Griechen, die kühn auf ihre unwiderstehliche Gewalt Berge auf Berge thürmen, und den Himmel selbst zu bestürmen sich zutrauen. Und dieß ist eben die Sprache in diesem Liede. Wie aber, fährt hierauf die Geschichte fort, die Bosheit dieser Menschen immer allgemeiner geworden, so habe es Gott gereuet, und ihn in seinem Herzen bekümmert, daß er sie erschaffen, und er habe daher auch beschlossen, dieß ganze gottlose Geschlecht, nach einer Frist von ein hundert und zwanzig Jahren, durch eine allgemeine Fluth von dem Erdboden zu vertilgen. Es habe Gott gereuet, es habe ihn in seinem Herzen bekümmert, daß er sie erschaffen habe. Eine Sprache, die nach unsern vollkommenern und deutlichern Begriffen von dem höchsten Wesen unanständig und anstößig wäre, die aber das hohe Alter dieser Beschreibung auch so viel mehr bestätigt. Der Mensch kann gleich von Gott eine richtige Erkenntniß haben, und diese muß er haben, wenn sie auf sein moralisches Verhalten einen Einfluß haben soll; er muß Gott als den Herrn der Welt, als ihren allwissenden, heiligen und gerechten Regenten erkennen; aber in der Kindheit seiner Vernunft denkt er sich diese Vorsehung nicht gleich auf eine metaphysische Art, nicht gleich unter einer abstracten

stracten allwissenden Vorhersehung und damit verbundenen unveränderlichen Rathschlüssen; zu diesen Begriffen erhebt sie sich erst nach und nach, so wie sie sich verfeinert. Der rohe Mensch kann sich Gott und seine Vorsehung nicht anders als auf menschliche Art, nach sich, vorstellen; nur daß er sich in Gott alles unumschränkter denkt. Nach dieser Vorstellung sieht Gott alles, liebt und belohnt das Gute, hasset und bestraft das Böse, und läßt als der Herr der Natur ihre Wirkungen nach seinem Willen entstehen; aber er sieht, ordnet, und empfindet alles wie ein Mensch; er sieht alles, aber nicht eher, als es geschieht; darnach ändern sich seine Rathschlüsse, darnach ordnet er die Veränderungen in der Natur; daher die langmüthigen Versuche und Hoffnungen auf Besserung; daher der Zorn, das erregte Mitleiden, daher, wie hier, die Reue, die Bekümmerniß, daß er solche Menschen, die er um ihrer Bosheit willen wieder vertilgen muß, erschaffen habe. Denn der rohe Mensch sieht nur auf den Erfolg in der Natur; kömmt dieser anders, als er nach seiner Vorstellung glaubt, daß er hätte kommen müssen, so sieht er dieß als Veränderungen des göttlichen Rathschlusses selbst an, denkt sich dabey in Gott eben die Gemüthsbewegungen, die er in diesen Fällen bey sich empfindet, und führet Gott auf eben die Art redend ein.

Und

bis zu Abraham.

Und so ist die Sprache von Gott in diesem ganzen Buche; denn höher konnte die noch schwache Vernunft sich nicht erheben; und wir können von diesem höchsten Wesen mit unsern Kindern und mit Einfältigen noch nicht anders reden, ohne daß der Eindruck der darinn enthaltenen Wahrheit aufs Herz deswegen etwas verliert. Und unsere noch so erhabne und verfeinerte Metaphysik, Philosophen! bleibt sie, wenn wir von diesem unendlichen Geiste reden, nicht immer kindische Sprache? Diese hier vorkommenden menschlichen Redensarten von Gott, können also solchen nur anstößig seyn, die die Sprache der Kindheit der Vernunft nicht kennen; der wahre Philosoph bemerkt darinn mit Vergnügen die echte Sprache des höchsten Alterthums, und so wohl diese Geschichte als dieß ganze Buch hätten nichts mehr als eine abstractere Sprache gebraucht, um in Ansehung des vorgegebenen Alters alle Glaubwürdigkeit zu verlieren.

Endlich kommt auch zu der bestimmten Zeit die gedrohete Fluth. Noah begiebt sich mit den Seinigen und mit den Thieren, die er zu sich genommen, in den zu seiner Erhaltung bereiteten Kasten, (die gewöhnliche alte Benennung der Schiffe) und Gott schließt hinter ihm zu; nämlich, seine Vorsehung schüzet ihn, daß er und alles, was mit ihm ist,

eine

eine sichere Erhaltung darinn findet. Und nun öffnen sich die Fenster des Himmels; bey diesem vierzigtägigen Regen, brechen zugleich alle Brunnen der großen Tiefe auf, die Flüsse treten aus ihren Ufern, der Ocean ergießet sich, die Ueberschwemmung verbreitet sich über die ganze bewohnte Erde, und steigt nach und nach so hoch, daß sie auch über die höchsten Berge geht. Und hier kommt nun zugleich eine Fluth von Einwürfen, womit die Feinde dieses Buchs die Glaubwürdigkeit und das Ansehen desselben völlig zu zerstören glauben. Eine Ueberschwemmung, die über die höchsten Berge der ganzen Erde gegangen — was für eine ungeheure Fabel! Welche Vernunft kann sich eine solche Menge Wasser ohne eine neue Schöpfung denken? Und dann was für ein neues Wunder, um diese Schöpfung wieder zu zernichten, damit die Erde wieder wohnbar werde! Und dieß ist noch das wenigste — Aber was für ein unbeschreiblicher Trieb, der auf einmal in alle Vögel, Thiere und Insecten fährt, daß sie die Gegenden, die die Natur ihnen angewiesen hat, verlassen, und von allen Seiten der Erde, aus Amerika und unter den beyden Polen her, paarweise ihren Zug nach Asien nach Noahs Wohnung nehmen? Wer wies ihnen diesen Weg? Wer half ihnen über die Meere und Flüsse? Wo fanden sie auf dieser Reise ihre gewohnte Nahrung? Wie konnten

sie

sie gegen ihre Natur die verschiedenen Climate aushalten? Wie viele Arten von Thieren, die in der zehnten Generation nicht hingekommen wären! Wo war in diesem Schiffe, zur Beherbergung so vieler Thiere, der Raum, wo der Raum zu so vielerley Futter? Wie kannte Noah dieses? Wo fand er es? Wo kamen alle Hände zu der nöthigen Wartung her? Wer machte die Löwen, die Tieger, die Pongos auf einmal so zahm, daß sie sich ruhig einsperren ließen? Und wie kamen alle diese Thiere nachher wieder in ihre natürliche Gegend? Wer lud die Raubthiere, und die vielen andern schädlichen Thiere, auf Schiffe, und vertheilte sie wieder in die Inseln die sie jetzt bewohnen? Was für eine nicht auszusprechende Verwickelung von den seltsamsten Wundern, von mehr Wundern, als eine ganz neue Schöpfung erfordert hätte! Und warum alle diese Wunder, diese völlige Zerstörung der ganzen Erde? Um ein verderbtes Geschlecht von Menschen zu zernichten, das Gott kaum erschaffen; dessen angebohrne Schwachheit er darauf selbst mit Reue erkennet, und das nachher nichts besser geworden. Könnten die Allmacht, die Weisheit, und Gerechtigkeit Gottes auch verächtlicher gemacht werden; und welcher Aberglaube ist stark genug, ein Buch, das solche unsinnige Fabeln, solche anstößige Vorstellungen von

der

der Gottheit enthält, für ein heiliges Buch, und dessen Verfasser für einen göttlichen Gesandten zu halten?

Es ist bekannt, auf wie vielerley Art man die Wahrheit dieser Geschichte gegen diese Einwürfe zu vertheidigen gesucht hat. Um den Vorrath von Wasser ohne ein Wunder und aus natürlichen Ursachen herbey zu schaffen, dachte sich Burnet die erste Gestalt der Erde ganz anders. Whiston nahm mit mehrerer Wahrscheinlichkeit einen Cometen zu Hülfe; ein Gedanke, den vor ihm schon der große Halley hatte, und den der Herr de la Lande zum Schrecken der Unwissenheit und des Aberglaubens noch kürzlich wieder erneuert hat. Andere verrücken die Achse der Erde. Pelletier und Scheuchzer berechneten den Raum des Schiffs. Andre rücken die Classen der Geschöpfe so eng zusammen, daß sie den nöthigen Raum dafür heraus bringen. Aber wenn alle diese Angaben für das Wasser und den Raum des Schiffs auch die Möglichkeit zeigen, so bleibt die große Bedenklichkeit wegen der Thiere doch noch unaufgelöset übrig. Andre wählen deswegen einen kürzern Weg, und berufen sich theils auf die noch übrig gebliebenen Zeugnisse der ältesten Geschichte, theils auf die Denkmaale, die die Erde selbst, als unleugbare Beweise ihrer ehemaligen allgemeinen

nen Ueberschwemmung in ihren Archiven aufbewahret. Beyde Zeugnisse sind allerdings auch von großer Wichtigkeit, wenn man sich nur nicht in die unnöthige Verlegenheit setzt, zuviel damit zu beweisen; und der berühmte Mann, der die Welt mit einer Fluth von Büchern überschwemmet, um allen Glauben an eine Offenbarung zu zerstören, geräth selbst bey diesen Zeugnissen in ein solches panisches Schrecken, daß er die lächerlichsten Ausflüchte nimmt, um dieser Fluth zu entgehen.

Die Zeugnisse von ehmaligen großen Ueberschwemmungen sind vorerst unwidersprechlich, und es ist kein bekanntes altes Volk, wobey sich die Nachrichten davon nicht erhalten hätten. Chaldäer, Griechen, Hindus, Aegyptier, Sineser, Amerikaner und die nordischen Völker, es hat sich bey allen das Andenken von dergleichen außerordentlichen Fluthen erhalten.

Es wäre gegen alle Geschichte, wenn man dieselben sämmtlich mit dieser Noachischen für Eins halten wollte. Die von Ogyges und Deucalion sind gewiß neuer, und betreffen nur einen Theil von Griechenland. Der alte ägyptische Priester sagte es dem Solon schon, daß er diese Ueberschwemmungen nicht für die einzigen halten müsse, da nach ihren Nachrichten

ten weit ältere und größere Fluthen schon vorhergegangen wären. Indessen bleibt die buchstäbliche Aehnlichkeit, womit einige derselben erzählet werden, doch besonders merkwürdig. So bekannt diese Zeugnisse auch sind, darf ich sie nicht ganz übergehen; um aber kurz zu seyn, will ich die Beschreibungen von der chaldäischen Fluth des Sisithrus, und von der griechischen des Deukalions, wegen der genauen Aehnlichkeit, zusammen nehmen. Beyden, dem Sisithrus und Deukalion, wird von einer Gottheit offenbaret, daß eine Fluth kommen soll, und dem letztern zwar mit der ausdrücklichen Absicht, um das ganze Menschengeschlecht wegen der überhand genommenen Bosheit zu vertilgen; und zugleich bekommen beyde den Befehl, zu ihrer Rettung ein Schiff zu bauen. Das Schiff hat eben die alte Benennung einer Arche; alle Thiere versammeln sich paarweise zu ihnen, um darinn mit aufgenommen zu werden; darauf kommt die Fluth, und geht über die höchsten Berge. Wie sie anfängt sich zu verlaufen, setzt sich das Schiff des Sisithrus in dem Gordirenischen Gebürge in Armenien. Beyde bedienen sich nachher der Tauben, um zu erfahren, ob die Erde wieder anfange, trocken zu werden. Beyder ihr erstes ist auch, so bald sie die Erde wieder betreten, einen Altar aufzurichten, und der Gottheit für ihre Erhaltung ein O-

pfer

pfer zu bringen; und beyde werden darauf die Stammväter eines neuen menschlichen Geschlechts. So beschreiben Berosus und Abydenus aus den alten chaldäischen Nachrichten die Fluth des Sisithrus, und mit eben diesen Umständen hatte sich auch die Beschreibung der Fluth des Deukalions erhalten. Man setze hier den Namen Noah in die Stelle der beyden andern Namen, so ist es buchstäblich dieselbe Geschichte. Die Deukalionische betraf nur, wie ich schon gesagt, einen Theil von Griechenland, aber dennoch ist die Geschichte von der Noachischen Fluth offenbar die erste Urkunde von jener Beschreibung, wovon vermuthlich eine der ersten Colonien, die aus Phönicien nach Griechenland übergegangen, die Tradition mit herüber gebracht, und, wie dieß bey dergleichen Wandrung immer geschehen, hernach mit der griechischen Fluth vermischt hat; welches dadurch noch bestätigt wird, daß Deukalion ein griechischer König, und die Fluth der ganzen Beschreibung nach in Syrien gewesen ist. Die Indianische Fluth wird wiederum auf eben die Art beschrieben. Der Gott Ruthren wollte das menschliche Geschlecht wegen seiner Bosheit ersäufen; Whistnou der Heiland (eine allegorische Person, die vielleicht die Liebe Gottes bedeutet,) sagte es dem Saffia Varti; dieser stieg, wie die Fluth hereinbrach, auf einen hohen Berg, und

und Whistnou verschaffte ihm ein Schiff, worinn er vierzig Millionen Seelen und Urstoffe von Geschöpfen zur neuen Bevölkerung der Erde verborgen hatte. Man nehme hier die bildliche Einkleidung weg, so ist es wieder dieselbige Geschichte. Aber dieß seyn alles nur, sagt man, Beschreibungen von partikularen Fluthen. Gut; indessen kommen sie doch alle sichtbarlich aus einer Quelle; und diese wäre denn doch wohl keine andre als diese Noachische Geschichte. Nein, sagt der schon oft genannte Feind dieses Buchs, wie die Juden in ihrer Gefangenschaft mit den griechischen und andern Fabeln bekannt wurden, so fiengen sie an alle diese Fabeln zu copiiren, und setzten daraus unter dem Namen Mose dieß Buch zusammen. Ein Meisterstück von Scharfsinn! das älteste aller Bücher, das alle Kennzeichen des höchsten Alterthums an sich hat, und worinn durch und durch in der genauesten historischen und chronologischen Verbindung nur ein Plan ist, ein Gewebe von griechischen und indianischen Fabeln! Doch was darf ein Mann nicht schreiben, der, um die Wahrheit dieser Geschichte zu schwächen, sich nicht entsieht, die unzähligen Abdrücke von Pflanzen und Seethieren, die sich nach ihren kleinsten Theilen in allen Arten von Steinen finden, für Spiele der Natur, und die Berge von Muscheln und Schaalenthieren,

bis zu Abraham.

womit die ganze Erde bedeckt ist, für Schaalen auszugeben, die hier und da die Austerkrämer hätten liegen lassen. Aber noch ein wichtiger Einwurf: Sanchoniathon erwähne dieser Fluth nicht. Sanchoniathon! das verdächtige unerklärliche Gemische von phönicischer und griechischer Mythologie, das, wenn es echt gewesen wäre, als das merkwürdigste Denkmaal der ältesten Geschichte gewiß würde bekannt gewesen seyn, aber dessen, ehe die vorgegebene griechische Uebersetzung davon erschien, nirgend erwähnt wird; das Plato, der mit den Phöniciern in der genauesten Verbindung stand, das keiner von denen, die diese Alterthümer aufs sorgfältigste aufgesucht, nicht gekannt; das, so wie es damals Mode war, Sybillinische Orakel, und Hermetische Poemanders zu erdichten, der Philo von Byblus wahrscheinlich ebenfalls nur erdichtet, um das Ansehn des jüdischen Geschichtschreibers Josephus zu schwächen, wie dessen Buch von den jüdischen Alterthümern ein so großes Aufsehn zu machen anfieng; worinn auch sichtbarlich die Geschichte von dieser Fluth mit Fleiß weggelassen ist; und das Porphyrius, der vermuthlich um den Betrug wußte, nach seiner bekannten Feindschaft gegen das Christenthum, mit einem Geräusch aus seiner Finsterniß zuerst hervorzog, aber so wenig Aufmerksamkeit damit erregte, daß wir vielleicht auch

den

den Namen davon nicht mehr wüßten, wenn Eusebius nicht selbst die Fragmente uns davon aufbehalten hätte. Und gesetzt, es wäre echt, so ist der Schluß immer sehr merkwürdig: Alle alte Schriftsteller sprechen unter einerley Umständen von einer ausserordentlichen Fluth, aber weil ein einziger derselben nicht erwähnet, so ist alles, was jene sagen, ein Gedicht. Was würden Berosus, Abydenus, Sisithrus für tönende Namen in unsern Evangiles du Jour und Questions Encyclopediques, und hergegen Sanchoniathon für ein verächtliches Gedicht seyn, wenn sich in jener ihren Fragmenten nirgend von einer solchen Fluth einige Nachricht fände, dieser aber mit Mose darinn übereinkäme. Aber schon zu viel hiervon.

Die Denkmaale, die sich von einer ehemaligen allgemeinen Ueberschwemmung über den ganzen Erdboden finden, haben einige bisher für einen noch stärkern Beweis von dieser Fluth gehalten. Sichtbarlich hat auch die Erde, vor ihrer jetzigen Gestalt, von Feuer und Wasser gewaltsame Veränderungen gelitten, und besonders beweiset ihre ganze Gestalt, daß einmal eine Zeit gewesen seyn müsse, da sie ganz Meers-Grund gewesen. Ganze Berge von Schaalenthieren und versteinerten Seegewächsen aus den entferntesten Meeren auf den höchsten Gegenden der Erde; Wiederum meilenlange und viele Faden dicke Strecken von Muscheln und anderer Meeresbruth, so viele Klafter tief unter der Erde, und zum theil unter harten Felsen; versteinerte und über die ganze Erde verbreitete Seethiere, wie die Ammonshörner, die nie von dem Grunde des Meers kommen, und deren lebendige Art in den nächsten Meeren nie gesehen worden; Abdrücke von Seegewächsen und Seethieren, woran die Farbe und die kleinsten Theile noch kenntlich sind, in den Schiefern der Alpen und andrer hoher Gebürge; wiederum Gerippe von Land- und Seethieren unter einander gemischt, in solchen Gegenden, wo die Landthiere sich nicht aufhalten können, auch in größerer Menge, als daß sie durch einen Zufall dahin hätten kommen können; auch ganze Wälder tief in der Erde, zum Theil ganz versteinert, zum Theil mit dem Ansatz von Versteinerung; und dieß ist die Gestalt der Erde in ihren allerhöchsten und in ihren niedrigsten Gegenden. Viele dieser Erscheinungen kann man mit aller Zuverläßigkeit als Wirkungen dieser Ueberschwemmungen ansehen, da die gewaltige Fluth diese Dinge mit sich fortgeführt, und, so weit sie gegangen, über die Erde verbreitet hat. Auch ist dieß sehr wahrscheinlich, daß viele Jahrhunderte nachher, zwischen Gebürgen, auch in niedrigen flachen Gegenden, noch große Seeh davon übrig geblieben, wo diese Schaalenthiere sich noch immer mehr haben vermehren können, und daß diese Seen erst nach und nach vertrocknet, oder durch eine Erderschütterung in eines der benachbarten Meere ihren Abfluß gefunden haben; wie dieses der salzige und mit Seemuscheln bedeckte Boden der ganzen nördlichen Gegend des caspischen Meeres beweiset. Nur würden alle diese Erscheinungen wohl schwerlich aus dieser einzigen Fluth sich erklären lassen, sondern sie scheinen vielmehr zum Theil die Wirkung von gewaltsamern Veränderungen, auch von längern und ältern Ueberschwemmungen, und theils von jener ältern Fluth noch her zu seyn, die der Schöpfer in die Tiefe gehen hieß, wie er diese Erde zu einer neuen Wohnung für uns bereitete. Denn die an Materie und Dicke so verschiedne und mit einander abwechselnden Schaalen oder Schichten, woraus die ganze Oberrinde der Erde besteht, und unter welchen sich oft erst in der größten Tiefe ein Seegrund und eine Lage von Muscheln und oft mehr als eine dergleichen findet, die durch viele Faden dicke Schichten von Thon und Sand von einander abgesondert sind, diese scheinen allerdings der Bodensatz von einer Ueberschwemmung zu seyn, aber auch mehr als eine dergleichen und auch eine viel längere vorauszusetzen. Eine einzige Fluth konnte die Erdrinde so nicht auflösen; dieß beweiset die

Festig-

Festigkeit des Seegrundes selbst; und es würden diese verschiedne Schichten sich auch nicht so regelmäßig noch so bald wieder gesezt haben. Noah fieng gleich an, so wie das Wasser sich nur verlaufen hatte, die Erde wieder zu bebauen, und er fand alle seine bekannten Gewächse, seinen Oelbaum und Weinstock wieder. Auch stand die Fluth nicht lange genug, daß solche ungeheure Berge von Muscheln und Seegewächsen davon hätten aufgethürmt werden können. Man kann diese Berge vielmehr selbst als einen alten Seegrund, auch als Bruchstücke der unter dem Wasser gestandnen Erdrinde ansehen, die bey dem Ausbruche eines unterirdischen Feuers in die Höhe geworfen, und womit diese Seegeschöpfe zugleich mit erhoben sind. Dieß machen die über einander gethürmten rauhen Klippen, imgleichen die Spalten in diesen Gebirgen, auch die zum Theil gegen einander passenden Winkel, und die an vielen wahrzunehmenden deutlichen Spuren des Feuers höchst wahrscheinlich, und dieß kömmt selbst mit der über alle menschliche Beredsamkeit erhabnen prächtigen Beschreibung überein, die David von der schöpferischen Allmacht im 104. Pf. giebt. Endlich aber scheinen viele dieser Phänomene auch zu alt zu seyn, als daß sie sich aus dieser Fluth erklären ließen, so wie andre hergegen sichtbarlich von neuerer Zeit sind. Die Versteinerung

steinerung setzet allein schon ein höheres Alter voraus. Denn da die härtesten Felsen von Marmor und andern Steinarten dergleichen Meeresreste in sich schliessen und zum Theil ganz daraus bestehen, und also nothwendig eine weichere Materie vorher gewesen seyn müssen; so würde die Zeit, von dieser Fluth an gerechnet, zu dem Zeitraum, den die Natur zu diesem geheimen und langsamen Geschäfte nimmt, wohl nicht zureichen; da die Ruinen der alleraltesten Gebäude, die sich nur auf der Erde finden, wie zum Exempel die Ueberbleibsel der alten Mauern und Thore von Suez am rothen Meere, die vielleicht nahe an die Zeiten Mosis reichen, schon voll von solchen Schnecken-Schaalen sind, auch die Steinart woraus die ägyptischen Pyramiden bestehen, und der Felsengrund worauf sie stehen, dergleichen schon in sich hält.

Viele dieser Veränderungen aber sind, wie ich gesagt, auch sichtbarlich von neuern Dato. Denn außer den partikularen Fluthen, die bald in dieser, bald in jener Gegend entstehen, ist die Erde überhaupt beständigen, theils schnellen, theils langsamen Veränderungen unterworfen. Gegenden, die sich nach und nach erhöhen, andre, die wieder sinken; neue Seen, die entstehen, andre, die wieder trocknen und zu Aeckern werden; neue Inseln, die sich

sich aus dem Meere erheben, andre, die sich wieder in den Abgrund verlieren; ganze Gegenden, die die See verläßt, andre, die sie dagegen wieder verschlingt, und wovon die höchsten Berge nur als Inseln noch hervorragen; Inseln, die wegen der Aehnlichkeit der Ufer vom festen Lande sichtbarlich abgerissen sind, andre, die wieder damit verbunden werden; ehmalige Häfen, die jetzt Meilen tief im Lande liegen; versunkene und versteinerte Wälder, an deren Stämmen die Spuren von der Art zum Theil noch kenntlich sind; selbst die festen Pfeiler der Erde sind von diesen Veränderungen nicht ausgenommen, da, indem sich einige erheben, andre wieder wie ein Gewand veralten, verwittern, abgespült werden, und durch ihren Einsturz Thäler zu Ebenen machen. Und allen diesen Veränderungen ist die Erde von ihrer ersten Bildung an unterworfen gewesen, sie geschehen täglich noch vor unsern Augen, und werden auch, als natürliche Wirkungen der Luft, der Winde, des Meeres, und besonders des unterirdischen Feuers, so lange sie steht, nicht aufhören.

Indessen können wir, bey diesen in der Natur immer fortgehenden Veränderungen, dennoch annehmen, daß dieselben so viel gewaltsamer und größer gewesen sind, je neuer

die gegenwärtige Einrichtung der Erde gewesen ist. Denn nachdem die Geschäftigkeit der Menschen das Meer und die Flüsse in sichere Dämme einzufassen gelernt, und das innere Feuer durch die häufigern Volkane mehr Luft bekommen hat, so können die Erschütterungen und Ergießungen nun auch weder so gewaltsam noch so allgemein mehr als ehmals seyn, und dieß bestätigen, nebst der älteren Geschichte, die noch vorhandnen Denkmaale dieser ältern Zerrüttungen, wogegen die jetzigen Veränderungen nur als Miniatur-Gemählde anzusehen sind. Der Aetna und der Pic, die jetzt mit ihren Spitzen über die Wolken gehen, sind, nach ihrer ganzen Gestalt zu urtheilen, bloß von dergleichen gewaltsamen Ausbrüchen des Feuers entstanden. Die beyden äußersten Inseln der bekannten Erde, Island und das Feuerland, sind ebenfalls in ihrer ganzen Gestalt nichts als verbrannte Trümmern des in ihrem Grunde noch nicht ganz erloschenen Feuers. Und obgleich die Tradition des alten ägyptischen Priesters von der im atlantischen Meere ehmals versunkenen großen Insel keinen Glauben verdient, so ist es dennoch immer wahrscheinlich, daß nicht allein die in diesem Meere noch übrigen Canarischen, Azorischen und Antillischen Inseln, sondern auch die Inseln im Südmeere, von Neu-Seeland an bis über Japan zu den Kurilischen
Inseln

Inseln hinauf, die insgesammt noch jetzt den gewaltigsten Erschütterungen und Feuer-Ausbrüchen unterworfen sind, oder wenigstens an der häufigen Lava die deutlichsten Beweise von dergleichen ehemaligen Ausbrüchen haben, nur Reste und Gipfel eines so wohl zwischen Europa und Amerika, als auch zwischen Asien und Amerika gewesenen größern Landes sind, das durch dergleichen große Erschütterungen von der Fluth verschlungen worden. Alles, was die Einwohner von Otahiti von ihrem großen Gott noch zu sagen wissen, ist dieß, daß er von Zeit zu Zeit ihre Insel erschüttere, und dieselbe vor alten Zeiten vom festen Lande dadurch abgerissen habe. Und die große Aehnlichkeit der Sprache, die in allen diesen Inseln des Südmeers, ungeachtet ihrer gewaltigen Entfernung von einander, sich so kenntlich bleibt, ist davon noch ein besonderer Beweis. Die größte Aufmerksamkeit verdienen aber die zugespitzte südliche Gestalt von Afrika und Indien, und alle die um ganz Asien, vom rothen Meere an bis nach Kamschatka, von Süden nach Norden gehenden großen Meerbusen, die der sichtbarste Beweis sind, daß die Erde einmal von Süden her, eine gewaltsame Ueberschwemmung erlitten haben müsse, welches wiederum die in Sibirien sich findende Menge von Gerippen großer südlicher Landthiere noch mehr bestätigt. Warum sollte nun die

die Noachische Fluth, die nach der ausdrücklichen Anzeige des Textes von eben diesem südlichen Weltmeere, der großen Tiefe, herkam, diese Fluth nicht seyn können? eben diese mit den nämlichen Umständen beschriebene Indische Fluth und die Chaldäische des Sisithrus. Der kindische Einwurf, daß der Name Noah dabey nicht vorkomme, verdienet keine Antwort. Warum könnte der Name Saffia Varti und Sisithrus nicht eben der, und nur in jene Landessprache übersetzte Name seyn, da auch so gar in dem Chaldäischen Verzeichnisse der Könige oder Geschlechtshäupter, von Alorus dem ersten Menschen an, bis zu dieser Fluth, gerade wie in der Mosaischen Geschichte, Zehn solcher Könige oder Geschlechter sind, wovon dieser Sisithrus, ebenfalls wie Noah, der zehnte und letzte König ist, ja auch jene ganze Jahrrechnung, wenn sie recht erkläret wird, der Mosaischen völlig gleich ist.

Aber, wird man sagen, wenn die Noachische Fluth mit jenen einerley wäre, so könnte sie so allgemein nicht gewesen seyn; so würde folglich auch die Vorsorge für die Erhaltung der Thiere überflüßig, und wenn sie von natürlichen Ursachen gekommen, würden sie auch kein göttliches Strafgericht können gewesen seyn. Eine kurze Beantwortung wird auch allen diesen Einwürfen ihren Schein benehmen.

men. Sie habe nicht allgemein seyn können. Aber gesetzt, wir nehmen sie dafür, was wäre hierinn widersprechendes oder unmögliches? Unstreitig ist wenigstens die Erde einmal ganz Meeresgrund gewesen. Indessen ist auch nichts, was uns nöthigt, diese Ueberschwemmung für so buchstäblich allgemein anzunehmen, daß sie über die höchsten Gebürge der ganzen Erde sich ergossen hätte. Wer mit der Sprache der Schrift nur einigermaßen bekannt ist, der wird sich vieler ähnlicher Redensarten erinnern, wobey es nie einem Leser einfallen kann, nach dem buchstäblichen Ausdrucke den ganzen Erdkreis oder alle Thiere der Erde, alle Vögel unter dem Himmel sich dabey vorzustellen. Ezech. 31, 6. Und dieß ist die Sprache der Schrift allein nicht; dieß ist die Sprache der Natur; alle Menschen erhöhen auf die Art den Ausdruck, wenn sie etwas außerordentliches beschreiben; und man denke sich hier hinzu, daß diese Beschreibung ein Lied, ein durch das natürliche Erstaunen derer, die die Zeugen dieser schrecklichen Begebenheit waren, erhöhetes Lied ist. Jene angeführte Fluthen, gesetzt, daß es particuliere Fluthen gewesen, werden wenigstens mit eben den vergrößerten Ausdrücken beschrieben.

Daß diese Noachische Fluth das ganze südliche Asien habe überschwemmen können, ist
aus

aus dem erst angeführten höchst wahrscheinlich. Und wie wahrscheinlich waren diese Länder die damals noch allein bewohnte, vielleicht auch noch allein gekannte Erde. Einem jeden Geschichtschreiber ist das die ganze Erde, wie sie zu seiner Zeit gekannt ist. Wer macht dem Ptolomäus einen Vorwurf daraus, daß in seiner Erdbeschreibung noch kein Amerika, kein Japan, noch Grönland ist? Wo sollten denn die ersten Bewohner der Erde die vollständige geographische Kenntniß derselben herbekommen haben? Man hat sich nur in die unnöthige Verlegenheit gesetzt, die Fluth auch über die Alpen und Cordilleras zu führen, weil man um diese Zeit die ganze Erde bis unter den Polen schon bevölkert annimmt. Aber die Natur ist so fruchtbar nicht, als die Federn der Männer sind, die sich mit der Berechnung der Bevölkerung beschäfftigen. Es konnte also diese Fluth das ganze menschliche Geschlecht betreffen, und die ganze bewohnte Erde überschwemmen, ohne daß man nöthig hat, eine solche Fluth, die buchstäblich über die höchsten Gebürge der ganzen Erdkugel gegangen wäre, dabey anzunehmen; und so ist die unerklärlich wundervolle Herbeyführung aller Thiere, und ihre eben so unerklärliche Zurückbringung in die von der Natur ihnen angewiesenen Gegenden, auch zugleich nicht mehr nöthig. Die Nordsee könnte ganz Niederdeutsch-

Deutschland überschwemmen, auch noch über
den ganzen Harz gehen, und die Bewohner der
Schweitz könnten dabey noch ganz sicher seyn.
Auch selbst die höchsten Gebürge auf der Erde
nicht mit gerechnet, so sind unter dem, was
wir Ebenen und Flächen nennen, viele Gegenden etliche tausend Fuß von dem Mittel-
puncte der Erde mehr entfernt und höher, als
andre. Das mittlere Siberien, das so vielen
hundert Meilen langen Strömen den Fall
giebt, übertrifft an Höhe alle asiatische Gebürge; und Basel, das gegen die Alpen auch
noch Fläche ist, liegt beynahe vier tausend
Fuß höher, als die holländischen Seestädte.
Hier blieb also allen Arten von Thieren Raum
genug zu ihrer Erhaltung übrig, und Noah
brauchte keine andere als diejenigen mitzuneh-
men, die ihm zu seiner Erhaltung und zur
nächsten Bebauung der Erde unentbehrlich
waren.

 Eben so wenig höret diese Fluth auch auf,
wenn man gleich natürliche Ursachen dabey annimmt, ein göttliches Gericht zu seyn. Man
kann mit aller Sicherheit annehmen, daß die
Vorsehung keine andere als natürliche Ursachen dabey habe wirken lassen; sicher annehmen, daß der vierzigtägige Regen der in diesen Ländern zu gewisser Jahrszeit anhaltende
gewöhnliche Regen gewesen, und daß die damit

mit zugleich entstandne schreckliche Ergießung der Brunnen der großen Tiefe oder des südlichen Weltmeeres, von einer gewaltsamen Erderschütterung hergekommen; auch dieß noch, daß diese schreckliche Erschütterung in der innern Einrichtung der Erde besonders ihren Grund gehabt; und diese Fluth ist deswegen nichts weniger für eine von der göttlichen Vorsehung gewählte und geleitete Wirkung anzusehen, als wenn ihre Ursachen zur Bewirkung dieses Endzwecks durch die unmittelbarste Allmacht wären hervor gebracht worden. Wir können weder die innerlichen noch die äußerlichen Ursachen bestimmen, die die jedesmalige Gestalt dieser Erde verändern können. Die Stelle, die sie als ein Planet einnimmt, der zu einem größern Planetensystem gehöret, kann sie Zufällen aussetzen, die auf ihre Gestalt und ganze Einrichtung einen großen Einfluß haben; sie kann auch, von ihrer ersten Anlage an, Ursachen in ihrem Schooße enthalten, die ihre Einrichtung von Zeit zu Zeit abändern, aber alle diese Veränderungen waren in dem Entwurfe jener anbetenswürdigen Weisheit, welche die Welten von Anfang her geordnet hat, schon mit begriffen. Ob Gott also aus vorher gewählten Ursachen etwas entstehen läßt, oder ob er in dem Punkte, wenn die Wirkung entstehen soll, die Ursache unmittelbar erschafft, dieß ist einerley. Dieser unendliche

liche Geist ist nothwendig allen seinen Werken
mit seiner Allmacht und Weisheit unveränderlich gegenwärtig. Ihre Anlage und ihre Veränderungen bleiben beyde sein Werk. Ihre
Veränderungen sind zwar in der Einrichtung
der Natur gegründet, aber es ist keine, die er
nicht vorher gesehen, die er nicht gewählet;
und die Kette bleibt immer in seiner Hand die
durch ihren allmächtigen Einfluß allen Gliedern ihre Wirksamkeit geben muß. Ihre Ver-
wandlungen gehen auch immer fort, aber er ist
es, der ihr jedesmal die Gestalt giebt; und
wenn dort Sonnen zu Planeten und Planeten
zu Sonnen werden, oder hier bald die Fluthen, bald das unterirdische Feuer die Gestalt
der Erde verändern, so ist er als Schöpfer,
Vater und Richter dabey allezeit gegenwärtig.
Denn wie er dort die Berge aus der Tiefe rief,
und dem Meere dafür wieder andere Tiefen,
und dem Feuer seine Klüfte anwies, da sahe
und wählte er nach seiner Weisheit alle die
Veränderungen, die dadurch entstehen sollten,
und gab zu dem Ende allem sein Maaß und
sein Gewicht; da gab er den Bergen zur Befestigung der Erde ihr Gewicht und ihre Lage,
und dem Meere, wie weit es jedesmal gehen
soll, sein Maaß, und da wog er auch dem
unterirdischen Feuer seine Nahrung zu, und
maß gegen dessen Kraft die Stärke seiner Ge-
wölbe, daß auf der Erde bis an ihr Ende keine

Veränderung entstehen kann, als wie er sie in seiner Allwissenheit vorher gesehen und gewählet hat. Du hast die Erde gegründet, sagt David, und die Himmel sind deiner Hände Werk, und sie veralten wie ein Kleid, sie werden verwandelt wie ein Gewand, wenn du sie verwandelst. Dieß ist das wahre System der Natur, die große Philosophie; und dieß würde auch des Ungläubigen System seyn, wenn seine Verblendung oder sein Herz ihm zuließen, Philosoph zu seyn.

Auch dadurch, daß die Menschen in eben die verderbte Sinnlichkeit nachher wieder zurück gefallen, hat Gott die Absicht dieses Gerichts nicht verfehlet. Dieß Verderben bleibt mit der sinnlichen Natur zu genau verbunden; aber dieser Herr der Welt hat seitdem auch nicht aufgehöret, bald in allgemeinen, bald in besondern Gerichten seine unveränderliche Weisheit und Gerechtigkeit, womit er die Welt regieret, zu offenbaren; und deswegen bleibt auch die Natur der Erde, so lange sie die Wohnung solcher schwachen Geschöpfe bleiben soll, darauf eingerichtet, daß sie in ihrer wohlthätigen Ordnung ihn als ihren Vater erkennen sollen. Aber wenn sie ihn in ihrer Sinnlichkeit vergessen, so müssen eben die Elemente, die die Erde in ihrer Schönheit und Fruchtbarkeit erhalten, auch wiederum die
Bothen

Bothen seiner Gerechtigkeit werden, und durch Erschütterungen und Fluthen die Menschen zu Anbetung dieser Vorsehung wieder aufrufen. Allein so bald diese Absichten seiner Weisheit erreicht sind, so muß die wiederhergestellte Ordnung die Gegenwart dieses Vaters der Natur auch wieder beweisen. Ihre Convulsionen hören auf, der Himmel erheitert sich wieder, die Ströme gehen wieder in ihre Ufer zurück, die Volkane und ihre Feuerströme werden verschlossen, und die Erde tritt aus ihrer Zerstörung mit verjüngter Schönheit wieder hervor, und bleibt unter allen Trümmern die vollkommene Wohnung für alle ihre Geschöpfe, die sie nach der ersten Einrichtung seyn sollte.

Der Herr gedenkt an Noah. Die Fluth hat die ihr befohlne Höhe erreicht, die Erde soll nun wieder trocken werden; Er ruft dem Winde, die Brunnen der Tiefe und die Fenster des Himmels werden verschlossen, das Wasser geht in seine vorigen Behältnisse wieder, die durch den Einsturz der Erde in einigen Gegenden vielleicht erweitert worden, daß so viel andre dagegen sich aus der Tiefe wieder erheben; und seine Vorsehung läßt Noah in der Gegend die Erde wieder betreten, wo er zu ihrer viel frühern Wiederbebauung die bekannte Natur wieder findet. Durchdrungen von diesem mächtigen Beweise des über ihm wachenden göttlichen Schutzes, ist es, so wie er die Erde wieder betritt, sein erstes, daß er, aus Dankbarkeit und Ehrfurcht mit den Seinigen, etliche von den mit ihm erhaltenen Thieren, Gott zum Opfer bringt, und ihn als den allgegenwärtigen, heiligen und gerechten Regenten anbetet; und dieser Glaube war es, der dem Herrn das Opfer angenehm machte. Der Herr roch den lieblichen Geruch; und es ist der Wille Gottes, daß, ungeachtet des menschlichen Verderbens, ein so allgemeines Gericht über die Erde nicht wieder ergehen soll. Die Sprache ist hier dieselbige wieder, womit der Rathschluß von der Fluth in dem vorhergehenden beschrieben wird, aber dem Wesentlichen nach ist sie der Gottheit anständig. Denn nur er, der Schöpfer und Herr der Natur, kann so wollen; und vielleicht war die Ursache, die diese Fluth bewirkt, selbst das Mittel, daß die Erde fernerhin einer so allgemeinen Zerstörung nicht mehr ausgesetzt ist, bis es diesem Herrn der Welt dereinst gefallen wird, unser Geschlecht zu einer höhern Sphäre zu erheben, und diese Erde zur Wohnung für eine neue Colonie von Geschöpfen wieder einzurichten. Bis dahin sollen Saamen und Erndte, Frost und Hitze, Tag und Nacht nicht aufhören; ihre Veränderungen sollen nur einzelne Gegenden betreffen; im Ganzen soll

soll ihre Natur, wie ihre Lage, dieselbe bleiben. So will der Allmächtige. Und hiermit segnet er den Noah und die ganze Natur gleichsam von neuem ein. Die Sprache ist eben die von der ersten Schöpfung. Der Mensch soll die Vorzüge seiner vernünftigen Natur unveränderlich behalten; er soll der Herr der Erde bleiben; der Reichthum ihrer Geschöpfe und ihre Schönheit sollen ganz für ihn seyn, daß er sie zu seiner Glückseligkeit und zur Verehrung und Anbetung der Vorsehung des weisesten und gütigsten Vaters der Natur gebrauche. Auch soll er dieses Recht in Ansehung der Thiere behalten. Nur soll das Menschenblut ihm heilig seyn; wer dieß vergießt, der soll alle Rechte der Menschheit verlieren; denn ein Mensch ist des andern Bruder; er hat nit ihm einerley Natur, gleiche Rechte, gleiche Vorzüge; er ist ein vernünftiges freyes Wesen, zum Bilde Gottes erschaffen, wie er; ein Gesetz, das bey dem neuen Anfange der Menschen, die noch in keiner ordentlichen Gesellschaft lebten, noch keine Gesetze hatten, noch größern Verwilderungen entgegen giengen, zur Erhaltung der Menschheit und zur frühern Beförderung des geselligen Lebens so viel nöthiger war.

Hier bricht die Sonne wieder durch die Wolken, und Noah sieht während seines O-
pfers

pfers den Regenbogen mit freudigen Entzükken als die Bestätigung an, daß die Natur von ihrer alten Ordnung und Schönheit nichts verloren habe. Es ist hier nun wieder die Sprache der ersten Welt, die alle außerordentliche Lufterscheinungen, und vorzüglich den Regenbogen, da die natürliche Ursache davon noch nicht gekannt war, als eine Bothschaft der Gottheit ansah. Hier heißt er ein Zeichen des Bundes, den Gott gleichsam mit dem Menschen zu ihrer Versicherung macht, daß die Natur bey allen ihren Veränderungen, nach den von seiner Weisheit geordneten Gesetzen, unverändert fortdauren soll. Und hiervon ist er auch noch, so oft er uns erscheint, für uns die Versicherung, die dadurch, daß wir die natürliche Ursache davon jetzt erkennen, noch mehr bestätigt als geschwächt wird.

Einen neuen Unterricht in der Religion bekömmt Noah hiebey nicht. Das schreckliche Gericht, das über die Verächter Gottes vor seinen Augen ergangen war, seine eigene wunderbare Erhaltung, und nun die aus dieser allgemeinen Zerrüttung wieder hervortretende Ordnung der Natur, waren ihm und den Seinigen von der großen Grundwahrheit ihrer Religion, nämlich von einer über die Menschen waltenden moralischen Regierung Gottes

tes die möglichst stärkeste Bestätigung. Und zugleich wäre dieß als der neue merkwürdige Unterricht anzusehen, den die Vorsehung dem menschlichen Geschlechte durch diesen seinen neuen Stammvater von dieser großen Wahrheit gegeben hat, so daß sie sich auch Jahrhunderte hindurch bey den ältesten Völkern die wir kennen erhalten, bis sie nach und nach durch die Verwilderung, den Aberglauben und die angenommenen Untergottheiten, theils verdunkelt worden, theils sich auch ganz verloren hat; und wodurch sich denn die in der Geschichte sonst so schwer zu erklärende Wahrnehmung auflöset, wie diese Erkenntniß in der Kindheit der Vernunft so allgemein seyn, und mit deren Wachsthum sich doch so verlieren können, daß die Vernunft auch in ihrer größten Aufklärung, diese Allgemeinheit nicht wieder herstellen mögen.

Noahs erstes Geschäfft ist hierauf, den Erdboden mit den ihm bekannten Früchten und Erdgewächsen wieder zu bebauen. Er hatte die hierzu nöthigen Thiere, für deren Erhaltung die Vorsehung zu dem Ende gesorgt hatte, gleich zu seiner Hülfe. Er hatte vielleicht auch die ersten Werkzeuge dazu bewahret; in dem Vorrath, den er zu seiner Unterhaltung mitgenommen, fand er auch dazu den nöthigen Saamen; und da die Gegend, die er wieder betrat, eine der fruchtbarsten des ganzen Erdbodens, und die Pflanzschule aller der feinern Früchte und Gewächse ist, die von da nach Griechenland und Italien, und nachher weiter in die westlichern und nördlichern Länder gebracht sind, so war die Cultur dieser Erdfrüchte zu seinem ersten Unterhalte auch hinreichend; wobey man aber wohl immer mit Grunde annehmen kann, daß ihm auch der eigentliche Ackerbau nicht mehr unbekannt gewesen. Es ist wenigstens nicht wahrscheinlich, daß derselbe den ersten Menschen jenseits der Fluth so viele Jahrhunderte sollte unbekannt geblieben seyn, da die Hülsenfrüchte ihre Aufmerksamkeit nothwendig sehr früh auf sich ziehen müssen, und sie dadurch auch stufenweise zu der Bekanntschaft mit den in diesen Gegenden wachsenden größern Kornarten, wegen des darinn enthaltenen ähnlichen Mehls und der vorzüglich nährenden Kraft derselben, und der Bequemlichkeit sie aufzubewahren, haben geführet werden können. Indessen hindert diese frühe Bekanntschaft mit dem Kornbau nicht, daß, wie die Menschen bey ihrer Vermehrung von ihren Hauptstämmen sich getrennet, und in unbekannte wildere Gegenden gekommen, wo sie die bekannten Getreide nicht fanden, derselbe sich auch wieder verloren, bis eine Ceres und ein Triptolem ähnliche Arten wieder fanden, und für dieß göttliche Verdienst, da

sie

sie mit diesem Nahrungsmittel der Menschheit alle Vorzüge des geselligen Lebens wieder gaben, vergöttert wurden; und Triptolem den über alle Alexander und Cäsars so erhabenen Namen eines Furchenmachers erhielt.

Mit dem Ackerbau verband Noah auch gleich den Bau des Weins. Auch scheint der Gebrauch dieses edlen Gewächses ihm nicht unbekannt gewesen zu seyn. Es ist wenigstens nicht wahrscheinlich, da dieß Gewächs seinen eigentlichen natürlichen Boden in dieser von den ersten Menschen bewohnten Gegend hat, dessen Frucht sich auch mit so vielem Reize darbietet, und dessen angenehmer und überflüßiger Saft zu den Versuchen, denselben zu sammlen und aufzubewahren, so leicht Gelegenheit giebt, den ersten Bewohnern dieser Gegend bis an diese Zeit unbekannt geblieben seyn sollte. Vielleicht hat die Ehrerbietung für diesen zweyten Stammvater der Menschen, um seine Schwachheit so viel leichter zu entschuldigen, zu der gewöhnlichen Meynung die Veranlassung gegeben. Aber diese Schwachheit, daß er bey einem zu unvorsichtigen Genuß desselben vom Schlafe überfallen wurde, verdient deswegen nicht weniger Entschuldigung; und das Verbrechen des Sohnes, der anstatt, daß es seine Pflicht gewesen wäre, dieselbe geheim zu halten, alle seine Brüder herbey rief, um diesen ehrwürdigsten der Väter, in welchem, außer der höchsten väterlichen Würde, so viele Gründe der tiefsten Ehrerbietung sich vereinigten, als einen alten Trunkenbold vor seiner ganzen Familie verdächtlich zu machen, verdiente den ganzen gerechten Zorn des äußerst beleidigten Vaters, so wie die beyden andern Söhne, für die dagegen bewiesene Ehrerbietung, seinen Segen erhielten. Moses, dessen Aufrichtigkeit auch die Schwachheiten derer Männer, die gleichsam die Helden seiner Geschichte sind, nie verschweigt, konnte zur Aufbewahrung dieser besondern Begebenheit, mehr als eine Absicht haben. Die Aegypter, die zu seiner Zeit ihre National- und Naturgeschichte in ihre fabelhaften Götterlehren schon verkleidet hatten, funden in dieser authentischen Urkunde, den natürlichen Ursprung ihres Acker- und Weinbaues wieder, dessen Erfindung sie ihrem Osiris und der Isis schon zuschreiben. Und noch mehr; Cham, der Stammvater der Aegypter, wird hier von seinem Vater bis auf seine Nachkommen verflucht*); hingegen sind die verachteten

---

*) Ich nehme hier an, daß der Name Cham hier mit in den Text gehöre, wie es die Geschichte fast zu fodern scheint, und wie es auch schon mehrere der scharfsinnigsten Ausleger dieses Buchs vermuthet. Und wäre die Vermuthung nicht zu gewagt, so könnte man annehmen, daß derselbe von den griechischen

teten und unterdrückten Israeliten die Nachkommen des gesegneten Sems. Wie demüthigend für jenes stolze Volk, und wie viele Ermunterung für dieses! Zugleich auch Cham, der Stammvater der Cananiter; wie viel neue Ermunterung für dieß Volk, das er zur Eroberung dieser so mächtigen Völkerschaften jetzt im Begriff war hinzuführen!

Und hiemit endigt sich die Geschichte von Noah, ob er gleich nachher noch drey hundert Jahr gelebt hat. Die Absicht des Verfassers war nicht, wie ich schon gesagt habe, vollständige Annalen von der ersten Welt, oder auch aller einzelnen Patriarchen, zu schreiben; sein Endzweck ist, in einer kurzen Verbindung nur die vornehmsten Data von der Geschichte der Menschheit und der Religion anzugeben. Die Geschichte der Fluth und des neuen Anfangs des menschlichen Geschlechts konnte er nicht ganz unberührt lassen; aber mit kluger Wahl berührt er auch davon nur so viel, als zu seinem Endzwecke nöthig ist, um so viel eher auf den besondern Zweig zu kommen, womit seine speciellere Geschichte der Religion ihren Anfang nimmt. Um Noah für seine übrige Lebens-

chischen alexandrinischen Juden, der Aegypter wegen, unter deren Schutze sie lebten, aus ihren Abschriften oder auch aus ihrer Uebersetzung dieses Buchs zuerst weggelassen worden, und nachher auch aus den übrigen Abschriften sich verloren habe.

benszeit nicht in dieser Finsterniß zu lassen, haben ihn einige nach China geführet und zum Fohi gemacht. Aber Moses hat nach seiner Absicht von ihm genug gesagt; wir brauchen seine Geschichte durch keine Muthmaßung zu erweitern. Ihm ist es dafür so viel wichtiger, die genaue Verbindung seiner eigentlichen Geschichte, der er jetzt immer näher kömmt, mit dem allerersten Ursprunge des menschlichen Geschlechts durch eine beygefügte Genealogie zu beweisen, und zugleich dadurch über die neue Bevölkerung der Erde, und über die ersten Züge aller zu seiner Zeit bekannten Völkerschaften, das nöthige Licht zu verbreiten. Und dieser genaue Zusammenhang giebt, bey der zuversichtlichen Simplicität, womit er auch dieses Geschlechtregister und besonders den Ursprung von eben den Völkern, die zu seiner Zeit am meisten gekannt waren, anführet, seiner ganzen Geschichte einen solchen Grad von Zuverläßigkeit, daß sie dadurch allein schon alles Vertrauen verdienen würde; da sie indessen durch die scharfsinnigen Untersuchungen der vortrefflichen Männer, die die älteste Geschichte und Erdkunde mit so glücklichem Fleiße jetzt aufklären, so wie nur ihre Entdeckungen fortgehen, auch noch immer mehr Bestätigung und Licht erhält. Selbst der kurze Zeitraum, worinn nach dieser Beschreibung die menschliche Societät sich wieder

zu

zu bilden anfängt, giebt der ganzen Geschichte eine besondere Glaubwürdigkeit. Hätte der Verfasser, in einem der nächsten Geschlechter von Adam, einen Nimrod oder eine Colonie entstehen lassen, die einen solchen Thurm aufzuführen unternommen hätte, so wäre seine ganze Geschichte eine übelausgedachte Fabel. Aber hier, da dieß jüngere Geschlecht die Kenntniß der Natur, des Ackerbaues, den Gebrauch des Feuers und der Metalle aus der ältern Welt schon zur Hülfe hat, so wird die ganze Erzählung dadurch so viel wahrer. Nimrod, der von vielen Auslegern auf die unverschuldeste Weise als der erste Tyrann und Räuber beschrieben wird, hat vielmehr in den Augen des Verfassers um dieß neue menschliche Geschlecht so viele Verdienste, daß er ihn hier als den ersten Stifter und Wohlthäter der menschlichen Gesellschaft hat verewigen wollen. — Denn da bey der noch schwachen Vermehrung der Menschen, die wilden Thiere sehr mußten überhand genommen haben, so war es auch die edelste Anwendung, die er von seinem Heldenmuthe und seiner Stärke machen konnte, daß er, als ein erster Herkules und Theseus, dieselben zur Beschützung der bewohnten Gegend anwandte; dafür er denn auch vorzugsweise der große Jäger und Held hieß, gegen den alle andere, die auf eine ähnliche Art sich um die Menschheit verdient zu machen

machen suchten, verglichen wurden. Und dieser wohlthätige Heldenmuth mußte ihm nothwendig auch ein so allgemeines Vertrauen erwecken, daß die übrigen sich seiner Anführung und Klugheit willig überließen, und er also dadurch den Grund zu der ersten Societät wieder legte, die nachher der unglückliche Muth über seines Gleichen zu siegen, so oft wieder verwüstet hat. Und hiermit kommt der Verfasser an den ersten Zeitpunkt, wo die verschiedenen Völkerschaften ihren Anfang genommen haben. Das natürliche Band der Verwandtschaft und die gemeinschaftliche Hülfe, die sie sich einander in Bebauung der Erde und ihrer Beschützung leisteten, hatte die ersten Familien eine Zeitlang bey einander gehalten. Aber nach einiger größern Vermehrung verließen sie ihren Wohnsitz, und zogen westwärts in die fruchtbaren Ebenen von Sinear, zwischen dem Tigris und Euphrat, die am meisten geschickt waren, die Menschheit in ihrer Kindheit zu nähren; und durch die Fruchtbarkeit und Anmuth dieser Gegend gereizt, beschlossen sie dieselbe zu ihrem beständigen Sitze zu wählen, und sich gegen alle künftige Zerstreuungen darinn festzusetzen, zugleich aber durch eine Pyramide oder einen Thurm, dessen Spitze bis an die Wolken reichen sollte, ihren Nachkommen ein Denkmaal ihrer Größe zu hinterlassen; die einzige Art von Denkmaalen, worinn alle alte

rohe

bis zu Abraham.

rohe Völker, so lange es ihnen noch an Kunst und Geschmack fehlte, ihre Größe zeigen konnten, und die auch jetzt noch in allen Ländern, bis in Peru, übrig sind. Das häufige in dieser Gegend aus der Erde quellende Erdpech, und der dabey sich findende Thon, eben die Materialien, die der Semiramis und dem Nebucadnezar die erstaunliche Vergrößerung von Babylon so leicht machten, boten sich ihnen auch zur Erleichterung ihres Unternehmens an. Der Ausdruck, daß die Spitze dieses Thurms bis an den Himmel reichen sollen, ist in allen Sprachen der Welt so natürlich, daß man wohl nimmermehr einen Anlaß über den Verfasser dieses Buchs zu spotten, darinn vermuthen sollte; indessen ist er dem Kaiser Julian und seinem Ausleger doch so wichtig geschienen, daß sie beyde vorzüglich ihren Witz damit beschäfftiget haben. Der philosophische Kaiser berechnet es so gar, daß der Raum der ganzen Erde nicht zugereicht haben würde, den Thurm nur bis an den Mond hinaufzuführen. Die Trümmern, die man in dieser Gegend von demselben noch zu sehen glaubt, sind alle von spätern Werken. Moses saget auch nicht, daß er aufgeführet sey; er führet das Unternehmen nur als die Veranlassung an, daß die Menschen, die sich bisher noch als eine Familie angesehen und einerley Sprache gehabt, angefangen hätten, sich von einander zu trennen,

trennen, und daß von dieser Trennung nach und nach so viele durch Sprache und Sitten verschiedene Nationen entstanden wären. Denn es wird gleich hinzugesetzt, daß die Vorsehung die Ausführung dieses Vorhabens nicht genehmigt, und die Beschreibung davon ist völlig wieder eben die Sprache, wie sie bey der Sündfluth bemerkt ist. Dem Wesentlichen nach, wiederum noch der erste richtige paradiesische Grundbegriff von Gott, aber dem Ausdruck nach, jener Kindheit der Vernunft und ihrer Sprache auch wieder völlig gemäß, noch ohne eigentlichen Begriff von Allwissenheit, Allgegenwart oder Vorhersehung; der Himmel ist, wegen seines wohlthätigen Einflusses auf die Erde, auch der eigentliche Sitz Gottes; von diesem sieht er herab auf die Handlungen der Menschen, und steigt von demselben herunter, um die Veränderungen, die er beschlossen hat, zu bewirken; dabey denkt sich der rohe Mensch alle diese göttlichen Rathschlüsse als Ueberlegungen, und kleidet sie auf seine Art in Selbstgespräche ein. Abermals der ächteste Beweis von dem ursprünglichen Alter dieser Nachricht. In dem vorgenommenen Baue eines solchen Thurms, war zwar an sich nichts was der Gottheit hätte mißfallen können; dieß dachten sich die Menschen nur, die die Vollführung desselben vereitelt sahen. Aber da die Vollendung desselben den

Fort-

Fortgang der Menschheit gleich bey ihrem Anfange durch unzählige innerliche Zerrüttungen verhindert haben würde, indem eine jede Familie, an diesem mit gemeinschaftlichen Kräften erbaueten Hauptsitze, sich auch ein gleiches Recht angemaßet haben würde, so mußte die gleich Anfangs sich hiebey äußernde natürliche Uneinigkeit, so wie die Vorsehung alle Unternehmungen der Menschen nach ihren höhern Absichten zu lenken weiß, das Mittel werden, diesen sonst unvermeidlichen nachtheiligen Folgen zuvorzukommen. Denn die Rauhigkeit dieser durch die Jagd gegen die wilden Thiere verwilderten Menschen war noch zu groß, als daß sie, bey einem ohnehin noch nicht genug bebaueten Boden, ohne sich selbst einander aufzureiben, so gedrängt bey einander hätten wohnen können. In großen Societäten bildet sich die Menschheit, wenn sie schon sittlicher Gesetze fähig ist, allemal eher; aber ein zahlreicher roher Haufe begegnet sich, wenn er zu nahe auf einander wohnet, zu oft in seinen Bedürfnissen, und reibt sich, wo er sich nicht ausweichen kann, selber auf.

Sinear oder Chaldäa und Babel ist also der Punkt, wo die Nationen, die nach dem vorhergehenden Capitel als Abkömmlinge von Noah summarisch angegeben werden, und zu Mosis Zeit vermuthlich die allein bekannten

Völker waren, ausgegangen sind. Die eine Colonie blieb in dieser glücklichen Gegend zurück. Aber da die ersten Züge, die sich von dieser trennten, in allen den Gegenden, wo sie sich von hieraus zunächst hinwenden konnten, eben den schönen Himmel und eben die reiche und bekannte Natur fanden; so konnte die Menschheit in allen diesen Colonien sich auch so viel geschwinder bilden, und die, von ihren Stammvätern ihnen aus der ersten Welt überlieferten Kenntnisse zur Fortsetzung des Ackerbaues, zur Errichtung von Städten, Erfindung von Künsten, und zur Errichtung sittlicher Gesellschaften anwenden. Da hergegen andere Colonien, so wie sie in rauhere Gegenden und in eine unbekannte Natur kamen, wo sie ihre erste Nahrung in den Wäldern suchen, oder in kleinen Horden mit ihrem Viehe herumziehen mußten, auch natürlicher Weise so vielmehr verwilderten, bis etwan ein Orpheus sie aus den Wäldern rief, und sie die Vorzüge eines geselligen Lebens lehrte, oder neuere Colonien aus den schon mehr bebaueten und gesitteteren Gegenden von Phönicien, Chaldäa und Aegypten ihnen ihre Früchte, Künste und Gesetze brachten; andere aber, so wie sie aus Liebe zur Jagd, oder aus Furcht vor stärkern auf sie dringenden feindlichen Colonien, sich immer in wildere Gegenden entfernten, in ihrem unsteten gesetzlosen Zustande blieben,

blieben, und mit dem Verlust aller geselligen Künste, in die äußerste Verwilderung geriethen, woraus sie sich auch noch nicht wieder erhoben haben. Den Zügen dieser verwilderten Völker nachspüren zu wollen, würde vergebens seyn, da sich nothwendig alle Nachrichten davon haben verlieren müssen. Die Nachrichten, die wir haben, können nur von denen Völkern seyn, die sich zuerst in ordentliche Reiche und Societäten formirt haben. Und wenn gleich die vollständigen Denkmaale davon nicht mehr übrig sind, so hat die Vorsehung uns davon doch noch so viel erhalten, daß, je weiter der Fleiß der Gelehrten der Spur davon nachforscht, alle neue Entdeckungen die Wahrheit dieser Originalurkunde immer mehr bestätigen, und das Licht, das dieses unschätzbare Buch über die ganze Geschichte der Menschheit verbreitet, uns so viel verehrungswürdiger machen. Hierinn kommen wenigstens alle weltliche Geschichte mit dieser heiligen Geschichte überein, daß Chaldäa, Phönicien und Aegypten die ersten Länder gewesen, worinn die Menschen in gesitteten Societäten gelebt, in Städten bey einander gewohnt, und durch den Ackerbau, durch Gesetze und Künste sich gebildet, und daß deren Colonien, durch ihre mitgebrachten Wissenschaften, Künste und Früchte, auch die übrigen zunächst gelegenen westlichen Länder angebauet

bauet und verschönert haben, von da sie nachher weiter verbreitet sind. Und da die Fruchtbarkeit des Bodens der östlichen Länder den Menschen eben die bequemen und ruhigen Sizze anbot, so können wir auch diese als die zuerst mit angebaueten und gesitteten Wohnungen annehmen, ohne daß sich irgend ein Datum fünde, daß der Geschichte dieses Buchs hierinn widerspräche. Wollte man auch annehmen, daß diese östlichen und nordöstlichen Völker, von einer andern Colonie, die nicht nach Sinear gegangen, abgestammet, und daß Moses von dieser letztern nur die zu seiner Zeit bekannten Völker angeführet, so würde jener ihr Ursprung deswegen doch derselbige seyn. Ja wollte man auch ohne allen Grund behaupten, daß einige Völker, noch von den erstern Bewohnern der Erde, die die Fluth nicht betroffen hätte, übrig geblieben wären, so würde auch dadurch selbst seine Geschichte der Menschheit im Wesentlichen noch nichts verlieren. Das Wesentliche hievon ist dieß, daß das ganze menschliche Geschlecht von einem Paare von Gott unmittelbar erschaffener Menschen abstamme. Ohne diese unmittelbare Schöpfung läßt sich überhaupt der Ursprung der Menschen gar nicht als möglich denken; und dabey ist die große Aehnlichkeit aller Menschen in ihrer ganzen Natur, in dem äußern und innern Baue aller ihrer Glieder,

der, in dem Maaße aller ihrer Kräfte und ihres Alters, in der Aehnlichkeit ihrer Seelenkräfte und ihrer Leidenschaften, so groß, daß der gemeinschaftliche Familiencharakter, ungeachtet aller Veränderungen, die Clima, Sittlichkeit und Verwilderung darinn haben machen können, diese Geschichte immer unwidersprechlich macht. So wie auch auf der ganzen Erde sich nirgend ein historisches oder anderes menschliches Denkmaal findet, das der Zeitrechnung von dieser Schöpfung an widerspräche. Die Ansprüche einiger alten Völker auf ein undenklich höheres Alter haben alle rohe Völker aus Stolz und Unwissenheit mit einander gemein. Es ist für sie ein eben so schmeichelnder Titel, wie es für einzelne Menschen ist. Sie glauben ihre Existenz dadurch so viel wichtiger und größer, wenn sie sich rühmen können, eine undenkliche Zeit in ihrem Vorfahren gelebt zu haben, so wie sie in ihren Nachkommen zu leben wünschen. Und je weniger Denkmaale ein Volk von seiner Geschichte hat, je weniger kann es sich auch seinen Anfang denken. Man lasse einen Menschen, dem dergleichen Berechnungen ungewöhnlich sind, die muthmaßliche Zahl seiner Stammväter, von unserer Zeitrechnung an, angeben, so wird er sich die Reihe unendlich denken, und wenn er genau nachrechnet, und auf jedes Jahrhundert auch fünfe annimmt,

S 3 so

so sind es noch keine hundert. Ueberhaupt lassen sich von dem ersten Anfange eines Volks keine zuverläßige Nachrichten vermuthen. Diese setzen eine Kenntniß der Zeitrechnung, eine Kunst zu schreiben, und eine Ruhe voraus, die bey keinem Volke bey seiner ersten Einrichtung kann angenommen werden. Wenn wir deswegen, in Ansehung des allgemeinen Ursprungs der Menschen, nicht in einer ewigen Finsterniß bleiben sollten; einer Finsterniß, worinn sich zugleich der erste Grundsatz aller Religion verloren haben würde; so würde uns diese schon allein eine Offenbarung unentbehrlich machen. Die mündliche Tradition wird vielleicht einige Hauptbegebenheiten, einige Namen erhalten; aber die Verwirrung der Zeiten und Personen, die Vermengung fremder Geschichte mit der einheimischen, das unbestimmte Zeitmaaß, die allegorischen Einkleidungen, die Zerstörungen welche die Zeit, die Kriege, die Wanderungen, die Vermischung mit fremden Nationen darinn verursachen, und die vielen willkührlichen Ausfüllungen, benehmen allen so hoch hinauf steigenden Zeitrechnungen an und für sich schon allen Glauben. Nirgend findet sich eine Epoche von einigem noch so alten Volke, die nicht diesseits der hier beschriebenen Erneuerung des menschlichen Geschlechts stehen bliebe. Und das wohl ehedem so bedenkliche hohe Alter

ter der Chaldäer, der Aegypter und Sinesen, dienet jetzt zu weiter nichts mehr, als in den Dictionaires Philosophiques und den Evangiles du Jour die unwissenden Leser, die von diesen Orakeln ihre Weisheit holen, zu betrügen, und ihnen, mit der Glaubwürdigkeit dieses unschätzbaren Buchs, die ersten Grundsätze der Religion auf diese verrätherische Art zugleich verdächtig zu machen. Das ungeheure hohe Alter von nicht weniger als hundert und funfzig tausend Jahren, dessen sich die Chaldäer bey der Ankunft Alexanders rühmten, um sich gegen die Griechen ein so viel größeres Ansehen damit zu geben, war ein bloßes astronomisches Spielwerk; die Gelehrten die in seinem Gefolge waren und die Rechnung prüften, fanden sie höchstens von neunzehn hundert. Die langen Götterregierungen der alten Aegypter sind, wenn sie nichts schlechters sind, ebenfalls nichts als astronomische Berechnungen. Mit Menes fängt sich nach dem einstimmigen Zeugniß aller alten Geschichtschreiber die Regierung sterblicher Menschen an, der, wo er nicht der Chan selbst, doch einer seiner nächsten Söhne ist. Die fabelhaften Aeonen der Hindus sind ebenfalls wiederum nichts als allegorische Cosmogenien, dergleichen alle alte Völker sich gedacht und mit ihrer Geschichte verbunden haben. Nach ihrer wahren Geschichte hat Kri-
schen,

schen, der erste Anbauer von Indien, und der sie die Religion gelehret hat, etwan zwey tausend Jahre vor Christi Geburt gelebt, und bestätigt folglich auch diese mosaische Rechnung.

Aber die Sinesen — dieses durch seine Scharfsinnigkeit, durch seine astronomischen Wissenschaften, und durch seine uralte genaueste Zeitrechnung, über alle Nationen der Welt so erhabne Volk — und dessen Fohi — der weit über unsere dürftige Geschichte der Menschheit hinaus, das Land schon mit einem Heere von hundert tausend Mann erobert, die Astronomie gelehret, alle die weisen Gesetze gegeben, und den Grund zu der glücklichen Verfassung gelegt, die nachher so viel Tausende von Jahren unverändert fortgedauret hat! — Es ist nur ein Unglück für diese Nation, daß sie selbst von allen diesen großen Begebenheiten nichts weiß. Nach ihrem eigenen Geständniß gehört ihr Fohi ganz in ihre fabelhafte Zeit, und es ist immer noch ungewiß, ob er je in der Welt gewesen, und ob er nicht vielmehr ein symbolisches Wesen, wie der Oannes der Babylonier ist, wornach er ganz gebildet scheint. — Alles, was sie selbst von ihm wissen, ist, daß er sie zuerst Brodt machen gelehret, ihnen die Hausthiere bekannt gemacht, und sie im Netzmachen zum Fisch= und Vogelfang

fang unterwiesen habe. Jene genauere Nachrichten von seinen größern Thaten sind alle aus dem reichen Urkundenschatze des geheimen Archivs zu Ferney. Ueberhaupt kann es diese Nation nicht begreifen, was wir Europäer für ein Interesse dabey haben können, ihnen so erhabne Vorzüge beyzulegen, und besonders für das hohe Alterthum ihrer Geschichte so zu streiten, das sie selbst für Fabel hält. Aber diese Leute haben bey aller ihrer Klugheit keinen Begriff von starken Geistern. Nach ihrer eigenen Geschichte fängt ihre erste Dynastie in einem Zeitpunkt an, der in die Zeiten Abrahams fällt; die aber von da an, auch nach ihrem eigenen Geständniß, noch beynahe sechzehen hundert Jahre voller Ungewißheit bleibt. Ihr Confucius selbst fängt ihre Zeitrechnung erst mit dem siebenten Jahrhundert vor Christi Geburt an; mit eben dem Zeitpunkt von Nabonassar, mit welchem die Chaldäer und Griechen ihre erste sichere Zeitrechnung anfiengen; zum sehr wahrscheinlichen Beweise, daß die Chaldäer ihre ersten Lehrmeister hierinn gewesen sind, welches auch durch ihre damaligen Reisen zu den westlichen asiatischen Völkern noch mehr bestätigt wird, und wahrscheinlich ist Confucius selbst ein Schüler der Chaldäer und Braminen. Aber auch von dieser Zeit an, ist ihre Geschichte, ihren genauern Geschichtschreibern nach, wieder noch einige hundert Jahre verdächtig, und der bekannte Mandarin und Unterkönig zu Quantong, giebt in seiner Zeitrechnung alles auf, was über vier hundert und etliche zwanzig Jahre vor Christi Geburt geht. Und so weiß die Vorsehung, das ehrwürdigste aller Bücher, das sich als die erste echte Quelle aller Religion Jahrtausende erhalten hat, so wie die Bosheit seiner Feinde gegen dasselbe zunimmt, durch eine jede neue Entdeckung in der Geschichte und Erdkunde, in seinem göttlichen Ansehen zu deren Beschämung zu bestätigen.

Ich muß aber, ehe ich dem Verfasser in seiner speciellern Geschichte nachfolge, noch einige wenige Anmerkungen über den hier angezeigten Ursprung der verschiedenen Sprachen machen. Denn, nach der in dem vorhergehenden Capitel angezeigten gemeinschaftlichen Abstammung aller Völker von einem Haupte, war es auch natürlich, daß, so lange sie gleichsam noch eine große Familie ausmachten, sie auch nur eine Mundart und Sprache hatten; und daher kommen alle Ausleger darinn überein, daß diese Verschiedenheit bey dieser Trennung zuerst entstanden sey. Der Unterscheid der Erklärung besteht nur darinn, ob die bey dem unternommenen Bau entstandene Verwirrung von einer Uneinigkeit zu verstehen, und die unter den Menschen nach und nach

nach entstandene Verschiedenheit der Sprachen eine natürliche Folge der durch diese Uneinigkeit verursachten Trennung sey, oder ob Gott, um die Ausführung des unternommenen Baues zu hindern, durch ein Wunder in den Seelen aller Menschen eine solche Vergessenheit ihrer Muttersprache, und dagegen durch ein eben solches Wunder so viel neue Sprachen habe entstehen lassen, daß sie dadurch wären genöthigt worden, ihr Vorhaben aufzugeben, und diese Verwirrung also der unmittelbare Ursprung aller der Sprachen sey, wodurch die Völker sich noch jetzo unterscheiden.

In der Redensart selbst, Gott habe ihre Sprachen verwirret, ist vorerst nichts, was uns nöthigt, ein solches Wunder anzunehmen, und die Erklärung bleibt, wenn man sie von einer Uneinigkeit annimmt, eben so buchstäblich und natürlich. Mache ihre Zungen (oder ihre Sprache) uneins, betet David, Ps. 55, 10. wenn er Gott anruft, daß er die bösen Anschläge seiner Feinde durch ihre Uneinigkeit zunichte machen wolle; und es ist vielleicht keine Sprache in der Welt, worinn die Einigkeit und Uneinigkeit der Gesinnungen nicht auf eben die Art, durch einstimmig seyn, sich einander verstehen, aus einem Munde reden, ausgedrückt würde. Auch dieß, daß
diese

diese Verwirrung Gott unmittelbar zugeschrieben wird, bestätiget dieses Wunder nicht. Dieß ist die natürliche Sprache eines Buchs, das vornehmlich die große Wahrheit lehret, daß alle Begebenheiten und Veränderungen in der Welt unter der Regierung dieses höchsten Wesens stehen, und daß sie alle seinen weisen Absichten gemäß erfolgen müssen. Dann aber ist das hierbey angenommene Wunder so unerklärlich, daß man, nach meiner Einsicht, sich dasselbe gar nicht denken kann. Die Verwirrung in der Sprache soll so groß geworden seyn, daß es deswegen den Menschen nicht mehr möglich gewesen, den Bau fortzusetzen, und wenn sie zugleich der Grund von der Verschiedenheit der Sprachen, die jetzt in der Welt sind, seyn soll, so muß sie gleich auf einmal so groß gewesen seyn, als nur jetzt eine afrikanische oder amerikanische Sprache von einer europäischen unterschieden ist. Dieß setzet eine gänzliche Auslöschung des Gedächtnisses voraus; einen völlig thierischen Zustand, der ohne einen gänzlichen Verlust der Vernunft sich gar nicht denken läßt, und wobey alle gesellschaftliche, selbst alle häusliche Verbindung hätte aufhören müssen. Das Kind hätte seinen Vater so wenig mehr gekannt, als es sich des Namens wäre bewust geblieben. Will man sagen, daß ein jeder, statt der ausgelöschten Worte, gleich so viele neue wieder bekommen;

kommen; so ist dieß ein neues auch wieder eben so unerklärliches Wunder, das eben so mannichfaltig ist, als nur Menschen waren, ohne daß noch die Vorsehung von der Erreichung ihres Endzwecks dadurch wäre versichert gewesen. Denn wie leicht war es, über so wenig Worte, die zur Fortsetzung eines so simpeln Baues erfordert wurden, sich wieder zu vergleichen! Wie viel sicherer erfüllte die bloße Uneinigkeit den ganzen Endzweck, da die Absicht des Baues an sich schon so beschaffen war, daß derselbe, so bald nur die Frage entstand, welche Familie bey entstehender größerer Vermehrung das nächste Recht daran behalten sollte, diese Trennung veranlassen mußte. Zur Erklärung der vielen Sprachen, die jetzt in der Welt sind, ist dieß Wunder eben so wenig nöthig, als ein Wunder nöthig ist, um die verschiedenen Gesichtszüge der Nationen und die Abänderung der weißen und schwarzen Farbe aus der bräunlichen Mittelfarbe dieser Gegend, oder die jetzige Unähnlichkeit unserer Buchstaben mit den alten phönicischen zu erklären. Die eine Abänderung ist völlig so natürlich, als die andere. So bald durch die Uneinigkeit das gemeinschaftliche Band aufhörte, und die Familien sich trennten, so nahm eine jede zwar ihre Muttersprache mit; aber da diese nothwendig noch sehr sinnlich und arm seyn mußte, und höchstens aus einigen hundert

Stamm-

Stammwörtern bestehen konnte, eine jede also, so wie ihr neue Objecte vorkamen, und ihre Begriffe sich vermehrten, sich zu deren Bezeichnung auch neue Worte wählte, so mußten nicht allein alle diese Worte den Grund zu einer besondern Sprache legen; sondern da die Grammatik einer Sprache die letzte Stufe ihrer Vollkommenheit ist, welche die Vernunft nicht eher bearbeitet, als bis sie selbst zu einiger Cultur gekommen; so ist es eben so natürlich, daß die verschiedenen Zweige einer und derselben ursprünglichen Sprache auch hierinn nach und nach eine verschiedene Structur bekommen haben. Dann aber mußten auch die mitgenommenen ursprünglichen Stammwörter sich in einer jeden Colonie nach und nach so abändern, daß ihre Aussprache und Bedeutung von der Mundart der übrigen immer mehr abwich. Wer mit diesen Veränderungen einigermaßen bekannt ist, der wird es nicht erwarten, daß ich es hier weitläuftig ausführe, wie dergleichen ursprüngliche Stammwörter sich zum Theil aus einer Sprache ganz verlieren, oder nach und nach eine ganz andere Bedeutung bekommen, theils aber auch durch die beständigen Veränderungen der Buchstaben von einerley Organen, und durch die Veränderungen, die das Clima, die rauhere oder gesittetere Lebensart, die mindere oder mehrere Lebhaftigkeit und Feinheit

der

der Empfindungen darinn verursachen, in einigen hundert Jahren so unkenntlich werden können, daß kaum noch ein Geübter die ursprüngliche Abstammung davon entdecken kann. Wie viele Veränderungen hat unsere Sprache in ihren nächst verwandten Dialecten nicht gelitten! In den letzten Zeiten der römischen Republik waren die lateinischen Verse aus den Zeiten der Könige selbst den Priestern räthselhaft; und welcher Deutscher kennet in Ottfrieds Evangelio seine Sprache noch?

Bey Völkern, die noch keine Kunst zu schreiben, auch noch keine Regeln für ihre Sprache haben, die der Aussprache eine Festigkeit geben können, (und so müssen wir uns alle diese ersten Völkerschaften denken,) ist diese Veränderung natürlicher Weise noch grösser; und je weiter diese Colonien von ihrem ersten Sitze sich entfernten, je größer ihre Verwilderung wurde, je verschiedener die Climate waren wo sie hinzogen, je öfter sie ihre Sitze veränderten, und je mehr sie mit andern Völkern auf ihren Zügen sich vermischten, so viel schneller und weiter mußten sie sich auch in ihren Sprachen von einander entfernen; da hergegen die Mundarten derer Völker, die näher bey einander blieben, und früher in sittliche Verbindungen kamen, auch die meiste Aehnlichkeit behalten mußten. Dieß bestätigt,
wenn

wenn man Babel als den Standpunkt annimmt, von welchem alle diese Völkerschaften ausgegangen sind, die Geographie der Sprachen über dem ganzen Erdboden. Denn die Sprachen von allen diesen leztern Völkern, die am nächsten bey Babel blieben, haben ihren ursprünglichen Familiencharakter so deutlich behalten, daß sie sichtbarlich nichts als Töchter einer Mutter sind; die aber, da ihre Aehnlichkeit jetzt noch so kenntlich ist, sich vor vier tausend Jahren gewiß noch viel ähnlicher gewesen seyn müssen. Ein deutlicher Beweis also, daß die Verwirrung, welche die Unterlassung des Baues veranlasset, in diesem Unterschiede der Sprachen wohl nicht bestanden haben könne. Wenigstens würde die Vorsehung, in Absicht auf ihren Endzweck, weit sicherer gewesen seyn, wenn sie diesen Völkern, die zunächst bey Babel und am Euphrat blieben, diejenigen Sprachen zugetheilt hätte, die an den äußersten Enden der Welt geredet werden, und hergegen diejenigen, welche die ursprüngliche chaldäische Mundart behielten, in jene entfernten Weltgegenden über den Jmaus und Atlas wären versezt worden. So nothwendig es aber auch war, je weiter die Völker von diesem ihren gemeinschaftlichen Hauptstamm sich entfernten, daß die ursprüngliche Aehnlichkeit ihrer Sprachen sich auch verlor; so haben doch, Zeit, Vermischung und

und Clima diese Aehnlichkeit nicht so auslöschen können, daß sich nicht einige Familien-
züge erhalten hätten, woraus die glückliche
Scharfsinnigkeit der vortrefflichen Männer
die sich mit diesen Untersuchungen beschäfftigen,
die Verwandtschaft fast aller, auch der ältesten
europäischen Sprachen immer kenntlicher
macht; so daß die verschiedenen Linien der Züge, die die Völker westwärts bis über die Py-
renäen, und nordwärts bis nach Finnland
hinauf genommen haben, alle von dieser Gegend ausgehen, die uns in diesem Buche, als
der erste Sitz des jetzigen menschlichen Geschlechts, bekannt gemacht wird. Da nun
von diesen westlichen Zügen, welche die Sprachen von hieraus genommen haben, die Spuren noch kenntlich sind, sollte sich denn unter
den östlichen und nordöstlichen nicht noch eben
eine solche Verwandtschaft entdecken lassen,
wenn wir, wie wir jetzt schon mit Zuversicht
hoffen können, mit der alten Sprache der Perser und der Hindus bekannter würden. Auf-
ser diesem sind nun vielleicht noch unzählige
Sprachen übrig, wohin man alle Sprachen
der wilden afrikanischen und amerikanischen
Völker rechnen kann, die auch nicht die aller-
geringste Verwandtschaft, weder unter einander, noch mit unsern bekannten Sprachen, zu
haben scheinen. Aber da wir die Abstammung, die Vermischung, und die Züge dieser

Völker nicht kennen; da sie ihre Sprache nicht schreiben; und da bey ihren rauhen ungebildeten Organen und ihrer wilden Ungeselligkeit die bloße Aussprache zwey ganz nahe verwandte Sprachen schon ganz unkenntlich machen kann; auch eine jede kleine Völkerschaft, die nicht einerley Sprache hat, alle Gemeinschaft mit einander aufhebt: so können viele dieser, dem Gehör nach noch so verschiedner Sprachen, einen sehr nahen gemeinschaftlichen Ursprung haben, ob er uns gleich bey dem Mangel aller geschriebenen Denkmaale unerforschlich ist. Denn da die Aegypter und Aethiopier auf der östlichen Seite von Afrika, und die Phönicier auf der ganzen nördlichen und westlichen Küste sich so sehr verbreitet, sollte dieß nicht immer ein wahrscheinlicher Grund auch von dem gemeinschaftlichen Ursprunge der Sprachen jener wilden Völker seyn können? Der Herr von Condamine glaubte, daß sich auch der Ursprung der Sprachen der wilden amerikanischen Völkerschaften noch entdecken ließe. Diese Völker haben wahrscheinlich mehr als eine Abkunft. Aber da die nordwestliche Seite dieses Welttheils von dem nordöstlichen Asien, nur durch die schmale Meerenge getrennet ist, und die daselbst gegen einander überliegenden Völker an Gestalt, Sitten und Lebensart sich wie eine Nation ähnlich sind, sollte sich hier nicht ebenfalls

falls eine gemeinschaftliche Abkunft der Sprachen, und dabey eine Zuglinie denken lassen, die uns auch von dieser Seite zu jenem ersten Sitze der Menschheit zurückbrächte? Wenigstens würde es immer wohl schwer zu behaupten seyn, da die Aehnlichkeit der Sprachen in denen Gegenden, welche die Verwirrung zu allererst hätte betreffen müssen, noch so kenntlich ist, daß jene unendliche Menge der wilden Völkersprachen sämmtlich an die äußersten Ende der Welt hingekommen wäre.

Jetzt kann ich mich der Geschichte der Religion wieder nähern, von der ich mich durch diese letztern Ausschweifungen fast zu weit entfernet habe. Aber da so wohl die Geschichten der Fluth als der Völkerwanderung zu genau damit verbunden sind, als daß ich sie ganz hätte übergehen können, so konnte ich sie auch nicht berühren, ohne nicht wenigstens das Wesentlichste davon zu sagen. Von nun an kann ich mich meinem Plane beständig so viel näher halten. Moses selbst verläßt hier seine allgemeine Geschichte, und führet das Geschlecht von Sem nur noch an, um seine eigentliche Geschichte der Religion, zu der er nunmehr fortgeht, mit jener in einer so viel genauern Verbindung zu erhalten.

Zweyte Abtheilung.
Von Abrahams Beruf an bis an dessen Tod.

Die Geschichte der Religion ist in ihrem ganzen Umfange nichts als eine Geschichte der menschlichen Schwachheit, und der Mittel, welche die Vorsehung von Zeit zu Zeit nach ihrer Weisheit wählet, um dieser Schwachheit zu Hülfe zu kommen. Der Anfang derselben ist in der zwenten Betrachtung erkläret. So bald der erste Mensch seine Existenz erhalten hatte, offenbarte sich Gott ihm selbst als den Schöpfer und Regenten der Welt; aber die auf seine Nachkommen durch ihn fortgepflanzte Sinnlichkeit bemächtigte sich derselben nach und nach so sehr, daß die Empfindung dieser Wahrheit in dem ganzen Geschlechte, bis auf die einzige Familie von Noah, wieder ausgelöschet wurde. Die Vorsehung brauchte die Sündfluth als ein Mittel, diese große Grundwahrheit der Religion auch dem neuen menschlichen Geschlechte durch diese seine neuen Stammväter gleich wieder bekannt zu machen; und dieß ist, wie ich schon gesagt habe, der Grund, wo diese so frühe Erkenntniß bey allen bekannten alten Völkern hergekommen. Denn es war natürlich, daß diejenigen Geschlechter, die zunächst

nächst von diesen ihren Vätern abstammten, sie in diejenige Gegenden, wo sie sich zunächst niederließen, auch mit hinnahmen. Aber zum Beweise, daß diese frühe Erkenntniß noch kein Werk der nachdenkenden Vernunft gewesen, fängt dieselbe auch an, in allen diesen Gegenden fast zu einer Zeit und auf einerley Art auszuarten; und so weit dieser Zeitpunkt auch von uns entfernt ist, so hat die Vorsehung so wohl von dieser ersten reinen Erkenntniß, als von diesem ihren Verfall uns auch in der weltlichen Geschichte die Denkmaale noch aufbehalten, die die Geschichte der Vernunft und der Religion, so wie sie uns hier beschrieben ist, bestätigen.

Jetzt bringt uns diese Geschichte zu einer neuen Periode, nämlich zu der merkwürdigen Anstalt, welche die Weisheit Gottes gewählet hat, diese große Grundwahrheit der Religion bis zu jenem Zeitpunkt in Sicherheit zu erhalten, wo die gemeine Vernunft mehr bereitet seyn würde, sie mit eigener Ueberzeugung zu erkennen, und sie sich selber zu erhalten.

Der Gedanke von einem höchsten Wesen ist aber, wo er einmal da ist, dem Menschen zu wichtig, als daß er sich auf einmal hätte verlieren können. Er konnte nicht anders als nach und nach ausarten, und auch hiervon sind

sind uns wieder noch so viele Denkmaale in der Geschichte übrig, daß wir den ersten Grund davon sicher wieder finden können. Die Gestalt, worinn diese Schwachheit sich allmählich gezeigt, ist äußerlich verschieden. Sie ist anders in den Pagoden von Indostan; sie war anders in den Tempeln der Aegypter, anders in den Tempeln der Griechen und Römer. Die Verschiedenheit der Himmelsgegenden und des Erdbodens, der Unterschied der Lebensart, der Regierungsform, alles hat auf unsern Geist und dessen Ausbildung, und auf unsere Vorstellungsarten seinen Einfluß. So unähnlich sich indessen dieser Verfall in seinen äußerlichen Gestalten wurde, so ähnlich war er sich in den ersten Veranlassungen. Nach dem ersten aus dem Paradiese abstammenden und durch Noah bestätigten Grundbegriff war nur ein Gott, ein schöpferischer alles erhaltender Geist, der der ganzen Natur ihr erstes Daseyn gegeben; von dem die prächtigen Körper des Himmels ihren Glanz und ihren nährenden Einfluß hatten, der auch alles auf der Erde in seiner fruchtbaren Kraft, und auch den Menschen in seiner Lebenskraft erhielte. So dachte sich der Glaube diesen Gott; ich sage, Glaube; noch keine Philosophie; die Vernunft war noch zu roh und an Begriffen zu arm, um durch eigenes Nachsinnen sich zu diesem hohen Gedanken zu erheben. Aber

so

so viel schwerer war es ihr auch, diesen Gedanken in seiner Lauterkeit zu erhalten. Sie kannte die Kräfte der Natur noch nicht; sie kannte noch keines von den großen Gesetzen derselben; wo sie Bewegung und wirksame Kraft fand, da dachte sie sich auch einen Geist, der diesen Körpern die Wirksamkeit ertheilte; und dieß war der große alles erhaltende schöpferische Geist; und zugleich war dieß die erste Philosophie, die erste äußerste Anstrengung der Vernunft.

 Spiritus intus alit, totamque diuisa per artus
  Mens agitat molem, totoque se corpore miscet.

Ich bin alles was war, was ist, und was seyn wird, und meinen Schleyer hat noch kein Sterblicher aufgedeckt. So wurde nach der Angabe von Plutarch dieser große Weltgeist in dem Tempel zu Sais angebetet; und wenn diese Aufschrift selbst auch nicht so alt, so war es doch wenigstens die natürlichste Vorstellung, worunter die noch nicht genug aufgeklärte Vernunft bey ihren undeutlichern und unbestimmtern Begriffen sich dieses höchste Wesen dachte. Ein bis dahin zwar auch noch unschuldiger, aber bey seiner Dunkelheit doch auch mißlicher Gedanke. Für den nicht denkenden sinnlichen Menschen die nächste Veranlassung von dem wahren Begriff sich allmählig zu entfernen, und zu der der Einbildungskraft faßlichern Verehrung der einzelnen Theile der Natur und besonders der Himmelskörper sich zu neigen; für die forschende Vernunft aber, sich auch auf der andern Seite zu verirren, und Gott und die Natur für Eins anzusehen. In der damaligen Kindheit der Vernunft war jener Abweg der nächste. In den glücklichen Ländern, wo die Menschen ihre ersten Wohnsitze genommen hatten, wo bey einem beständig heitern Himmel der Glanz der himmlischen Körper durch keine Wolken verdunkelt wird, und wo bey dem Hirtenleben, bey der sanftern Luft auch des Nachts ihr Lauf so viel ruhiger bemerkt werden konnte, mußte in diesen herrlichen Lichtern die Hoheit dieses alles erhaltenden Geistes am meisten in die Augen fallen. Zuvorderst in der Sonne: Ihren blendenden Glanz, ihre nährende Wärme, ihren majestätischen Gang, womit sie die ganze Natur in Ordnung erhält, und Licht, Leben, und Fruchtbarkeit überall verbreitet, konnte sich der rohe Mensch nicht anders als die herrlichste Wirkung dieses großen Geistes denken. Der Mond in seinem Gange, in seinem Glanze zwar minder prächtig; aber die feyerliche Stille, womit er des Nachts den Himmel beherrscht, die sanfte Kühle, und der befruchtende Thau, wodurch die erschöpfte Natur in diesen heißern Gegenden wieder erquickt wird, konnten wieder nichts anders als Beweise der

wohl-

wohlthätigen Gegenwart dieses Geistes seyn. Außer diesen zeigten sich noch fünf andere Lichter, an Größe und Glanz von der Sonne und dem Monde zwar verschieden, die aber doch auch wegen ihres Ganges durch den ganzen Himmel vorzüglich von der Gottheit beseelet seyn mußten. Hier auf der Erde wird alles nur auf eine zeitlang von ihr belebt; aber der Glanz, die Bewegung, die Lebenskraft dieser sieben herrlichen Lichter sind unveränderlich; wo konnte also der Mensch diese Gottheit näher verehren, als in diesen ihren prächtigen Wohnungen? Nun wurde die Zahl Sieben die heilige Zahl. Indessen waren sie anfangs noch keine besondere Gottheiten. Vorerst betete der Mensch in seiner unschuldigen Einfalt den obersten Herrn und den Vater der Natur darinn noch an. Aber er, der Mensch, der sich von eben dieser göttlichen Kraft erwärmt und belebt fühlt, besteht, empfindet, und ist wirksam für sich besonders. Sollte also der Geist, der jene herrlichen unvergänglichen Körper belebt, weniger für sich wirksam seyn? Hier fieng der Mensch an, sie als besondere Wesen anzusehen, als besondere Gottheiten, wobey er aber das höchste Wesen noch nicht ganz vergaß. Dieser große Weltgeist blieb; er blieb der Vater der Natur, der Herr der Heerschaaren; diese sieben Gottheiten waren seine Kinder, und die Sonne, nach der ange-

führten Innschrift, die erste Frucht die er erzeuget. Diese Untergottheiten waren also die Mittler, denen der Schöpfer die Erhaltung und Regierung der Welt anvertrauet, und die in jenen prächtigen Lichtern als in ihren Tempeln und Pallästen wohnten. Nun bekamen sie für sich Anbetung und Verehrung, und damit verlor sich nach und nach die unsichtbare Gottheit; das dunkle Gefühl blieb; aber die Tempel, die Altäre, die Priester, die Opfer, waren nur für diese sinnlichen Gottheiten; der unsichtbare Gott blieb nur für den Philosophen, hatte auch nirgend einen Tempel; dem Volke, das bey dem Mangel dieser Hülfe mit seiner Vernunft allein zu diesen sich nicht hinauf denken konnte, wurden die sieben Sinnlichen die höchsten Götter, die Cabiren, Sonne und Mond aber die ersten. Jene ist der Bel, der Baal Schemen, der König des Himmels, der Osiris, der Ammun, der Bachus, der Moloch; dieser, die Melecheth, die Königinn, die Isis, die Astarte. Aus diesen Sieben wurden aber bald viele tausend. Denn so wie sie nach ihrem verschiedenen Stande am Himmel bey diesem oder jenem Sternbilde, auch nach dem sie sich der Erde näherten oder davon entfernten, und nach den verschiedenen Veränderungen, die sich dabey auf der Erde äußerten, immer andere sinnbildliche Namen und Gestalten bekamen, so dachte
sich

sich das unwissende Volk, das die eigentliche Bedeutung so vieler willkührlichen Vorstellungen bald vergaß, oder nie recht gekannt hatte, bey jedem dieser allegorischen Namen und Abbildungen, so viele besondere Götter, die es mit den verschiedenen ursprünglichen Namen der höchsten Gottheit vermengte, und auch daraus so viele verschiedene Götter machte. In einem jeden Lande, wo diese Götter hinkamen, bekamen sie wieder so viele andere Namen und Gestalten, und wurden wieder mit den einheimischen vermengt; daraus wurden so viele Göttergeschichten; diese Göttergeschichten wurden wieder mit der Natur- und Landesgeschichte vermischt, die auch ihre symbolischen Abbildungen hatte, und woraus wieder so viele neue Götter wurden. Endlich kam die Reihe der Vergötterung auch an die Menschen; dieser ihre Geschichte wurde wieder mit der Göttergeschichte vermischt; eine jede Colonie nahm ihre Götter, wo sie hinkam, mit, vermischte sie abermals mit denen, die sie fand, und machte das Gewirre von Theogenien noch immer größer. Und so verbreitete sich nach und nach diese Vielgötterey, verdrängte, wo sie hinkam, die erste richtige Erkenntniß des wahren Gottes, und verwandelte die Herrlichkeit dieses unvergänglichen Wesens in Bilder vergänglicher Menschen, Vögel, vierfüßiger und kriechender Thiere; Röm. I, 23.

I, 23. und wenn auch die mehr aufgeklärte Vernunft mit Beschämung die Thorheit davon einsah, und den höchsten unsichtbaren Gott vor Augen behielt, so war sie doch nie vermögend, ihn der gemeinen Vernunft in seinem wahren Lichte als den einigen Herrn und Regenten der Welt mit Deutlichkeit wieder bekannt zu machen, und dessen öffentliche Anbetung irgendwo wieder herzustellen.

Der erste Verfall zu dieser Verehrung der Gestirne äußerte sich, nach dem Zeugnisse der Geschichte, in Chaldäa, wo das Hirtenleben und der beständig heitere nächtliche Himmel, wie schon gesagt ist, die nächste Veranlassung dazu gaben; und Thara, der Vater des Geschlechts, welches die Vorsehung zur Erhaltung der wahren Erkenntniß erwählet hatte, war selbst von diesem Verfalle nicht mehr frey. Moses verschweigt diesen Umstand vielleicht aus weiser Absicht; Josua aber, der bey der festern Einrichtung des Volks zu dieser Schonung schon weniger Ursache hatte, sagt es Cap. 24, 2. ausdrücklich; und wenn die Tradition einigen Grund hat, so verfertigte Thara selbst gewisse Bilder, die auf den geglaubten abgöttischen Einfluß der Gestirne ihre Beziehung hatten; und dieß wäre also der erste bekannte Ursprung der sogenannten Talismane. Dem bekannten alten Widersacher der Offenbarung

barung ist diese Tradition ein besonders wichtiger Umstand. Denn da er das ausserordentlich große Ansehn, worinn der Name Abrahams, als des größten Propheten und Lehrers der Religion, von je her bey allen den ältesten Völkern des Morgenlandes, den Magiern, Persern, und Indianern gestanden, selbst nicht leugnen kann, so sucht er diesen großen Namen durch die ihm gewöhnliche armselige Verfälschung wieder verächtlich zu machen, daß Thara ein armer Töpfer gewesen, der mit Verfertigung kleiner irdener Götzenbilder seinen Unterhalt gesucht habe. Denn wenn diese Tradition auch einigen Grund hat, so setzet dieß voraus, daß die Beobachtung des Laufs und der Constellationen der himmlischen Körper sein vornehmstes Geschäfft gewesen, und daß er in seiner ganzen Gegend für den Priester und Vertrauten dieser Gottheiten gehalten worden, der durch eine geheimnißvolle Bezeichnung ihren günstigen Einfluß mit diesen Bildern zu verbinden gewußt; und, da bey allen alten Völkern das gottesdienstliche Geschäfft mit der höchsten obrigkeitlichen Würde verknüpft war, daß er auch als das Haupt seines Geschlechts mit dieser höchsten Würde bekleidet gewesen. Diese Bilder konnten aber gar wohl von Thon seyn, weil dieß das einzige Material war, dem die noch rohe Kunst, ehe sie die Bilder aus Stein oder Metall zu bear-

bearbeiten gelernt, eine Gestalt zu geben muß- te. Nach den ältesten indischen Jahrbüchern, ist in dem ersten Menschenalter ein Fürst oder Rajah Thura in Indien gewesen, dessen Sohn, mit Verlassung seiner väterlichen Religion, mehr westwärts gezogen, und der Stifter der jüdischen Religion geworden. Dieß ist nach der größten Wahrscheinlichkeit doch wohl niemand anders als dieser Thara, der nach der Angabe der Braminen gar wohl als ein indischer Fürst angesehen werden kann, da Ur, der Wohnsitz von Thara, mehr ostwärts lag, als es nach der gewöhnlichen Meynung gehalten wird. Und dieß ist nun der arme Töpfer, der um seinen Unterhalt zu gewinnen mit kleinen irdenen Götzenbildern soll gehandelt haben.

Jetzt will ich, nach der Anleitung dieses Buchs, der Vorsehung in ihren Anstalten nachgehen, wodurch sie dieser sinnlichen Schwachheit zu Hülfe gekommen, und wie sie eben das Geschlecht dieses Thara dazu erwählet, daß die wahre Erkenntniß bis zu der vollkommenern Erleuchtung der Vernunft sich darinn erhalten, und nachher auch von diesem Geschlechte aus über die Welt sich verbreiten sollte. Der Einwurf, warum Gott diese Hülfe nicht gleich allgemein gemacht, sondern damit nur Ein Geschlecht, und eben dieß Geschlecht

schlecht begünstiget, kann mich hier nicht mehr aufhalten, da ich ihn schon überhaupt in der vorhergehenden ersten Betrachtung beantwortet habe. Dieß ist der Weg, den die Vorsehung beständig nimmt, wenn sie die Welt mehr aufklären und erleuchten will. Sie erwählet einzelne Menschen, giebt diesen ein solches Maaß von Fähigkeiten, als ihre Bestimmung nach dem jedesmaligen Zustande der Menschheit und der Vernunft erfodert, und läßt durch sie das Licht in einer solchen Gegend zuerst aufgehen, die zur Annehmung und Verbreitung desselben am meisten eingerichtet ist. Eine vollkommen gleiche Austheilung ihrer Gaben ist nirgend; und wäre dieß in einem Falle ungerecht, so träfe dieser Vorwurf die ganze Regierung der Welt. Wie viele Vorzüge hat das eine Zeitalter, die eine Nation, und in jeder Nation der eine Mensch vor dem andern in Ansehung der vernünftigen und sittlichen Fähigkeiten voraus! Die Offenbarung macht diesen Unterschied nicht im mindesten größer. Gesetzt, daß keine wäre, so bliebe er in Ansehung der natürlichen Erkenntniß eben derselbe. Der Wilde — Socrates — Paulus — Wo ist der größte Abstand? Die Frage aber, warum nun eben dieß Volk oder dieser Mensch vor dem andern durch diese Vorzüge begünstiget sey, würde ins unendliche gehen, und bey einem jeden andern

dern eben dieselbe bleiben. Gewiß ist von Seiten der mehr begünstigten Geschöpfe hier kein Verdienst; wo war in jener Ewigkeit Verdienst, da Gott diese Ordnung wählte? Hier ist freye Wahl des weisesten und gütigsten Regenten der Welt. Sie kann uns völlig willkührlich scheinen; aber die höchste Weisheit und Güte kann nie ohne Absicht auf die größte Vollkommenheit des Ganzen wählen. Wollen wir aber diese Wahl deswegen, weil wir die Absicht davon nicht ganz übersehen, ungerecht und parteyisch nennen? Dieß sehen wir, daß die jedesmalige Lage der Menschheit und der Zustand der Vernunft der nächste Grund dieser Wahl ist; denn sonst würde die ganze Anstalt umsonst seyn; und dieß ist die äußerste Grenze, wo wir mit unsern Forschen stehen bleiben müssen. Einer allgemeinern Erleuchtung war die Welt um diese Zeit noch nicht fähig. Die Bebauung der größten Theils noch wüsten Erde, die unstäte Lebensart, die vielen kleinen unabhängigen Völkerschaften die unter sich noch gar keine Verbindung hatten, die hiermit verbundne unvermeidliche Verwilderung der Sitten, die rohe und zum Nachdenken noch ganz ungewohnte Vernunft, hätten alle Anstalten zu einer allgemeinern Erleuchtung noch vergebens gemacht; das Licht würde überall noch wieder erloschen seyn. Gott wählet also vorerst ein Geschlecht,

giebt

giebt diesem eine solche Verfassung, die ganz darauf eingerichtet ist, daß die Wahrheit sich nicht verlieren kann. Ohne diese besondere Verfassung würde die ganze Erleuchtung, da die Vernunft noch zu schwach war, ihr zu Hülfe zu kommen, noch vergebens gewesen seyn. Die Wahrheit mußte noch in die innerste ganze Constitution, in die ganze Polizey des Volks eingewebt, und diese wiederum durch unzählige darauf eingerichtete und mit der größten Strenge verbundene Gesetze unterstützt werden. Hätte also das ganze menschliche Geschlecht dieses besondern Vorzugs zugleich und in eben dem Maaße theilhaftig werden sollen, so hätten alle besondere Völkerschaften in solche Theokratien verwandelt werden, und diese hätten alle so kleine Staaten, auch durch ihre Verfassung von der Verbindung mit allen andern Völkern so abgesondert, auch alle an ihre bestimmte Gegend so geheftet seyn müssen, als dieses Volk. Aber wie viel würde die Menschheit im Ganzen hierbey wieder verloren, wie viel später würde sie sich aus ihrer Kindheit erhoben haben, und wie sehr würde die Cultur der Vernunft und der Sittlichkeit, der Fortgang der Wissenschaften und der Künste, bey einer solchen Einrichtung seyn aufgehalten worden, die nur die Folgen einer allgemeinern gesellschaftlichen Verbindung, der Wanderung der Völker, und großer Staaten sind.

sind. Ein jeder solcher kleiner Staat würde durch diese gesetzliche Absonderung ein ganz besonderes Geschlecht von Menschen geworden seyn, sich für die einzige Theokratie gehalten, und alle andere mit einem geheimen Mißtrauen, zur Nahrung eines allgemeinen Menschenhasses, angesehen haben; und die unter diesem gesetzlichen Zwange immer herunter gehaltene Vernunft, wäre zur Annehmung eines vernünftigen allgemeinen Gottesdienstes immer so viel widerspenstiger geblieben. Dieß traf alles bey diesem Volke auch wirklich ein. Denn wirklich blieb es, in Vergleichung mit seinen Nachbaren, in der Philosophie, den Wissenschaften und schönen Künsten, weit zurück; es fand, als ein von dem ganzen übrigen menschlichen Geschlechte durch seine Verfassung abgesondertes Volk, nirgend das Vertrauen; der unüberwindliche Eifer, womit es sich an sein Gesetz hielt, und alle fremde Sitten und Gebräuche verabscheuete, und der Stolz auf seine besondern Vorzüge, wodurch es sich vor den ganzen übrigen menschlichen Geschlechte begünstiget hielt, machten es auch wirklich ungeselliger, und setzten es in den Verdacht eines allgemeinen Menschenhasses. Und ob es gleich gegen die Zeit, da die vollkommenere Erleuchtung der Welt aus ihm aufgehen sollte, durch eine ganz besondere Vorsehung unter die cultivirtern Nationen zerstreuet wurde, so machte doch

doch der knechtische Zwang seines Gesetzes, daß es der allgemeinen Verkündigung der vollkommenern freyern Religion, obgleich seine ganze Verfassung hierauf abzielte, sich am meisten widersetzte.

Man sehe die besondere Wahl dieses Geschlechts aus diesem Gesichtspunkte an, so ist das ewige Geschwätz, welches die Feinde der Offenbarung dagegen machen, nicht allein auf einmal widerlegt, sondern so kann man sie auch wohl ohne Bewunderung der Weisheit Gottes nicht ansehen, welche, da die großen Grundsätze der Religion gegen den allgemeinen Verfall auf die Art gesichert bleiben sollten, zugleich die nachtheiligen Folgen, die für die allgemeine gesellschaftliche Verbindung, aus einer so eingeschränkten Verfassung anfangs entstehen mußten, auch dadurch wieder gemäßigt, daß sie diese Verfassung auch allein nur auf dieß einzige kleine Volk eingeschränkt.

Aber was half der übrigen Welt diese sorgfältige Erhaltung der wahren Erkenntniß, da sie in die engen Grenzen des Volks, bey dem sie aufbewahret werden sollte, zugleich mit verschlossen wurde? — Erstlich, nicht so gar verschlossen, daß die Vorsehung ihre auf eine größere Erleuchtung hiebey abzielende Absicht nicht dennoch erreicht hätte. Das Volk wurde durch diese seine Verfassung so nicht abgesondert, daß die Grundsätze seiner Religion seinen Nachbaren deswegen ein Geheimniß hätten seyn müssen. Kein Volk machte daraus weniger ein Geheimniß, und durfte weniger ein Geheimniß daraus machen; alle bildliche geheime hieroglyphische Vorstellungen waren seiner ganzen Constitution entgegen; und das öffentliche Bekenntniß eines Einigen Gottes, Schöpfers und Regenten der Welt, und der Abscheu vor allen sinnlichen Untergottheiten, machten so wohl den Grundsatz seiner bürgerlichen Verfassung als seiner Religion aus, worauf alle andere Völker so viel aufmerksamer werden mußten, als es sich von allen bürgerlichen und gottesdienstlichen Verfassungen der ganzen übrigen Welt dadurch unterschied. Und da dieß Volk zugleich durch die wunderbarste Führung seine Wohnung mitten unter den größten und aufgeklärtesten Nationen bekam, die durch die Wissenschaften und den Handel in der genauesten Verbindung standen, so hätte die Vorsehung auf der ganzen Erde auch keinen Ort wählen können, wo dieses Licht eine größere Aufmerksamkeit erwecken, und seine Strahlen sich mehr hätten verbreiten können. Dieß Licht war freylich noch zu schwach, eine große Erleuchtung zu bewirken; der ganze Horizont war dazu noch nicht aufgeklärt genug; doch blieb es, wie die Geschichte es genug bezeugt, nicht ohne Einfluß. Indessen war dieß die ganze Absicht der Vorsehung dabey auch nicht. Ihre große Absicht war, daß dieß schwächere Licht sich hier nur erhalten, daß es hier nur so lange stehen bleiben sollte, bis die Vernunft, zur Annehmung der vollkommenern Erleuchtung die hierauf erfolgen sollte, genug vorbereitet wäre, damit sie alsdann auf dieß größere Licht, und besonders auf den Ort, wo es aufgegangen, und wovon es sich verbreitet, so viel aufmerksamer würde, und mit Verehrung der Vorsehung daraus erkennte, daß diese Erleuchtung von ihrer ersten Morgenröthe, von dem ersten Anfange des menschlichen Geschlechts an, ein von dem Herrn der Welt selbst mit unendlicher Weisheit gewählter und ausgeführter Plan sey.

Abraham, Tharas Sohn, dessen große Seele zu dieser Absicht schon ganz gebildet ist, dieser ist das Werkzeug, den die Vorsehung dazu erwählet, den Anfang zur Ausführung dieses wundervollen Plans zu machen. Aber die Gegend wo er bisher gewohnet, ist der Schauplatz nicht, sondern Palästina ist es, wo er als der Stammvater aller Bekenner eines einigen Gottes erscheinen soll; und Thara muß deswegen selbst schon den Vorsatz fassen, sich dieses Land zu seinem Aufenthalte zu wählen.

wählen. Er bricht auch auf, aber er bleibt mit seinem Hause noch jenseits des Euphrats, und beschließt dort sein Leben. Hier bekömmt Abraham von Gott den Befehl, sein väterliches Haus zu verlassen, und der göttlichen Leitung in das Land zu folgen, welches die Vorsehung für ihn erwählet; und dabey bekömmt er zu seiner Ermunterung die Verheissung, daß Gott ihn zum Stammvater eines großen Volks machen, und ihm seine Vorsorge durch den außerordentlichsten Segen beweisen wolle, wovon die Folgen über das ganze menschliche Geschlecht sich verbreiten sollen. Gehe aus deinem Vaterlande ꝛc. Cap. 12. Gott offenbaret sich ihm hier als den unumschränkten Herrn und Regenten der Welt, der alle Schicksale der Menschen nach seinem Willen lenkt, und es voraus sagt, was bis in die entferntesten Zeiten geschehen soll. Der höchste Begriff, den der Mensch von der Vorsehung sich denken kann.

Die Art, wie Gott, so wohl hier als bey den folgenden Erscheinungen, diese Vorstellung in der Seele Abrahams gewirkt, läßt sich von uns nicht angeben. Gott muß sich der Seele eines Menschen so offenbaren können, daß er es allemal sicher zu unterscheiden weiß, daß es Gott ist, der zu ihm spricht. Auch können wir nach der Bestimmung, wozu zu Abraham auserſehen war, die öftern Wiederholungen dieſer Erſcheinung nicht für überflüßig halten. Außer den wichtigen Urſachen, die Moſes hatte, ſie alle beſonders zu bemerken, ſo waren alle dieſe Wiederholungen Abraham zur Befeſtigung in ſeinem Glauben ſelbſt noch nöthig. Wir müſſen uns immer in die Zeiten der Menſchen ſetzen, wenn wir ihre Sitten und Einſichten richtig beurtheilen wollen. So wie die Menſchheit, in Anſehung ihrer politiſchen und häuslichen Verfaſſung, um dieſe Zeit kaum anfieng aus dem rohen Stande der Natur zu treten, ſo fieng auch die Vernunft kaum an, aus dem erſten kindiſchen Zuſtande der Sinnlichkeit ſich zu entwickeln; und ſo ſchnell wie dieſe Entwickelung geht, wenn ihre Kräfte ſchon geübt ſind, und ſie mit allen den verwandten Erkenntniſſen ſchon bekannt iſt, ſo langſam geht ſie, wenn ſie dieſe noch nicht zu Hülfe hat. Das Herz eines Menſchen kann in einem jeden Zuſtande erhaben, groß und edel ſeyn; er kann auch der Wahrheit, ſo weit er ſie kennet, treu ſeyn; aber der Geiſt kann ſeine Bildung nur nach und nach erhalten. Und auch dieſer kann an ſich eine innere Größe und Stärke haben, ohne daß er deswegen die volle Einſicht in den Zuſammenhang der Wahrheit hat, die eigentlich die innere philoſophiſche Ueberzeugung wirkt. So war Abraham; der Würde und

Größe

Größe nach, der edelste Mensch den die Natur bilden kann, der mit der ruhigen Größe des Geistes, die seinen ganzen Charakter ausmacht, unter den Versuchungen zur Abgötterey, deren seine Familie sich schon schuldig gemacht, dem Glauben seiner älteren Stammväter an den einigen Gott und Herrn der Welt treu geblieben war; aber deswegen konnte sein Glaube aller der Befestigungen noch nöthig haben, wenn er der erleuchtete und exemplarische Bekenner Gottes werden sollte, wozu er erwählet war. Und hätte Moses ihn anders vorgestellet, so hätte er ihn aus seiner Zeit hinaus gesetzt, und damit seiner Geschichte zugleich alle Glaubwürdigkeit genommen.

Mit der zuversichtlichsten Entschlossenheit verläßt Abraham auch gleich die Verbindungen seines väterlichen Hauses, und folgt mit seiner Familie und mit Lot, bey dem er Vatersstelle vertritt, dem göttlichen Befehle, Cap. 12. Bey seinem Eintritt in das Land, worinn sich schon ein Zweig der Cananiter von dem östlichen Ufer des rothen Meers verbreitet hatte, erhält er eine neue Erscheinung, mit der Verheißung, daß dieß das Land sey, das dermaleinst das Eigenthum seiner Nachkommenschaft werden soll. Und so wenig Hoffnung er auch vorjetzt noch zur Erfüllung dieser Verheißung hat,

hat, so nimmt er sie doch mit voller Zuversicht an. So bald er darauf zu Bethel sich gelagert, ist es sein erstes, daß er dort einen Altar errichtet, und bey demselben seinen Gott, ohne alles Bild, im Geist und in der Wahrheit anbetet, und damit das öffentliche Bekenntniß ablegt, daß er keine andere Gottheit, als den einigen allerhöchsten Gott, Schöpfer und Herrn Himmels und der Erden, erkenne. Er nimmt aber hier keine beständige Wohnung. Da sein Reichthum in großen Heerden bestund, so konnte er nicht anders als in Zelten von einer Gegend zur andern ziehen; nach der heutigen Modesprache, in einer Horde. Der Ausdruck ist so uneben nicht; und die Größe Abrahams wird dadurch so wenig verächtlich, als die jetzigen Emirs, die noch eben diese Art zu leben haben, deswegen aufhören unabhängige Fürsten zu seyn. So wie er indessen gegen Mittag zieht, und eine Hungersnoth ihn mit seinem zahlreichen Heere diese Gegend zu verlassen nöthigt, so braucht die Vorsehung diese als ein Mittel, diesen auserwählten Bekenner in das Land zu führen, welches einige hundert Jahre nachher der große Schauplatz werden sollte, wo sich Gott an dessen Nachkommenschaft als den einzigen wahren Gott so herrlich beweisen, und die große Absicht seiner Vorsehung mit derselben ausführen wollte.

Da Aegypten wegen seiner jährlichen Ueberschwemmungen eines der allerfruchtbarsten Länder an allen Arten von Erdgewächsen war, so war Abraham auch sicher, den nöthigen Unterhalt hier zu finden, und zugleich fand er hier schon einen völlig eingerichteten Staat. Diese frühe politische Einrichtung möchte vielleicht mit dem kurzen Zeitraum von etwan fünf hundert Jahren, der nach der gemeinen Zeitrechnung zwischen der Sündfluth und der Geburth Abrahams nur ist, nicht bestehen zu können scheinen. Aber erstlich gehöret Aegypten, wie Chaldäa, nicht unter diejenigen Länder, die erst nöthig gehabt sich aus einer vorhergegangenen Verwildrung langsam herauszuarbeiten. Die erste Colonie die hieher gekommen, hatte in der willigen Fruchtbarkeit des Bodens, ohne viele verwildernde Arbeit und Zerstreuungen, gleich alles was zu ihrer Erhaltung nöthig, gefunden. Kein Land in der Welt nährete seine Einwohner wolfeiler und leichter als das alte Aegypten. Diese außerordentliche Fruchtbarkeit, die alle alte Geschichtschreiber fast zu übertreiben scheinen, begünstigte zugleich die Bevölkerung, die wieder eben so außerordentlich beschrieben wird; und da die Menschen, ungeachtet ihrer Vermehrung, bey dieser großen Fruchtbarkeit und den übrigen wenigen Lebensbedürfnissen sehr nahe bey einander bleiben konnten, welche ge-

naue

naue gesellschaftliche Verbindung durch die jährliche Ueberschwemmung, die sie auf die höheren Gegenden sich noch näher zusammen zu ziehen nöthigte, noch mehr unterhalten wurde, so mußten hiedurch, und zugleich durch den frühen Despotismus, alle gesellschaftlichen Vortheile, der Anbau der Städte, die Erfindung der nöthigen Künste und Wissenschaften, und die ganze politische Ausbildung auch so viel früher befördert werden. Und wenn gleich das Clima dem Geiste der Einwohner nie die Heiterkeit und Stärke gab, daß die Wissenschaften hier nachher je den Grad der Vollkommenheit erreichten, wozu sie, unter dem sanftern griechischen Himmel verpflanzt, gediehen, so war es doch die erste Schule der Welt, die von allen, die ihren Verstand mit nützlichen Erkenntnissen bereichern wollten, besucht wurde. Ich setze hier den frühen Despotismus mit zu den Ursachen, wodurch Aegypten so früh der cultivirte Staat geworden. Denn so gefährlich diese Geissel der Menschheit der schon erwachsenen und gebildeten Vernunft ist, da er alle ihre Kräfte niederschlägt, alle edle Triebe erstickt, und aus vernünftigen freyen Menschen lauter niederträchtige unthätige Sclaven macht; so sehr kömmt er der Menschheit in ihrer Kindheit zu Hülfe, indem er den rohen Geist der Unabhängigkeit mäßigt, daß die Vernunft und der Erfindungsgeist sich

so

so viel früher entwickeln, und den noch schwachen einzelnen Kräften, da sie gleichsam in einer Hand sind, so viel mehr Thätigkeit giebt, und sie so viel leichter zu einem Zwecke leitet. Wobey man indessen doch gar nicht nöthig hat diese Cultur sich um diese Zeit schon so vollkommen zu denken, oder daß sie sich über das ganze Land schon erstreckt, oder daß dieser Pharao dasselbe auch schon allein beherrscht habe. Will man aber endlich statt der Ebräischen Zeitrechnung die Samaritanische annehmen, die die Geburth Abrahams sechs bis sieben hundert Jahr später ansetzt, so ist die anscheinende Schwierigkeit noch so viel eher gehoben.

Aber ich darf hier die Schwachheit, die den Abraham auf den Grenzen dieses Landes überfiel, nicht stillschweigend übergehen. Sara über sechzig Jahre noch eine so gefährliche Schönheit — Abraham der gepriesene Bekenner Gottes, der sich kein Bedenken aus einer Unwahrheit macht — und selbst die Ehre seiner Frau niederträchtig Preis giebt — Was für ein Triumph für die Feinde dieses Buchs, für die so zärtlich gewissenhaften Freunde der Wahrheit! Aber ist es denn erstlich auch von einem Geschichtschreiber wohl zu vermuthen, wenn er sich und das Volk dessen Geschichte er schreibt, nicht mit Vorsatz lächerlich machen will,

will, daß er einen Umstand, dessen Anstößig=
keit ihm doch auch in die Augen fallen mußte,
und den er eben so leicht ganz weglassen, oder
dem er wenigstens durch die geringste kleine
Veränderung alles Anstößige so leicht beneh=
men konnte, daß er, sage ich, einen solchen
Umstand anführen würde, wenn er sich des=
wegen nicht völlig sicher geglaubt hätte.
Das menschliche Leben hatte um diese Zeit, ob
es sich gleich unserer jetzigen Lebensgrenze schon
sehr näherte, in Vergleichung mit dem unsri=
gen, doch noch eine viel längere Munterkeit
voraus; Sara kam aus einer Gegend, die
wegen der vorzüglichen Schönheit ihres Ge=
schlechts von je her berühmt gewesen; ihre Le=
benskräfte waren durch nichts geschwächt, und
bey einer ruhigen und schonenden Lebensart
hatten sich die Vorzüge ihrer Gestalt noch so
viel länger erhalten können; wo ist also die an=
stößige Unwahrscheinlichkeit, daß Sara, be=
sonders in den Augen der Aegypter, einer Na=
tion die an gar keine schöne Gestalt gewohnt
war, noch ihre Reize haben können? Auch
war die Furcht Abrahams gar nicht ungegrün=
det. Bey Völkern, die kaum erst anfiengen
aus dem Stande der Wildheit zu treten, und
noch kein Recht gegen Fremde kannten, war
gegen diese der größeren Gewalt noch alles er=
laubt; dieß beweisen der Raub der Dejanira,
der Proserpina, der Helena. Aus kluger
Vor=

Vorsicht hatte Abraham deswegen, bey seinem Eintritt in dieß Land, diese Abrede mit der Sara genommen, daß sie sich für seine Schwester ausgeben sollte, Cap. 12, 13; und der ungesellige Haß, den die Aegypter gegen alle Fremde hatten, machte seine Furcht noch gegründeter. Denn sollte er sie für seine Frau ausgeben, so war, bey der von ihm zu vermuthenden Widersetzlichkeit, sein und der Seinigen Untergang unvermeidlich, und Sara bey seinem Tode so viel sicherer ein Raub der Begierden dieses Volks. Das einzige Mittel also, das ihm zu seiner und ihrer Rettung übrig schien, war das Vorgeben, daß sie seine Schwester sey; welches an sich auch keine Unwahrheit war, und, wenn es auch eine gewesen wäre, niemand beleidigt hätte. Dabey kam Abraham mit aller Würde eines unabhängigen Fürsten, und konnte also versichert seyn, wenn Pharao sie auch unter seine Frauen aufnähme, daß dieß mit allem dem Wohlstande geschehen würde, den er der Schwester eines ihm an Hoheit völlig gleichen Fürsten schuldig war, und wobey die Hoffnung, sie sich zu erhalten, immer noch übrig blieb. Der Erfolg rechtfertigt auch seine Klugheit. So wie er hinkömmt, wird Sara wegen ihrer Gestalt gleich bemerkt, und dem Pharao angezeigt. Dieser nimmt sie auch, in der Absicht sie unter seine Gemahlinnen aufzunehmen, in sein

Frauenzimmer; und wie hoch er die Verbindung mit der Schwester dieses großen Fremdlings schätzte, beweisen die Hochachtung, womit er Abraham aufnimmt, und die ansehnlichen Geschenke, die er ihm als dem Haupte seiner Familie zur Morgengabe giebt. Indessen findet Abraham hier noch mehr Rechtschaffenheit, als er geglaubt hatte. Da zu Josephs Zeiten der Sonnendienst zu On schon so groß war, so hatte man vielleicht auch hier schon angefangen, die Gottheit in den großen himmlischen Körpern zu verehren; doch so, daß dieser Aberglaube die Erkenntniß des wahren Gottes noch nicht verdrungen hatte. Pharao scheinet noch einen Gott und eine Vorsehung zu erkennen. Es begegnet ihm und seinem Hause ein plötzlicher Unglücksfall, der nicht beschrieben wird; der aber deswegen weil er außerordentlich war, für ein besonders göttliches Gericht bey allen alten Völkern gehalten ward. Die Freunde Hiobs sahen dessen Krankheit eben so an. Und da es bey den vielen Bedienten die Abraham mitgebracht, nicht lange verborgen seyn konnte, daß Sara die Frau ihres Herrn, und die wehmüthige Trennung es selbst verrathen mußte, daß unter beyden eine nähere Verbindung sey, so sucht Pharao auch keine andere Ursache; er erschrickt vor dem Gedanken, daß er einem andern Manne, und noch mehr einem so großen

Gaste,

Gaste, seine Frau hätte nehmen, und das Heiligste aller Rechte übertreten können, und macht Abraham den freundschaftlichsten Vorwurf, daß er ihn selbst in diese Gefahr gesetzt; bezeugt auch zugleich durch die Erklärung, daß er Sara zu seiner Gemahlinn habe nehmen wollen, mit wie vieler Hochachtung er ihr begegnet. Mit dieser edelmüthigen Art giebt er sie ihm auch wieder, und zum Beweise seiner Freundschaft giebt er ihm bey der Abreise zu seiner Sicherheit auch noch eine Bedeckung mit. Dieß ist nun die Geschichte, die zu so vielen armselig witzigen Spöttereyen die Gelegenheit geben muß, deren Bayle sich selber nicht geschämet hat. Für uns ist sie zwar klein und unbedeutend. Wenn man aber bedenkt, in was für einer grausamen Knechtschaft das israelitische Volk zu Mosis Zeit in eben diesem Reiche gehalten wurde, und daß Moses im Begriff war das Volk daraus zu erretten, und es in das eben diesem seinen Stammvater verheißene Land herüber zu führen, so ist kein Zug in dieser Geschichte, der dem Volke nicht den größten Muth, und zu dem Unternehmen Mosis das größte Zutrauen geben mußte.

Abraham geht hierauf, da er wieder in Canaan gekommen, nach Bethel, um hier abermals das öffentliche Bekenntniß seines Glau-

Glaubens abzulegen, und seinem Gott für seine wunderbare Erhaltung zu danken. Da indessen die Größe seines Hauses und seiner Heerden, und derer von Lot, immer mehr heran gewachsen war, und die Cananiter sich zugleich schon mehr verbreitet hatten, so hält seine Klugheit die Trennung von seinem Anverwandten für nöthig; und da er diesem großmüthig die Wahl gelassen, so wählt sich Lot die Gegend am Jordan in der Nähe des Thales Siddim, welches Thal, ehe es zerstört wurde, durch die beständige Wässerung dieses Flusses der sich darinn verlor, reich und fruchtbar wie Aegypten, und ein Garten des Herrn, ein wahres Paradies war; ein Name, womit alle alte Völker ihre vorzüglich fruchtbaren Gegenden bezeichneten. Aber eben diese willige Fruchtbarkeit hatte die Sitten des in diesem Thale wohnenden Volks auch so verderbt, daß die Vorsehung bald darauf das schrecklichste Gericht über dasselbe ergehen ließ. Abraham, der nach diesem Vergleich in Canaan zurück geblieben, bekömmt hierauf die wiederholte Verheißung, daß dieß Land nicht allein eine Wohnung für ihn, sondern auch ein beständiges Eigenthum seiner zahlreichen Nachkommenschaft werden solle.

Die veränderte Wohnung von Lot gab indessen zu einem neuen Auftritt Gelegenheit, der

der die Größe Abrahams noch mehr erheben, und alle benachbarten Völker auf diesen Bekenner des Einigen Gottes noch aufmerksamer machen sollte, Cap. 14.

Das menschliche Geschlecht war in diesen ersten Zeiten, wie es noch jetzt bey allen wilden Völkern ist, noch in lauter kleine unabhängige Staaten vertheilet, die alle ihre besondern Könige oder Fürsten hatten, und die unmittelbar aus der ersten unabhängigen väterlichen Gewalt entstanden waren, nach dem das eine oder das andere Haupt der Familie, durch seine vorzügliche Klugheit und Tapferkeit oder durch seine wohlthätigen Erfindungen und Einrichtungen, sich das allgemeine Vertrauen zugezogen, und die schwächern Aeste, da sie der ähnlichen väterlichen Gewalt gewohnt waren, sich unterwürfig gemacht hatte. So hatte eine jede Phoenizische Stadt in dieser ältesten Zeit ihren eigenen König; das kleine Macedonien hatte hundert und funfzig, und die Könige des Homers sind noch eben das, was die Könige in dieser Geschichte sind. Aber der Mangel des nöthigen Unterhalts, eine benachbarte reichere Gegend, imgleichen die Feindseligkeiten und die Schwäche der Nachbaren, reizten auch bald den Stolz und den Eroberungsgeist, wovon der hier beschriebene Krieg, nach den kleinen Heeren zu urtheilen, wohl einer der ersten Ausbrüche war. Durch diesen Geist angetrieben, hatte der König von Elam einen kriegerischen Zug über den Tigris vorgenommen, und war, da er sich mit noch andern cuschitischen Königen verbunden, bis an das Thal Siddim vorgedrungen, wo er sich die fünf Könige der darinn gelegenen Städte zinsbar gemacht hatte. Moses erzählt von diesem Zuge weiter nichts, als seine Absicht erfordert; indessen scheint es doch, daß derselbe im Ganzen weiter, als auf die bloße Eroberung dieses kleinen Thals gegangen sey, und mit der Eroberung von Aegypten durch das nomadische Volk, die Hicsos (Hiccusch) oder Hirten-Könige, in Verbindung stehe; und daß diese Cuschiten (denn so hießen alle östliche nomadische Völker) bey einem dieser Züge, sich des niedrigen Aegyptens um diese Zeit schon wirklich bemächtigt, oder daß dieser Zug einer der ersten Versuche gewesen, und die wirkliche Eroberung nach mehrmaligen wiederholten Angriffen erst erfolgt sey. Wenigstens scheint die freundschaftliche Vorsicht des Pharao, da er Abraham eine Bedeckung zu seiner Sicherheit mitgab, zu beweisen, daß man sich in Aegypten um diese Zeit von Seiten dieser östlichen Völker nicht sicher gehalten; und dieß wird durch den Argwohn, den man zu Josephs Zeiten gegen alle Hirten aus dieser Gegend hatte, noch mehr bestätigt. Da indessen der König von Elam über den Fluß wieder zurück gegangen war, so hatten die fünf Könige, übermüthig wegen ihres Reichthums und der Entfernung ihres Eroberers, ihren aufgelegten Tribut ihm wieder verwegert. Hierdurch entrüstet, brach er mit seinen Bundesgenossen wieder auf, um diese Treulosen anzugreifen, die ihn in ihrem Thale mit Sicherheit erwarten zu können glaubten. Aber sie wurden völlig geschlagen, und was sich nicht in die Gebirge und Naphtahgruben verbarg, wurde in die Gefangenschaft mit weggeführet. Dieses Schicksal betraf auch Lot, der seine Heerden in dieser Gegend, und für sich seine Wohnung in Sodom hatte. Sobald Abraham hiervon Nachricht erhält, erwacht auf einmal seine großmüthige Treue; er bewaffnet in aller Eile dreyhundert von seinen schon in Waffen geübten Leuten, verfolgt den sichern Feind, theilet, wie er dem Feinde nahe genug ist, sein Heer in drey Haufen, nimmt das Schrecken der Nacht zu Hülfe, überfällt ihn, und entreißt ihm seine ganze Beute. Auf dem Rückzuge hat er die Freude, an dem Könige zu Salem noch einen öffentlichen Bekenner des wahren Gottes anzutreffen, zum Beweise, daß der alte Glaube sich auch hier noch nicht ganz verloren hatte. Melchisedeck, König und Priester zugleich, in welchem nach patriarchalischer Art,

wie

wie in Abraham, die oberste Herrschaft und das Priesterthum oder die Verwaltung des Gottesdienstes noch vereinigt waren, geht ihm entgegen, um ihm Glück zu wünschen, preiset über den erhaltenen Sieg den höchsten Gott, Schöpfer und Regenten der Welt, den er mit Abraham zugleich anbetet, und läßt dessen Heere zur Erquickung Brodt und Wein austheilen, wogegen Abraham ihm den zehnten Theil der Beute giebt, um seinem Volke, den von dem feindlichen Heere verursachten Schaden, vielleicht auch den Unterhalt den er bey seinem schnellen Zuge für sein eigenes Heer gebraucht, zu ersezzen. Hier kömmt die erste Anzeige des Brodts vor, wovon ich bey Noah schon geredet habe. Der König von Sodom der ihm auch entgegen eilet, bittet ihn aus Dankbarkeit, alle die erbeuteten Güter für sich zu behalten. Aber mit dem edelsten Stolze wegert er sich das Geringste davon anzunehmen; er will für seine großmüthige Hülfe keinen Lohn; noch weniger will er mit dem Raube eines Volks und durch Geschenke eines Königs, dessen Erretter er gewesen, sich bereichern. Er will keinen andern Reichthum, als den der Seegen seines Gottes ihm giebt.

Nach diesem glücklichen Zuge erhält er in einer neuen Offenbarung die Versicherung, daß er sich des mächtigen Schutzes, der ihm hie:

hier beygestanden, auch fernerhin getrösten, und, da er keinen andern Reichthum als durch den Seegen seines Gottes wolle, daß er auch diesen Seegen, in der Vermehrung und Größe seines Hauses, in einem noch unendlich größern Maaße erhalten solle, Cap. 15. Fürchte dich nicht, ich bin dein Schild und dein sehr großer Lohn. Die Antwort Abrahams enthält wieder einen Zug von dessen offenem edlen Charakter. Bey seinem Eintritte in Canaan hatte er die Verheißung, daß er der Stammvater eines großen Volks, dem dieses Land zum Eigenthum bestimmt sey, werden solle, mit voller Zuversicht angenommen. Wie aber dieselbe so viele Jahre unerfüllet geblieben, und er nun wegen des so viel höhern Alters seiner Gattinn die Hoffnung schon ganz aufgegeben, so hält er alle noch größere Vermehrung seiner Güter für überflüßig, da er für sich und für den Sohn seines vertrauten Knechts, den er zu seinem Erben erwählet, mit Gütern genug gesegnet sey *). Wie er aber die wiederholte Verheißung bekömmt, daß nicht dieser Sohn seines Knechts, sondern ein leib-

---

*) Da bey dem ersten Anfange des geselligen Lebens alle die Schattirungen von Ständen noch nicht waren, sondern alles Herr oder Knecht war, so heißt Elieser hier auch Knecht, so wie Hagar in dem folgenden Magd, ob sie gleich in einem Hause, worinn so viele hundert bewaffnete Knechte waren, durch die ansehnlichsten Vorzüge unterschieden seyn mußten.

leiblicher Sohn von ihm der Erbe, und daß er durch diesen Erben der Stammvater einer unzählbaren Nachkommenschaft werden solle, so wird nunmehr sein Glaube, ob er gleich kaum noch die Möglichkeit von der Erfüllung dieser Verheißung sieht, so stark, daß er sie mit aller Zuversicht annimmt. Und dieses lebendige volle Vertrauen zu der Wahrheit, Allmacht und Weisheit Gottes, war der Grund der Religion, die Abraham in den Augen Gottes so werth, und sein ganzes Verhalten gegen Gott und Menschen so rechtschaffen und edel machte. Gott rechnete ihm diesen Glauben zur Gerechtigkeit. v. 6. Denn dieß ist das angenehmste Opfer, das der Mensch seinem Schöpfer bringen kann, wenn er sich dessen weiser und gütiger Vorsehung mit voller Zuversicht überläßt, ohne die Art, wie sie sich ihm erweisen werde, wissen zu wollen. Ein vollkommener Bekenntniß kann der Mensch von seinem Gott nicht ablegen, vollkommener kann er ihn nicht ehren; und zugleich giebt dieser Glaube die heitere ruhige Größe, die den ganzen Charakter veredelt. Da nun Abraham dazu erwählet war, allen Bekennern des wahren Gottes hierinn ein Vorbild zu seyn, so war es der Weisheit Gottes auch gemäß, durch die so weit verschobne Erfüllung, ihn die langsamen Stufen, die seine Vorsehung geht, kennen zu lehren,

ren, und dadurch seinem Glauben diese große exemplarische Stärke zu geben. Denn eben dieß ist das Band, das den Menschen in seinem Verhältniß mit Gott immer mehr befestigen muß; da hergegen eine jedesmalige schleunige und unmittelbare Erfüllung unserer Erwartung diese Gesinnung nie zu einigem Leben oder zu einer fruchtbaren Thätigkeit kommen lassen würde. Dabey erhält er über das künftige Schicksal der ihm verheißenen Nachkommenschaft noch eine besondre Offenbarung, die seinem Glauben zugleich noch einen höhern Grad der Bestätigung giebt. Es war in den alleråltesten Zeiten der Gebrauch, wenn ein Bund feyerlich bestätigt werden sollte, daß einige Thiere geschlachtet, und die zertheilten Stücke gegen einander über gelegt wurden, wo der, der sich zur Erfüllung des Versprechens verpflichtete, hindurch gieng. Die Exempel von solchen Bundesopfern finden sich bey vielen alten Schriftstellern, und die Anzeige davon auch bey dem Propheten Jeremia, Cap. 33, 18. 19. Abraham muß eben ein solches Opfer zurichten, und wie dieß geschehen, setzet er sich gegen über, um den Ausgang zu erwarten, und die Raubthiere davon wegzuscheuchen, damit das Opfer nicht verunreinigt würde. In dieser Erwartung überfällt ihn gegen Abend ein tiefer Schlaf, und ein fürchterlicher Schauer, der allgemein geglaubte Beweis von

von der Ankunft einer Gottheit, fährt durch alle seine Glieder, und ist auch ihm der Beweis, daß die Erklärung, die er erhält, eine göttliche Offenbarung sey, Hiob 4, 13. 14. 15. Die Erklärung ist diese: Seinen Nachkommen sey dieß Land bestimmt; nur würden sie von der Geburt des ihm verheißenen Erben an, erst nach vier hundert Jahren davon Besitzer werden, weil Gott das Gericht, das er über die Einwohner desselben ergehen zu lassen beschlossen, bis dahin noch verschoben habe, binnen welcher Zeit diese seine Nachkommen in einem fremden Lande in einer harten Dienstbarkeit gehalten werden würden. Eine Verkündigung, deren Bemerkung Mosi nach allen Umständen von der äußersten Wichtigkeit war, und die allein ein hinreichender Beweis wäre, daß kein andrer als Er selbst der Verfasser dieses Buchs seyn könne. Denn anzunehmen, daß Esra oder ein andrer, tausend Jahre nachher ein so feines Gewebe von Weissagungen erdichtet, wäre wohl das abgeschmackteste was sich denken ließe. Abraham kömmt es hierauf vor, als wenn ein dicker Rauch mit hervorblickenden Flammen durch die zertheilten Stükke hindurch gienge, und dieß nimmt er für ein Bild der göttlichen Bestätigung. Hierdurch gestärkt, überläßt er nunmehr der Vorsehung die Erfüllung dieser Verheißung mit der ruhigsten Unterwerfung; und ohne nur

auf

auf den Gedanken zu kommen, durch die Wahl einer zweyten Frau dieselbe möglich zu machen, bleibt er seiner Gattinn mit ungetheilter Treue zugethan, bis sie selbst, da sie die Erfüllung durch sich für unmöglich hält, ihn beredet, ihre Magd die Hagar, zu sich zu nehmen, damit sie alsdenn den Sohn, den er damit erzeugen würde, als ihren Erben ansehen könne, Cap. 16. Und nun befolgt er ihren Willen; denn die Sittlichkeit richtet sich nach dem Maaße der Erleuchtung, und nach der Verfassung, worinn die menschliche Societät sich befindet. Aber kaum sieht sie ihre Absicht erfüllet, so erwacht auch ihre Eifersucht. Abraham aber bleibt sich auch hier gleich; und so sehr er Ursache hatte, die Hagar dagegen zu schützen, so will er dennoch die Pflichten, die er seiner rechten Gattinn schuldig ist, im geringsten nicht kränken. Jene will, um dem Unwillen ihrer Frau auszuweichen, sich wieder in ihr Vaterland begeben; aber sie bekömmt auf den Grenzen den Befehl, zu der Wohnung ihres Herrn zurück zu kehren. Eine wichtige Gelegenheit für die Feinde dieses Buchs, dasselbe verächtlich zu machen, ob ich mich gleich nicht besinne, daß einiger Gebrauch davon gemacht wäre. Wie? die Gottheit muß selbst unmittelbar daran Theil nehmen, ob eine geschwängerte Magd ihr Kind an einem solchen oder an einem andern

Orte

Orte zur Welt bringt? Hätte auch ein heidnischer Dichter einer seiner niedrigsten Gottheiten ein unanständiger Geschäfft andichten können? Ganz recht; wenn diese Erscheinung bloß die Hagar betroffen hätte, so wäre nichts unanständigers zu denken. Aber dieß Kind soll in der Geschichte der Menschheit auf ewig merkwürdig bleiben; es soll der Stammvater eines Volks werden, das nebst seinem Brudergeschlechte eines der merkwürdigsten Völker auf der Erde werden soll, wie es so viele tausend Jahre nachher auch bis jetzt noch wirklich ist, und bis ans Ende der Welt gewiß bleiben wird; ein Volk, das in seinen Schicksalen und in seinem Charakter von jenem ihm verwandten Geschlechte zwar unterschieden, aber doch darinn demselben wieder ähnlich bleiben soll, daß es, ungeachtet seiner Verbreitung über die Erde, und ungeachtet aller Revolutionen, worinn der erste Ursprung und Charakter aller übrigen Völker sich verloren, immer dasselbe Volk bleiben, und seinen eigenthümlichen Charakter behalten soll; das mit jenem, Abraham für seinen Stammvater und zugleich für den Vater seines Glaubens an den einigen Gott und Schöpfer der Welt bekennen, und ob es gleich diese Erkenntniß auf einige Zeit verloren, dennoch diesen Gott Abrahams nachher wieder bekennen, aus diesem Glauben, mit Verabscheuung aller Abgötterey,

götterey, sein eigentliches Unterscheidungszeichen machen, und, ob wohl in einer mindern Erleuchtung, denselben mit einem Eifer auch unter solche Völker bringen soll, wo das hellere Licht, das von dem eigentlichen Sohne der Verheißung über die Welt kommen sollen, weil deren Horizont dazu noch nicht aufgeklaret genug ist, mit seinen Stralen noch nicht hat hinkommen, oder sich erhalten können; so, daß Abraham durch diese beyden Söhne unwidersprechlich das auserwählte Werkzeug der Vorsehung ist, von dem die wahre Erkenntniß Gottes und dessen öffentliche Verehrung, wo sie je in der Welt gewesen, wo sie auch noch ist, herkömmt, und von dem sie, so lange die Welt steht, (denn ein anderer Weg der Erleuchtung ist wohl nicht zu erwarten,) in ihrer fernern Verbreitung herkommen wird. Denn durch ihn ist diese selige Erleuchtung zu uns gekommen: Ihn ehreten auch die ältesten Araber schon als ihren Stammvater und Lehrer in dieser Erkenntniß; und in der Meinung, daß er Gott besonders in Mecca angebetet, war ihnen diese Stadt, auch in den ältesten Zeiten schon, eben der heilige Andachtsort, der den ältesten Persern und Magiern die Stadt Balch in Bactrien war, die sie selbst auch die Stadt Abrahams nannten, weil sie ebenfalls Abraham für den von Gott gesandten großen Propheten und

Lehrer

Lehrer hielten, durch den sie zu dieser wahren Erkenntniß des einigen Gottes gekommen wären, den sie hier in ihrem berühmten Feuertempel mit einem allgemeinen Abscheu vor allen Bildern anbeteten. Und nachdem Mahomed, der seine Abstammung in gerader Linie von Ismael ableitete, es sich zum Beruf machte, diesen Glauben, dessen Bewahrung er für ein vorzügliches Eigenthum seines Geschlechts hielt, von aller Abgötterey, worein er verfallen war, wieder zu reinigen; so ist Mecca auch noch der Ort, den jährlich hundert tausende aus allen drey Welttheilen es sich zu einer heiligen Pflicht machen zu besuchen, und in dem dortigen Tempel bey dem geglaubten Bethause Abrahams dieß Glaubensbekenntniß ihres großen Stammvaters abzulegen.

Ist es nun auch noch gleich viel, ob dieser Knabe unbemerkt in Aegypten sich verloren, oder ob die Vorsehung dessen Mutter zu der Wohnung Abrahams wieder zurück kehren hieß, damit seine und seiner Nachkommenschaft unmittelbare Abkunft von Abraham mit eben der Gewißheit erkannt würde, womit die Abstammung des Hauptzweiges nach dem Rathschluße der Vorsehung bis an das Ende der Welt aufbewahret werden sollen? Wo ist in der ganzen Geschichte der Menschheit sonst noch ein ähnliches Geschlecht, dessen Ursprung und

und Charakter die Vorsehung so bewahret hätte? Man kann es vielmehr noch als einen besondern Beweis nehmen, daß Moses auf einen höhern Antrieb diese und die im 21. Cap. vorkommende Geschichte bemerkt habe. Denn obgleich zu seiner Zeit die Wohnung und vielleicht auch der besondere Charakter der ersten Nachkommen Ismaels schon bekannt waren, so war es doch damals ein noch zu wenig bedeutendes Volk, als daß die kleinen Geschichten seines ersten Ursprungs, mehr als der übrigen von Abraham abstammenden Völker ihre, verdienet hätten so sorgfältig bemerkt zu werden.

Hagar, die diese Erscheinung für die Erscheinung der Gottheit selbst hielt, war in vollem Erstaunen, daß sie ihr Gesicht dennoch behalten hatte, v. 13. Eine Spur des alleraltesten Aberglaubens, daß kein Sterblicher eine Gottheit ohne Verlust des Gesichts oder auch des Lebens ansehen könne, wenn er nicht die ausdrückliche Erlaubniß dazu von derselben erhalten, und durch die feyerlichsten Reinigungen dazu vorbereitet sey. Es finden sich mehrere Anzeigen hiervon so wohl in diesen heiligen Büchern, als auch sonst bey den ältesten Schriftstellern; so wie davon auch noch andere Denkmaale übrig sind, wo die Gottheiten auf ihren Altären den Opfernden den Rücken zukeh-

zukehrend, oder diese die Augen bedeckend, vorgestellet werden. Sie kehrte auch darauf dem erhaltenen Befehle zufolge zurück, und gebahr einen Sohn, dem sie den Namen Ismael beylegte, und wodurch Abraham nun vielleicht auch die ihm gegebene Verheissung erfüllet glaubte.

Aber dreyzehn Jahre nachher bekömmt er in einer neuen Erscheinung die wiederholte Bestätigung von Gott, daß zwar auch dieser Sohn der Stammvater einer großen Nachkommenschaft werden, und große Völker und Fürsten ihn als ihren Ahnherrn verehren sollen, daß aber das Geschlecht, dem das Land Canaan zum Eigenthum bestimmt sey, und dessen Gott er in besonderm Verstande heißen wolle, von einem Sohn der Sara abstammen werde, Cap. 17. Und zum Andenken dieser ihm gegebenen Verheißung, soll er eine Aenderung in seinem Namen machen, und von nun an nicht mehr Abram, der große und erhabene Vater, sondern Abraham, der Vater der Menge, heißen; so wie Sara deswegen eben dieß Kennzeichen der Menge von nun an auch in ihren Namen aufnehmen, und nicht mehr Sarai, sondern Sarah, die große Fürstinn, heißen soll. Dagegen aber sollen er und dieses sein Geschlecht sich diesem Gott auch ganz widmen, so, daß die Verehrung des einigen Gottes

tes Schöpfers und Regenten der Welt, in einer diesem Bekenntnisse gemäßen Rechtschaffenheit, mit Verleugnung aller Untergötter, der unveränderliche Charakter sey, wodurch es von allen andern Völkern sich unterscheide. Dieß solle gleichsam der Bund seyn, den Gott mit ihm und seinem Geschlechte mache. Und damit es ein beständiges Andenken dieses Bundes habe, so solle es von nun an auch ein besonderes Zeichen an seinem Leibe tragen, wovon auch selbst die gekauften fremden Knechte nicht ausgenommen seyn sollen. Denn dieß Bekenntniß solle das erste und unveränderliche Grundgesetz in diesem Geschlechte seyn; und derjenige, der sich wegern würde, dieses Zeichen davon zu übernehmen, der solle als ein Aufrührer darinn angesehen werden, weil er sich vermesse, unter einem Volke zu wohnen, dessen erstes Grundgesetz die Verehrung eines einigen Gottes als seines obersten Herrn sey, und diesen Gott doch nicht für seinen Herrn erkennen wolle. Und dieß ist hier die Stiftung und der Grund der oft zu weit ausgedehnten Theokratie. Ob übrigens dieser Gebrauch der Beschneidung hier seinen ersten Ursprung habe, oder ob er vorher bey den alten Völkern, die in der Geschichte deswegen bekannt sind, schon in Uebung gewesen, dieses zu untersuchen würde hier eine überflüßige Weitläuftigkeit seyn. Die Sache ist von der

Wich-

Wichtigkeit nicht, und wenn er auch bey andern Völkern schon üblich gewesen, so hätte er, als ein nun nicht mehr willkürlicher, sondern als ein ausdrücklich verordneter und mit dem ersten Grundgesetz der Religion verbundener Gebrauch, die Absicht der Stiftung dennoch allemal erfüllen können.

Endlich aber soll nun Abraham, nach dieser feyerlichen Verbindung, auch die Erfüllung der Verheißung und den Sohn sehen, durch welchen dieselbe ihre Wirklichkeit erhalten soll, Cap. 19. Die Beschreibung davon enthält zugleich das vollkommenste Gemählde der alleraltesten Zeit, wodurch man sich noch über die Homerische Heldenzeit hinausgesetzt fühlet. Abraham am Abend einsam vor seinem Gezelte um der kühlen Luft zu genießen— Die drey Fremden, die in einiger Entfernung gegen ihn überstehend wie die Pallas vor dem Hofe des Ulysses, die Einladung erwarten — Der gastfreye Abraham, der wie dort Telemach es sich zur Pflicht macht, sie, so bald er ihrer gewahr wird, herein zu nöthigen, und für ihre Erfrischung zu sorgen — die wenigen Abschattungen zwischen Herrschaft und Diener in den häuslichen Geschäfften, bey aller fürstlichen Würde von Abraham und Sarah, und bey der Menge ihrer Knechte — die Ehrerbietung gegen die Fremden womit dieses alles geschieschiehet — die simple Art der Bewirthung — Sarah auch von der männlichen Gesellschaft noch nicht abgesondert — Ganz die mahlerischste Beschreibung der alterältesten Lebensart; und wem sie zu unedel und zu gemein ist, der muß auch nicht den Homer, sondern nur das Siécle de Louis XIV. lesen. Die Erscheinung verdienet aber noch eine besondere Aufmerksamkeit. Abrahams Glaube an die Erfüllung der ihm geschehenen Verheißung brauchte diese Bestätigung jetzt nicht mehr. Aber zu der großen Bestimmung, wozu er erwählet war, und daß sein Glaube zugleich das Muster einer reinen und vollkommenen Erkenntniß Gottes seyn sollte, war ihm noch eine vollständigere Erleuchtung nöthig; und da seine Vernuhft sich die Vollkommenheiten Gottes, in der wahren Verbindung wie sie dieser Glaube erfodert, noch nicht denken konnte, so soll er noch mehr unmittelbare anschauende Erkenntniß davon haben, und deßwegen jetzt der Zeuge des über Sodom beschlossenen schrecklichen Gerichts seyn. Denn hier soll er die große und erste Grundwahrheit aller Religion noch mehr bestätigt sehen, daß sein Gott der Herr und Regent der Welt ist; der allmächtige Gott, der alle Begebenheiten in der Natur nach seinem Willen wählet, ordnet und leitet; der allwissende Gott, der alle Menschen unter seiner göttlichen Aufsicht hat und

und bemerkt, der ihre guten Handlungen mit Wohlgefallen, die bösen aber auch mit einem eben so ernstlichen Misfallen ansieht, und daher alle Veränderungen in der Natur zu Sanctionen macht, um dem großen Gesetze der Ordnung, welches er in die Natur gelegt, den nöthigen Gehorsam zu verschaffen, und die Menschen auf seine unveränderliche Liebe zum Guten aufmerksam zu erhalten. In dem bloßen Untergange von Sodom hätte Abraham diesen Unterricht noch nicht gefunden. Aber: da das Geschrey über Sodom und Gomorra so groß, und ihre Sünde fast schwer ist, darum will ich hinab fahren und sehen, ob sie alles gethan haben, und darnach soll mein Gericht über sie ergehen. Die Sprache ist in dem vorhergehenden schon erkläret. Abraham soll hier sehen, daß dieß kein ungefährer Zufall, sondern daß es Gott ist, der dieß schreckliche Gewitter über Sodom anzündet; und was für ein Eindruck für ihn! wie er den folgenden Morgen, so wie er seine Augen aufschlägt, in dem aufsteigenden Rauche die Bestätigung aller dieser göttlichen Eigenschaften gewahr wird. Es ist hiebey noch ein anderer Umstand, der diese Erscheinung zur Aufklärung der Erkenntniß Abrahams nöthig machte. Die Ordnung und Schönheit der Natur ist es nicht, die den Menschen, in der Kindheit der Vernunft, auf

Gott als den Herrn der Natur aufmerksam machen könnte. Seine Sinne sind für diese Wahrnehmungen noch zu ungeübt und zu rauh; er sieht Gott vielmehr nur in den schrecklichen Scenen der Natur, in Stürmen, Fluthen und Erdbeben; er höret ihn nur drohend in den Gewittern. So sind noch alle Gottheiten der jetzigen, so waren alle Gottheiten aller ehemaligen rauhen Völker. Lauter schreckliche Gottheiten, die in ihren Strafen nirgends eine allgemeine Liebe zur Ordnung, sondern nur gereizte Rache zeigen. Eine gefährliche Vorstellung, die den Menschen nie zu dem seligen Verhältniß kommen läßt, worinn er mit seinem Schöpfer seyn soll; die der Religion alle sanften erweckenden Triebe zum Guten nimmt, und dieses wohlthätige Geschenk des Himmels in die schrecklichste Geißel der Welt, in einen finstern fürchterlichen Aberglauben verwandelt, und daher auch so früh die grausamen Versöhnungsmittel, die Menschenopfer, in die Welt gebracht, und so allgemein gemacht hat. Der Anblick des schrecklichen Gerichts über Sodom, da er es jetzt als ein von Gott bestimmtes Strafgericht ansehen soll, hätte bey dem Gedanken, daß auch noch Unschuldige mit darunter seyn möchten, eben diesen fürchterlichen Eindruck bey ihm machen können. Wir, die wir die Vorsehung schon in einem vollern Lichte kennen,

und

und hierdurch erleuchtet, über die Grenzen dieses gegenwärtigen Lebens hinaus sehen, wir können uns auch Unschuldige unter dergleichen allgemeinen Strafgerichten begriffen denken, ohne daß unser Glaube an eine weise und gütige Vorsehung dadurch gestöret wird. Allein Abraham hatte diese Erleuchtung noch nicht; und die Bestürzung, worein sein edles Herz geräth, so bald er von dem Gerichte höret, ist davon der rührendste Beweis. Es ist ihm schrecklich, sich den Schöpfer der Menschen mit wenigerer Menschenliebe zu denken, als er selbst bey sich fühlet. Herr, wolltest du den Gerechten mit dem Gottlosen umbringen? Das sey ferne von dir, der du aller Welt Richter bist; es möchte noch eine Anzahl von Gerechten, wenn sie auch noch so geringe wäre, darinnen seyn, die sich der Bosheit nicht schuldig gemacht. Wie sehr würde also sein Vertrauen zu der Menschenliebe seines Gottes gekränkt worden seyn, wenn sein edelmüthiges Herz hierüber nicht wäre beruhigt worden. Aber; wenn nur funfzig, wenn nur dreyßig, nur zehn Unschuldige darinn sind, so soll die ganze Gegend verschonet bleiben. — Nun kennet Abraham Gott, wie er von Menschen, damit sie ihm mit Furcht, aber auch mit Vertrauen und Liebe dienen können, gekannt seyn muß. Ein Gott, der sein Misfallen an dem Bösen nie thätig bewiese, würbe den Menschen in der ruchlosen Verachtung aller Ordnung und Tugend bestätigen; aber ein Gott, dessen Zorn den Unschuldigen wie den Sünder träfe, würde ihm alles Vertrauen nehmen. Nur diese Erkenntniß ist der Grund aller wahren Religion, und zu dieser Erkenntniß hatte Abraham alle diese außerordentliche sinnliche Herablassung noch nöthig, so wie auch die Sprache dieser sinnlichen Schwäche noch ganz angemessen ist. Aber wie sinnlich sie auch ist, und wie sich Abraham diese Allgegenwart und Allwissenheit auch in seiner Schwachheit denkt, so kennet er Gott doch jetzt als den Herrn und Richter der Welt, unter dessen moralischer Regierung alle Menschen stehen; der überall der allmächtige, allwissende und heilige Gott ist, der dem Blitze ruft, und ihm die State des Sünders die er zerstören soll, anweiset, aber der nie aus Rache, sondern als der weise Regent der Welt straft, und dessen Gerechtigkeit mit Weisheit und Liebe gemäßigt ist. Der Philosoph denke sich dieß in seiner metaphysischen Sprache noch so hoch, die Religion bleibt immer dieselbe; der Engel hat keine vollkommenere.

Hierauf wird das Gericht vollzogen; der Herr läßt Feuer und Schwefel vom Herrn (Jove ab alto) nämlich vom Himmel, als dem geglaubten Sitze der Gottheit, herab regnen;

regnen; diese Blitze fallen in die Naphta-Gruben; die ganze Gegend entzündet sich; und die Städte mit ihren gottlosen Einwohnern versinken in den unterirdischen See, der noch jetzt das schreckliche Denkmaal dieses göttlichen Gerichts ist. Lot wird mit den Seinigen, der dem Abraham gegebnen Verheißung gemäß, verschonet, übrigens der schwächste und unbedenkendste Mensch, bey dem die Erkenntniß eines höchsten Wesens, die er von Abraham mitgenommen, ohne alle Thätigkeit ist; dessen ganze Moralität in der Beobachtung des Gastrechts besteht; der zwar an der Bosheit des Volks, worunter er wohnet, keinen Theil genommen, aber dennoch ruhig unter demselben gewohnet, kein Bedenken getragen sich auf das genaueste mit demselben zu verbinden, die Schande, der er in seiner muthlosen Unentschlossenheit die Seinigen Preis geben will, nicht empfindet, das unnatürliche Verbrechen, worein er zuletzt verfällt, in seiner Betäubung zwar nicht kennet, aber doch auch damit beweiset, wie wenig er als Vater die Gesinnungen der Gottesfurcht und Sittlichkeit und selbst der kindlichen Ehrerbietung in seiner Familie zu erwecken gesucht habe. Man würde dieß Bild aus einem ganz falschen Gesichtspunkte ansehen, wenn man daraus auf einen besonders niedrigen Charakter dieses einzigen Mannes und seiner Familie schliessen

schließen wollte; es ist das allgemeine Bild der Menschheit, die kaum den ersten Schritt aus dem Stande der Wildheit thut, und durch die Gesellschaft noch nicht gebildet ist. Er sticht nur gegen den Charakter Abrahams so sehr ab, der, ungeachtet seiner eben so simpeln Lebensart, in allem seinem Betragen die edelste Thätigkeit und Würde zeigt.

Hierauf fängt nun auch der Zeitpunkt an sich zu nähern, daß die dem Abraham gegebne Verheißung in ihre wirkliche Erfüllung gehen, und durch ihre, über die ordentlichen Grenzen der Natur so weit hinaus gesetzte Verzögerung, seinem Glauben nunmehr die vollkommenste Bestätigung geben soll.

Hier kömmt inzwischen noch ein andrer Auftritt von ihm vor, der nach der Veranlassung und dem Ausgange dem ägyptischen völlig ähnlich ist, Cap. 20. Nur scheinet diese Begebenheit in die jüngern Jahre der Sarah zu gehören, und da sie mit der übrigen Geschichte keine Verbindung hat, hierher nur verschoben zu seyn, um jene dadurch nicht zu unterbrechen. Wenn Moses aber auch keine andere Ursachen gehabt hätte, sie aufzubewahren, so hätte die edle und gottesfürchtige Denkungsart Abimelechs allein schon verdienet verewiget zu werden. So bald Gott den Gedanken

Beruf an bis an deſſen Tod.

danken nur in ihm erweckt, daß Sarah eine verheyrathete Frau ſey, ſo ſind auf einmal alle Empfindungen der Religion in ſeiner Seele in Bewegung; ſein reines und unſchuldiges Gewiſſen ſpricht ihn zwar von allem ſträflichen Vorſatz frey; aber er erſchrickt auch ſchon vor der Möglichkeit, ein ſolches Verbrechen begangen zu haben, und vor dem Gedanken, was er über ſich und ſein unſchuldiges Land für ein Gericht gezogen haben würde. Kaum iſt auch der Tag angebrochen, ſo läßt er ſeine nächſten vertrauten Diener zuſammen rufen, und ſtellet ihnen die Gefahr, worinn er geweſen, vor, und ſie hören die Erzählung mit eben dieſen gottesfürchtigen Geſinnungen an. Er ſchickt auch gleich zu Abraham, und noch voller Bewegung bricht er in die Worte aus: Womit habe ich dich beleidigt, daß du über mich und mein Reich eine ſo ſchwere Sünde bringen wollteſt? Abraham beweiſet ſeine Unſchuld mit der ihm eigenthümlichen ungekünſtelten Aufrichtigkeit. Darauf führet ihm Abimelech die Sarah mit allen Zeichen der Ehrerbietung wieder zu; und da ihre bisherige Art ſich zu kleiden, indem ſie unverhüllet gegangen, zu dieſem Irrthum Gelegenheit gegeben, ſo wagt er aus dieſer Ehrerbietung zwar nicht ihr ſelbſt den Schleyer zu geben, als den ſie nur allein aus den Händen Abrahams nehmen könne, bittet ſie aber, für das Geld, das er ihm gegeben,

geben, sich einen zu kaufen, damit ihr nicht noch einmal eine ähnliche Kränkung begegnen möge. Zugleich wünscht er jetzt nichts mehr, nachdem er Abraham als einen großen und erleuchteten Propheten und Verehrer Gottes näher kennen gelernet, als sich aufs genaueste mit ihm zu verbinden, bittet ihn, sich in seinem Lande, wo es ihm gefalle, niederzulassen, und beschwöret ihn, die mit ihm errichtete Freundschaft auch seinen Nachkommen zu erweisen. Abimelech, ein König der Philister; — von Abkunft ein ägyptischer Prinz; — das Haupt einer ägyptischen Colonie; — der für sich und seine Nachkommen sich die Freundschaft und den Schutz Abrahams erbittet; — Abraham für einen erleuchteten und auserwählten Propheten Gottes hält; — und mit dem ägyptischen Pharao diesen einigen Gott mit Abraham noch anbetet. — Wie wichtig für Moses alle diese Umstände! Und diese Aegypter und Philister, die jetzt noch die Verehrer des wahren Gottes sind, so bald die größesten Abgötter und feindseligsten Verfolger der Nachkommen Abrahams, der Bekenner dieses Gottes — Was für ein wichtiger Bewegungsgrund für das israelitische Volk, bey der Betrachtung dieses schnellen Verfalls in der Hochachtung für seine Verfassung zu beharren, die auf die Erhaltung der wahren Erkenntniß Gottes so sorgfältig eingerichtet war.

Isaak

Isaak wird gebohren, Cap. 21. Die Geschichte von Ismael, die hier noch einmal vorkömmt, würde hier eben so wenig einige Bemerkung verdienet haben, wenn nicht dieser Knabe von der Vorsehung, wie ich schon gesagt, zu einer so wichtigen Person in der Geschichte der Menschheit und der Religion bestimmt gewesen wäre. Auch das Andenken dieses Brunnens hat sich noch auf eine sehr merkwürdige Art erhalten, da er in eben dem Tempel zu Mecca, nebst der Caaba oder dem geglaubten Bethhause Abrahams, mit eingeschlossen ist, und mit diesem Hause, als das heiligste Denkmaal ihrer beyden Stammväter, von den Mahomedanern verehret wird.

Isaak wächst indessen heran; und der glückliche Vater sieht in ihm mit aufgeklärter Freude die volle Erfüllung aller seiner bisherigen Erwartungen. Allein Abrahams Glaube hat alle die Eigenschaften und Stärke noch nicht bewiesen, worinn er allen, die mit ihm eine weise und gütige Vorsehung des einigen Gottes und Herrn der Welt anbeten, ein Vorbild seyn soll. Er soll es auch noch darinn seyn, daß dieser Glaube die Seele der ganzen Religion sey, und daß er nicht bloß in dem Vertrauen zu den göttlichen Verheißungen bestehe, sondern daß er auch den unbedungensten Gehorsam, die unbedungenste Unterwerfung

werfung erfodre, und auch zugleich dem wahren Bekenner Gottes die volle nöthige Stärke dazu gebe. Denn indem er sich jetzt in diesem Sohne den glücklichsten Vater sieht, bekömmt er auf einmal den schrecklichen Befehl, daß er diesen Gegenstand seiner zärtlichsten Freuden, diesen einzigen, den hoffnungsvollsten Sohn, diese Freude und Stütze seines Alters, um den ihn alle die ihn kennen den glücklichsten Vater preisen, daß er den, mit allen seinen sanften großen Erwartungen, Gott zum Opfer wieder hingeben soll. In dem ersten Augenblicke erschrickt die Vernunft vor diesem Befehle zurück, und es ist bekannt, wie grausam die Feinde der Offenbarung denselben vorzustellen suchen. Ein Vater, der seinem Gott von der Treue seines Glaubens schon so viele Beweise gegeben, soll zu einer noch größern Probe auch selbst seinen einzigen Sohn noch opfern! — Wo ist die Vernunft, die gegen einen solchen Befehl, die gegen eine solche Religion, welche einen solchen Befehl für göttlich ausgeben kann, sich nicht empöre? Wo ist der Vater, der ohne die unmenschlichste Schwärmerey einen solchen Befehl zu vollziehen sich bereit fühlen könne? Der Befehl verdient mit aller Ruhe geprüft zu werden. Es kömmt hier nicht auf die Rechtfertigung dieses einzelnen Falles an; er ist für uns eben so wichtig; wir werden, wenn wir wahre Be-

kenner

kenner Gottes und seiner Vorsehung seyn wollen, zu eben den Gehorsam aufgefodert.

Daß Gott an Grausamkeit kein Wohlgefallen habe, und grausame Handlungen zu keiner ordentlichen Pflicht machen könne, dieß ist eine ewige Wahrheit. Sollte aber Gott nicht aus höhern weisen Absichten in einzelnen Fällen einen für uns so harten Befehl geben können? Ich will den äußersten Fall nehmen, daß es die Absicht Gottes wirklich gewesen wäre, daß Abraham den Befehl vollziehen sollen. Gott ist der unumschränkte Herr seiner Geschöpfe und ihres Lebens, und mit der freyen Wahl, womit er es ihnen gab, kann er es ihnen auch wieder nehmen, ohne daß uns der Gedanke von Grausamkeit dabey einkommen dürfte. Ohne die Absicht davon erforschen zu wollen, bleibt es unsre erste und heiligste Pflicht, uns die weisesten Ursachen dabey zu denken. Alle unsre unschuldigsten, unsre besten Entwürfe dürfen dagegen nichts einwenden, und der zärtlichste Vater muß seinen hoffnungsvollsten Sohn mit dieser Unterwerfung aus seinen Armen hingeben. Diese Unterwerfung, dieser Glaube, daß Gott aus höhern weisern Absichten dieß Opfer von ihm fodre, bleibt bey allen Thränen die seine Natur dabey weinet, seine einzige Pflicht; sie ist die höchste die er seinem Gott beweisen kann; aber sie ist für ihn Pflicht, oder er verleugnet Gott.

Läßt

Läßt es sich aber auch von Gott gedenken, daß er einem Vater selbst die Vollziehung eines so harten Befehls auftragen könne? Deutlicher: Sollte es möglich seyn, daß Gott in einzelnen Fällen, auch zu einem solchen Befehle seine höhern weisern Absichten haben könne, und sollte der Mensch zur Vollziehung eines solchen Befehls sich je verpflichtet halten können? Wir können uns Fälle denken, wo das Vaterland eben ein solches Opfer fodert, und wo der zärtlichste Vater es sich willig zur Pflicht macht, das Leben des besten Sohns, und mit demselben seine sanftesten und gerechtesten Hoffnungen, für diese höhere Wohlfahrt in Gefahr zu setzen. Das Gesetz der Natur bleibt hier völlig ungekränkt; jene Fälle beweisen nur, daß höhere Verbindlichkeiten möglich sind, denen das Verhältniß, worinn wir mit den Unsrigen stehen, weichen muß. Sollte nun der weise Regent der Welt keine solche höhern Ursachen haben können, die ebenfalls von einem Vater ein solches Opfer foderten? Die Natur würde immer dabey leiden; aber sie leidet eben das, wo jene Fälle dem Vater diese höhere Pflicht auflegen. Sollte nun die Liebe zu Gott nicht eben so groß in dem Menschen werden, und bey dem deutlichsten Bewußtseyn, (welches voraus gesetzt wird,) daß der Befehl wirklich von dem weisesten und gütigsten Wesen komme, der

leiden-

leidenden Natur nicht wenigstens eben die Stärke geben können? Könnte der Mensch die ganze Absicht eines solchen Befehls deutlich übersehen, so würde er ihn, so hart er auch der Natur wäre, als unendlich weise preisen müssen: Er sieht sie nicht; sollte er zu der höchsten unveränderlichen Weisheit deßwegen weniger Vertrauen haben? Gott würde also die wirkliche Vollziehung dieses Befehls von Abraham haben fodern können, ohne daß wir denselben grausam nennen dürften.

Dieß war aber offenbar die Absicht Gottes nicht; die Geschichte sagt, Gott habe Abraham nur versuchen wollen. So nennet die Schrift überhaupt alle die Veranlassungen, die Gott entstehen läßt, daß der Mensch dabey Gelegenheit habe, die Stärke und Schwäche seines Vertrauens und Gehorsams gegen Gott wirklich zu erfahren, und zugleich auch andern einen erweckenden Beweis davon zu geben. Abraham war dazu erwählet, daß er der Lehrmeister der Religion und ein Vorbild des Glaubens seyn sollte. Bis hieher war er durch die immer deutlichere und vollkommenere Erkenntniß Gottes von Stuffe zu Stuffe dahin geleitet, daß sein Glaube das Bild des vollkommensten Vertrauens ist, wozu die Ueberzeugung von einem allerhöchsten weisen und allmächtigen Regenten der Welt den Menschen

erheben

erheben kann. Nun soll er aber auch alle, die mit ihm diesen allerhöchsten Gott bekennen, mit seinem Exempel lehren, was dieser Glaube für ein thätiges und mächtiges Principium ist; und zuvorderst mit der allerhöchsten Handlung des Gehorsams, deren die Natur fähig ist, den Beweis geben, daß dieser Glaube als ein thätiges Principium die unbedungenste Bereitwilligkeit in sich fasse, unsre zärtlichsten Neigungen und angenehmsten Entwürfe dem Willen dieses weisesten und besten der Wesen aufzuopfern, und auch da, wo die Absichten seiner Weisheit uns ganz unerforschlich sind, wo alles um uns finster, niederschlagend und trostlos ist, uns seinen Fügungen und Befehlen mit Gehorsam und Gelassenheit zu unterwerfen. Aber dann sollen sie auch an diesem Exempel zu ihrer Erweckung sehen, was dieser Glaube zugleich auch für ein mächtiges Principium ist, und was für einen Grad von Freudigkeit und Stärke er dem Menschen geben, zu was für einer Größe er ihn auch da, wo die Natur zittern und erliegen müßte, erheben kann. Dieß ist die Absicht dieser göttlichen Foderung. Abraham sieht sie nicht; aber es ist ihm genug, daß er die Stimme kennet, die das Opfer von ihm fodert. Er weiß, daß keine schwarze verrätherische Bosheit hierunter verborgen ist, die, durch die Unschuld und Tugend Isaaks gekränkt, sich an derselben zu rächen

rächen suche; kein heimtückischer Haß, der seinen gerechten väterlichen Freuden und Erwartungen mit neidischen Augen zugesehen; er weiß daß es die Stimme Gottes ist, eben die deutliche bringende Stimme, deren Göttlichkeit er durch so viele Erfahrungen schon bestätigt gefunden. Er fühlet dabey alles; seine Natur zittert, seine Vernunft verliert sich, sein Herz bricht, er ist Vater; aber sein Glaube bleibt; die Ursachen, die sein Gott haben kann, will er aus Demuth nicht ausforschen; es ist ihm Pflicht, sie mit Unterwürfigkeit zu verehren; alle die sanften Hoffnungen, die ihm Gott in diesem Sohne gab, verschwinden; aber er denkt sich eher, wie Paulus sagt, zu einer Auferstehung der Todten hinauf, ehe er an der Wahrheit und Liebe seines Gottes zweifeln sollte. Hiedurch gestärkt macht er sich bereit den schrecklichen Befehl zu vollziehen; geht in wehmüthiger Gelassenheit mit dem Sohne nach dem bestimmten Orte hin; einige Tage nachher erblickt er die schaudervolle Höhe; hier läßt er seine Knechte, um an der Vollziehung des göttlichen Befehls durch nichts gehindert zu werden, und ihnen zugleich den schrecklichen Anblick zu ersparen, den sein Glaube allein nur aushalten kann; nimmt darauf Feuer und Messer selbst in die zitternde Hand, und giebt dem Sohne das Holz. — Mein Vater, hier ist wohl Feuer und Holz, aber

aber wo ist das Opfer? — Mein Sohn, der Herr wird ihm schon eines ausersehen. — Dieß ist alles, was das brechende väterliche Herz hervorbringen kann. Indessen kömmt er an die fürchterliche Stätte, macht den Altar zurecht, und fasset das Messer in die bebende Hand. — Höher kann die Natur nicht gehen; hier ist der vollkommenste Gehorsam, der dem Glauben möglich ist; aber die göttliche Absicht ist nun auch erreicht. — Nun weiß ich, daß du Gott fürchtest. Menschen! die ihr mit diesem Vater eures Glaubens Gott als den Regenten der Welt und eurer Schicksale kennet, die ihr ihn in seiner Herrschaft über euch unumschränkt, in seinen Verheißungen wahrhaftig, und in allen seinen Verordnungen und Zulassungen weise, gerecht und gütig kennet, hier ist euer Vorbild; sehet hier die Unterwerfung, den Gehorsam, den dieser Glaube von euch fodert; aber sehet hier auch zu eurer Ermunterung, was ein wahres Vertrauen zu einer weisen und gütigen Vorsehung der schwachen Natur für Stärke giebt, und wie diese Vorsehung alle ihre Verhängnisse nach euren Kräften abzumessen, und auch den schrecklichsten eine solche Entwickelung zu geben weiß, daß euer Glaube noch immer dadurch befestigt wird; und auch Schwächern den Muth giebt, euch darinn ähnlich zu werden. Die Natur wird bey solchen harten

Ver-

Verhängnissen auf einige Zeit leiden; aber wie sehr muß auch ein Geschöpf, das von der Weisheit und Güte dieser Vorsehung überzeugt ist, sich durch den Gedanken gestärkt fühlen, es bringe seinem Gott das schmerzlichste Opfer! Je schwerer hier für die Natur der Kampf ist, desto edler ist der Sieg. Wie groß werde ich mir, wenn ich mit meinem Ungemach einem Menschen dienen kann; wie unendlich größer, wenn ich meine Neigungen und die Freuden meines gegenwärtigen kurzen Lebens den weisen Absichten des höchsten Regenten der Welt, dem größten und besten der Wesen aufopfern kann! Ich höre jetzt keine unmittelbare Stimme mehr; aber meine jetzige Ueberzeugung von dieser über mich waltenden Vorsehung ist mir stärker, einleuchtender, als alle unmittelbare Erscheinungen. Es gefällt der Weisheit Gottes vielleicht auch nicht, mich hier die Entwickelung meiner Schicksale sehen zu lassen; aber dafür ist meine Aussicht in die Ewigkeit auch so viel heiterer, als sie Abraham hatte.

Abraham umarmet den ihm von Gott neugeschenkten Sohn mit verdoppelter Freude, und nimmt die ihm in demselben wiederholte Verheißung mit gestärkter Zuversicht an. So ist sein Glaube der Sieg, und allen die mit ihm einen Gott bekennen, das vollkommenste

Vorbild der Religion in ihren Fodrungen und in ihren Hülfen. Wo ist aber nun in diesem göttlichen Befehle die so beschrieene Grausamkeit und Veranlassung zu den Menschenopfern; wo in dem Betragen Abrahams das Schwärmerische? Man übersehe seinen ganzen Charakter. Er betet seinen Gott, wo er hinkömmt, öffentlich und mit Freymüthigkeit an; aber seine Religion zeigt sich überall in ihrer wahren göttlichen Gestalt, in Heiterkeit und Ruhe. Dieß ist die Natur des wahren Glaubens; er erleuchtet, wärmet, stärkt, aber er erhitzt nie; und je größer er wird, desto ruhiger und heiterer macht er. Dabey ist Abraham in allem seinen Betragen der zärtlichste Menschenfreund, der vor dem Gedanken erschrickt, daß Gott den Unschuldigen mit den Schuldigen umkommen lassen könne. Wie weit ist diese Gesinnung von dem fanatischen Triebe zu einer so grausamen Entschließung entfernt! Natürlicher Weise mußten die ihm so oft wiederholten Verheißungen, die durch diesen Sohn in Erfüllung kommen sollten, in seiner Seele beständig gegenwärtig seyn; wie widersprechend nun, daß er in einem Alter, wo alle Hoffnung diesen Verlust ersetzt zu sehen unmöglich war, mit der langsamen Vorbereitung und der ruhigen kühlen Gemüthsfassung, womit er die ganze Handlung vornimmt, alle diese großen Erwartungen sich

auf

auf einmal mit dem Leben dieses Sohnes hätte rauben sollen? Und wenn endlich auch ein erhitzter schwärmerischer Trieb seine ganze Natur so weit umgekehret hätte, woher kam der veränderte Trieb, in dem Augenblicke, da jener den höchsten Grad der Wuth erreicht hatte, und der Natur nach die plötzliche Enthaltung unmöglich machte?

Vielleicht waren auch die grausamen Menschenopfer um diese Zeit schon im Gebrauch, und daß Abraham auch daher dieß Opfer nicht so unnatürlich fand, als wir dieselben jetzo ansehen. Zu Mosis Zeiten waren sie wenigstens schon gewöhnlich; denn sie sind die nächste Folge des Verfalls der wahren Erkenntniß Gottes, und gehören ganz in die Zeit der rohesten Menschheit, da der Mensch noch keine andre als rauhe Größe kennet, und sich daher auch seine Götter als lauter fürchterliche Wesen mit menschlichen Leidenschaften denkt, deren Gunst er nicht anders als durch Opfer und Gaben gewinnen könne. Wo er nun diese zu schwach hält, verdoppelt er ihre Kostbarkeit und ihre Menge, und steigt, besonders wenn ein geheimes Gefühl von Verschuldung hinzu kömmt, zu den unnatürlichsten Anstrengungen, fängt an sich selbst zu martern, opfert Menschen, endlich seine eigenen Kinder, um die Gottheit durch diese äußersten Anstrengungen wenigstens zum Mitleiden zu bewegen. Dieß brachte jene grausamen Gottesdienste so früh in die Welt und machte sie so allgemein. Daher waren sie, wie ich sage, vielleicht auch um diese Zeit schon im Gebrauch; und Moses führet die Geschichte gewiß in der Absicht mit an, um hier den Unterschied der wahren Religion und dieses fürchterlichen Aberglaubens zu zeigen, damit, wenn sein Volk, durch diesen grausamen Aberglauben der benachbarten Völker verblendet, denken möchte, daß diese Anbeter des Molochs ihre Gottheiten doch mehr fürchteten, und also auch mehr von ihrer Gnade zu erwarten hätten, und daß dieß Volk daher, (denn der Aberglaube ist immer so viel blendender und reizender, als er grausamer ist,) zu eben dieser Abgötterey, oder wenigstens zur Annehmung eben so grausamer Opfer sich verführen lassen möchte, damit er, sage ich, ihm in dieser Geschichte den Beweis gäbe, daß der Glaube an den einigen wahren Gott zwar auch die unumschränkteste Unterwerfung fodre, auch dem Menschen alle Stärke dazu gebe, aber daß dieser Vater der Menschen mit Grausamkeiten und unnatürlichen Martern nicht geehret werden könne, sondern nur ein ihm ergebenes Herz verlange. Was war nun hierzu geschickter, als das Exempel dieses seines großen Stammvaters, der das vollkommenste Vorbild seiner Religion seyn sollte.

Hier-

Hiermit ist nun auch die Bestimmung Abrahams erfüllet, und zugleich endigt sich damit die Geschichte seines Glaubens.

Dritte Abtheilung.
Von Isaak bis zu Jakobs Reise in Aegypten.

Die Lebensgeschichte Isaaks ist viel einfacher und kürzer. Von seinem Vater in der Erkenntniß des wahren Gottes unterrichtet, und durch dessen Exempel in der Verehrung desselben bestärkt, macht er es sich ebenfalls zu seiner ersten Pflicht, seinen Gott, wo er hinkömmt, öffentlich zu bekennen, und die Seinigen in der Verehrung desselben zu erhalten; und braucht daher auch zur Befestigung in dieser Erkenntniß nicht mehr die vielen Erscheinungen, wodurch Abraham diesen vollständigen Unterricht erst bekommen mußte. Zugleich hat er von seinem großen Vater alle die Rechtschaffenheit und Würde; nur die Größe und Stärke der Seele nicht. Es herrscht in seinem Charakter eine gewisse weichliche Schwäche und Ruhe, welche die Ehrfurcht für ihn auch in seinem eigenen Hause verminderte. Auch ist seine Lebensart schon mehr verfeinert, und scheinet schon mehr, wegen der genauern Verbindung mit Gerar, nach den Sitten des Hofes von Abimelech eingerichtet.

richtet. Das Mahl, das er diesem Könige bey dem errichteten Freundschaftsbunde giebt, ist von der Bewirthung Abrahams sehr unterschieden. In diese Verbindung mit Gerar brachte ihn, wie seinen Vater, der Vorsatz einer neuen Theurung wegen nach Aegypten zu reisen. Da Jakob nachher, wegen eines ähnlichen Mangels, in eben diese Nothwendigkeit gesetzt wurde, so ist dieß ein Beweis von der damaligen noch schwachen Bevölkerung des Landes, und wie wenig der Ackerbau, da die Einwohner noch größtentheils von der Jagd und Viehzucht lebten, noch in Uebung gewesen, den Moses dafür nachher, als den wesentlichsten Grund aller bürgerlichen Sittlichkeit, durch die vortrefflichsten Verordnungen so viel mehr zu ermuntern suchte. Auch ist der noch gegenwärtige Mangel dieses wohlthätigen Nahrungsmittels zugleich als die vornehmste Ursache von der unter den Einwohnern dieses Landes noch herrschenden ungeselligen und gesetzlosen Unsittlichkeit anzusehen, die besonders allen Fremdlingen so fürchterlich war. Isaak fand indessen in der Gegend von Gerar den nöthigen Unterhalt, den er suchte, daß er seinen Zug nach Aegypten nicht brauchte fortzusetzen. Aber aus Furcht vor der herrschenden Wildheit der Sitten, hielt er sich der Rebecca wegen in eben der Gefahr, worinn sich Abraham bey der Annäherung an eine jede fremde

fremde und mächtigere Völkerschaft glaubte, und suchte sich auch auf eben die Art, wie sein Vater dessen Geschichte ihm nicht unbekannt seyn konnte, dagegen in Sicherheit zu setzen. Er fand zwar auch bey diesem Abimelech noch eben die billigen Gesinnungen; aber aus dessen Antwort ist es auch deutlich, daß seine Furcht nicht ungegründet war, und daß man den Raub unverheyratheter Personen für ganz erlaubt hielt, so daß der König ihr auch nachher noch, da sie schon für das was sie war erkannt wurde, die nöthige Sicherheit nur durch eine auf ihre Kränkung gesetzte Todesstrafe verschaffen konnte. Die Freundschaft also die Isaak hier fand, bewog ihn auch in dieser Gegend zu bleiben; und da er bey diesem Aufenthalt den Ackerbau, den diese Colonie aus Aegypten mitgebracht, und dessen sichere Vortheile kennen lernte, so fieng er auch selbst an sich darauf zu legen, und ihn mit der Viehzucht zu verbinden, und vermehrte dadurch in kurzer Zeit seine Reichthümer so sehr, daß seine Größe den Philistern selbst bedenklich wurde. Dieß ist die einzige Begebenheit, die Moses aus dem Leben dieses Patriarchen anzuführen seiner Absicht gemäß gehalten. Das übrige betrifft die Vorfälle in Isaaks Familie mit seinen Söhnen; ihrer beyder Geburt, ihren verschiedenen Charakter, den Handel mit der Erstgeburt, und die Erschleichung des väterlichen Segens. An sich sind dieß alles die unbedeutendsten Kleinigkeiten, die bis an die Zeiten eines spätern Schriftstellers sich nie erhalten hätten, und die noch weniger ein späterer Schriftsteller erdichtet haben würde. Nimmt man aber Mosen als den Verfasser dieses Buchs an, wie es ein jeder Zug aus dieser Geschichte unwidersprechlicher macht, so waren sie ihm zu seiner Absicht äußerst wichtig. Denn sichtbarlich schrieb er dieß ganze Buch in der doppelten Absicht, um das israelitische Volk in der Ueberzeugung zu bestätigen, daß seine Religion, nämlich die Erkenntniß und Verehrung des einigen Gottes und Schöpfers der Welt, die einzige wahre Religion sey, so wie sie Gott, von der ersten Schöpfung an den Menschen selbst offenbaret, und nachher ihren ersten Stammvätern durch so viele wiederholte Erscheinungen bestätigt habe. Dann aber: daß die Eroberung des Landes, wozu er sie jetzt anführe, kein willkürliches Unternehmen von ihm sey, sondern daß dieß Land ihren Vätern schon als ein Eigenthum für ihre Nachkommenschaft und in der Absicht von Gott verheißen sey, daß es der Sitz dieser Religion seyn sollte. In Isaak hätte die Familie sich zwar getheilet, und nach dem Rechte der Erstgeburt, hätte die Nachkommenschaft Esaus an dieser Verheißung den nächsten Antheil gehabt; aber Gott, der in der

der Austheilung seiner Gnaden nach einer unumschränkten Freyheit verfahre, habe Jakob dazu erwählet, und zum Beweise dessen sey dieser es auch, den die Vorsehung, der ältern Vorherverkündigung gemäß, mit seinem Hause nach Aegypten geführet habe. Und hier kommen die Charaktere von Esau und Jakob, die zugleich ein vollkommenes Gemählde von den Sitten und der Denkungsart der damaligen Zeit sind. Esau kühn und stolz, Jakob sanft und feig; Esau, der durch ein wilderes Naturell angetrieben, das väterliche Hirtenleben mit der Jagd vertauscht, sich zur innigsten Kränkung seiner Aeltern mit den üppigern und vermuthlich schon abgöttischen Cananitern verbindet, und, ungeachtet der seinen Vätern gegebenen Verheißung, sein Recht der Erstgeburt für die geringste Befriedigung seiner Begierden leichtsinnig hingiebt: Ich sterbe doch — die wahre heroische Sprache eines Esprit forts aus der ersten Welt. Jakob aber, der sich kein Bedenken daraus macht, diese Schwachheit des Bruders sich zu Nutze zu machen, und, da er sich nicht Muth genug zutrauet, sein Recht gelten zu machen, durch eine listige Erschleichung des väterlichen Segens sich desselben zu versichern sucht, und so wohl beyde Brüder als der hintergangene Vater sind in der abergläubigen Einbildung von der Kraft des väterlichen Segens, daß

der-

derselbe, auch ungeachtet alles dabey vorgegangenen Irrthums und Betrugs, unwiderruflich sey. Was aber hierbey die größte Aufmerksamkeit verdienet, sind die beyden Züge aus dem Charakter Jakobs, welche die Aufrichtigkeit Mosis, und zugleich sein Vertrauen zu der Göttlichkeit seines Berufs auf einmal in das volleste Licht setzen. Wäre die Eroberung Canaans ein willkürliches Unternehmen von ihm gewesen, so hätte er hier die beste Gelegenheit gehabt, Jakob, als dem eigentlichen Stammvater seines Volks, eben den edlen und erhabnen Charakter beyzulegen, womit er Abraham vorgestellet hatte, um ihn dadurch des vorzüglichen Segens für sich und seine Nachkommen so viel würdiger zu machen; wenigstens wäre es bey seinem Vorhaben der gemeinsten Klugheit gemäß gewesen, diese niedrigen Handlungen, wodurch er das Recht der Erstgeburt und des Vaters Segen an sich gebracht, zu verschweigen. Aber aus fester Zuversicht, daß Gott selbst dieß Geschlecht dazu erwählet, und durch ihn diese Absicht ausführen werde, ohne daß er die Gunst seines Volks dazu brauche, beschreibt er Jakob, wie er ist, ohne die geringste Schwachheit von ihm zu verbergen. Und offenbar hat er dazu noch eine besondere Ursache, die die Rechtschaffenheit seiner Absicht noch in ein größeres Licht setzt. Dieß konnte er den Israeliten nicht verschweigen,

gen, daß sie das Volk wären, welches Gott dazu erwählet habe, um durch sie seine Erkenntniß besonders zu erhalten, und ihnen deßwegen dieses Land einzugeben; aber weil er auch eben hieraus befürchten mußte, daß das Volk sich dieses als ein vorzügliches Verdienst auslegen, und, mit Verachtung aller andern Völker, sich als ein Lieblingsgeschlecht der Vorsehung ansehen möchte; so ist es auch bey aller Gelegenheit sein wichtigstes Augenmerk, ihm diese Wahl als die allerfreyeste Gnade vorzustellen, wobey es vor keinem Volke in der Welt sich des geringsten vorzüglichen Verdienstes rühmen könne, sondern daß es von Gott mit eben der Freyheit dazu erwählet sey, womit er seine andern Wohlthaten in der Welt austheile, ohne daß die mehr begünstigten sich dieses als ein Verdienst anrechnen könnten, und daß er daher mit eben der Freyheit, womit er ihm diese Gnade ertheilet, ihm dieselbe nach seiner Weisheit auch immer wieder nehmen könne. So habe Gott, ungeachtet daß Esau der Erstgeborne gewesen, Jakob vor ihm erwählet; dadurch aber, daß Jakob dieß eingebildete Recht der Geburt und den väterlichen Segen an sich gebracht, habe er auch kein mehreres Recht dazu erhalten; Gott habe den Betrug geschehen lassen, wie er alle ungerechte Handlungen der Menschen, wenn sie seinen Absichten nicht entgegen sind, geschehen lasse,

laſſe, aber in die göttliche Wahl habe weder das eine noch das andere einigen Einfluß gehabt. Dieſe Wahl, die auf ſeine ewige Weisheit gegründet ſey, und die er als der Regent der Welt nach ſeiner unumſchränkten Freyheit ausführe, gehe der Exiſtenz aller Geſchöpfe vorher, und ſey auch der Geburt dieſer beyden Brüder vorhergegangen, (ein Grundſatz, den Paulus nachher zur Widerlegung der eingebildeten Vorzüge dieſes Volks ſo vortrefflich anwandte,) und alles, was ein ſo begnadigtes Volk für ſich daraus zu ſchließen habe, ſey dieß, daß es ſeine Vorzüge mit ſo viel mehrerer Dankbarkeit erkennen müſſe.

Dieſer Vorfall in der Familie Iſaaks giebt indeſſen Gelegenheit, daß der Plan der Vorſehung ſich um einige Züge ſchon wieder deutlicher entwickelt. Jakob muß, um der Rache des Bruders zu entgehen, zu ſeiner Sicherheit in der Stille und ohne alle Begleitung ſich nach Chaldäa hinbegeben; und wie er auf dem Wege von der Nacht überfallen wird, legt er ſich unter offenen Himmel nieder, und hat nichts als einen Stein zum Hauptküſſen. Ein volles Bild der erſten rohen Zeit. Hier, entfernt von den Seinigen, und flüchtig aus einem Lande, wovon er ſich zwar den Erben geglaubt, aber das er nun auf immer für verloren anſieht, entſteht ein Bild in ſeiner Seele,

das

das ihm von der Vorsehung und von der Allgegenwart Gottes die vollkommenste Vorstellung giebt, wie er sie nach seiner Fähigkeit fassen konnte. Er sieht eine Leiter über sich, die vom Himmel auf die Erde reicht; Engel steigen auf dieser Leiter auf und nieder, und an der Spitze sieht er Gott und hört die Stimme: Er sey der Gott, den seine Väter angebetet, und dieß Land, auf dessen Grenzen er jetzt einsam und flüchtig liege, solle seiner Nachkommenschaft mit allen den Vorzügen, wie es Abraham verheißen worden, zu Theil werden, und zugleich solle sich noch ein unendlich herrlicherer Segen über das ganze menschliche Geschlecht verbreiten. In dieser Vorstellung ist alles enthalten, was den Glauben Jakobs an eine Vorsehung stärken kann. Gott das höchste Wesen, der eingeschränkten menschlichen Vorstellung nach zwar im Himmel, aber nach seiner Allwissenheit und Allmacht dennoch mit der ganzen Schöpfung in Verbindung; — vom Himmel auf die Erde ist alles eine von Gott abhangende Kette, eine Leiter; — Gott in der ganzen Schöpfung gegenwärtig; — auch hier an den Grenzen Canaans derselbige Gott, der sich Abraham offenbaret; — der wahrhaftige Gott, der in seinen Rathschlüssen und Verheißungen unveränderlich ist; — der Herr der ganzen Natur, der alle Geschöpfe zu Dienern und Werkzeugen seines Willens macht;

macht; — der nicht allein das Gegenwärtige sieht und ordnet, sondern der auch das Vergangene mit dem Gegenwärtigen, und dieses mit dem Zukünftigen verbindet; — und dessen Vorsehung sich über alle Geschlechter der Menschen erstreckt, und ihre Schicksale bis ans Ende der Welt bestimmt, wann und durch wen deren Erfüllung kommen soll. Das Bild ist ganz sinnlich, so mußte es nach der damaligen Vernunft seyn; die Vorstellung selbst ist aber auch so vollständig, daß die erhabenste Vernunft sich dieselbe nicht vollkommener denken kann, und so rein, daß sie auch die schwächste Vernunft auf keine falsche Begriffe dabey kommen läßt. Auch die Engel sind diesem wahren Begriffe von der Vorsehung nicht entgegen. Der schwachen Vernunft Jakobs, oder der schwachen Vernunft der ganzen alten Welt überhaupt, war auch diese Vorstellung am meisten angemessen. Je weniger die Vernunft einen geordneten Lauf der Natur und deren Ursachen und Wirkungen kennet, je mehr denkt sie sich dabey dergleichen unsichtbare wirkende Wesen; und dieß war vielleicht die einzige mögliche, wenigstens die bedeutendste und sicherste Vorstellung, wobey die schwache Vernunft sich eine Vorsehung gedenken konnte. Denn was wir uns für eine Art von Kräften oder Mitteln vorstellen, wodurch Gott die Welt regieret, das hat in das Wesentliche

sentliche unsers Begriffs von der Vorsehung, und in unser Vertrauen zu derselben keinen Einfluß; genug, daß es Kräfte sind die immer unter den Augen Gottes wirken, die nichts für sich thun, sondern von dessen allmächtigem und weisem Willen unmittelbar abhangen. In was für einer Gestalt sich Jakob diese Engel vorgestellet, (denn es war alles nur innerliche Vorstellung,) dieß thut zur Sache nichts; sie war wahrscheinlich dieselbe, wie sie zu der Zeit allgemein war, nämlich mit Flügeln. Mit solchen Flügeln wurden in den alterältesten Zeiten alle Gottheiten und geglaubte geistige Wesen abgebildet, um hiedurch diese ihre höhere Natur und besonders ihre Geschwindigkeit auszudrücken; und das Bild ist so natürlich, daß man nicht nöthig hat anzunehmen, daß die Etrurier es von den Aegyptern, oder die Griechen von einem von diesen Völkern geborgt hätten. Bey den höhern griechischen Gottheiten verlor sich diese Abbildung nachher und blieb nur zur Bezeichnung einiger niedrigerer Gottheiten, nachdem die Kunst, die höhere Natur derselben in einer grössern Vollkommenheit der Gestalt auszudrücken, anfieng. Selbst die erhabene und prächtige Vorstellung Davids von Gott, daß er auf dem Cherub und den Fittigen des Windes fahre, hat damit noch eine Aehnlichkeit. Wie wenig aber für Jakob, bey seinem noch so eingeschränkten Begriffe von der Allgegenwart Gottes, dieses Gesicht überflüßig war, das erhellet aus der Verwunderung, womit er erwacht, daß er auch hier, von den Hütten und Altären seiner Väter entfernt, diesen ihren Gott sieht, und nun hier die eigentliche Wohnung Gottes und Pforte des Himmels zu finden glaubt: Gewißlich ist der Herr auch an diesem Orte, und ich wußte es nicht; ein gewisser Beweis zugleich, daß diese Erscheinung keine natürliche Wirkung seiner Einbildung, sondern ein von Gott in seiner Seele gewirktes Bild war. Nun steht er auf, richtet den Stein zum Denkmaale dieser Erscheinung auf, und weihet ihn, indem er ihn mit Oel begießt, mit dem Gelübde ein, daß, wenn Gott ihm auf dieser Reise vor Gefahr behüten, es ihm an Brodt und Kleidern, (wie wenig braucht der noch nicht verzärtelte Mensch!) nicht mangeln lassen, und ihn glücklich wieder zurück führen würde, daß alsdann der Herr (ein wohl gemeyntes, aber auch wieder von der äußersten Schwachheit zeugendes Gelübde,) auch Sein Gott seyn solle, den er hier an diesem Orte, bey diesem geheiligten Steine, wo er ihm so gegenwärtig gewesen, öffentlich anbeten und bekennen wolle. Man kann hier den geweiheten Stein für das Haus oder den Ort nehmen, wo er Gott anbeten will. Denn da die mit ihren Heerden herumziehenden

bis zu Jakobs Reise in Aegypten. 361

den Völker für sich keine unbewegliche Häuser hatten, so hatten sie auch noch keine Tempel oder unbewegliche Götterwohnungen. Vielmehr waren dergleichen Steine oder Bethulien, die mit Bethel ursprünglich einerley Bedeutung haben, um diese Zeit, wenigstens in dieser Gegend, vielleicht noch die einzigen Götterwohnungen, wobey man, nachdem man sie mit Oel gesalbet und der Gottheit feyerlich gewidmet, dieselbe auch besonders gegenwärtig glaubte. Und wenn auch um diese Zeit dergleichen heilige Steine von den Phöniziern zur Anbetung ihrer falschen Götter schon gemißbraucht wurden, so ist die Anwendung, die Jakob davon macht, da er diesen Stein dem wahren Gott widmet, doch noch unschuldig; obwohl Moses nachher, der alles mit größter Klugheit entfernte, was nur im geringsten zu einer sinnlichen Vorstellung der Gottheit Anlaß geben konnte, auch dergleichen heilige Säulen aufs strengste verbot. Jakob richtet diesen Stein roh auf, wie er ist; auch dieß ist der Einfalt dieser Zeit gemäß, da die Menschen die Kunst noch nicht kannten, diesen heiligen Steinen eine bedeutende Bildung zu geben. Aus solchen rohen Steinen oder bloß zugespitzten Klötzen, bestunden alle Götzenbilder der ältesten Völker; dergleichen war das Bild der Sonne zu Edeßa, der Diana zu Ephesus; und die Mutter der Götter, welche die Römer so feyerlich aus Phrygien kommen ließen, war ebenfalls nichts wie ein roher Stein. Griechenland hatte schon dreyßig dergleichen sichtbare Gottheiten, ehe noch eine davon eine bedeutende Ges:alt hatte. Diese bekamen sie erst mit dem Wachsthume der Kunst, die zuerst auf die Säulen Köpfe setzte, und nachher, so wie diese und die Ueppigkeit wuchsen, die Gestalt immer vollkommener ausbildete, und dazu kostbarere Materialien, als Marmor, Elfenbein, und edle Metalle wählte.

Fictilibus crevere Diis hæc aurea templa.

Dädalus setzte ihnen die ersten Füße an. Die Gestalt that aber zu ihrer Heiligkeit nichts. Diese erhielten sie dadurch, daß sie der Gottheit mit gewissen Gebräuchen feyerlich gewidmet wurden; dadurch glaubte man die Gottheit nachher immer dabey gegenwärtig, daß man sie dabey anbeten und um Rath fragen konnte; und die Salbung scheinet bey dieser Einweihung einer der wesentlichsten Umstände gewesen und vorzüglich mit Oel geschehen zu seyn. Den Baum kannte Noah schon, und Jakob hat hier den ausgepreßten Saft der Frucht als ein Nahrungsmittel, vielleicht auch als ein Arzneymittel, schon bey sich. Auch ist es wahrscheinlich, daß der feyerliche Gebrauch, den er hier davon macht, zu seiner Zeit in dieser Gegend schon gewöhnlich gewesen. Denn da diese Frucht eines der wohlthätigsten

tigsten Producte dieses Landes, und der einträglichste und ausgebreitetste Zweig der phönizischen Handlung war, so scheint es, daß die Einwohner, so bald sie damit bekannt geworden, dieselbe aus Dankbarkeit auch zuerst bey ihren Opfern und gottesdienstlichen Gebräuchen angewandt, und daß die Phönizier nachher in alle die Gegenden, wo sie das Oel oder auch die Cultur des Baums hingebracht, auch diesen gottesdienstlichen Gebrauch bey allen feyerlichen Einweihungen eingeführet haben. Auch scheinen die der Gottheit und ihrem Dienste gewidmeten Zehnten um diese Zeit schon im Gebrauch gewesen zu seyn.

Jakob, durch diese Erscheinung in seinem Vertrauen zu der Vorsehung gestärkt, setzt darauf seine Reise fort. In der Beschreibung seines vierzehnjährigen Aufenthalts in Charran ist wieder alles charakteristisch, wie die Sitten und die Denkungsart der Menschen seyn konnten, die erst anfiengen aus dem rohen Stande der Natur zu treten. Die Betrügereyen des Labans, welche, wie des Ulysses seine, bey allen rohen Völkern, für Klugheit gelten; das große Glück einer zahlreichen Familie, indem die Ueppigkeit den Unterhalt noch nicht erschwerte, und die Kinder mit den Knechten einerley Geschäffte übernahmen; die daraus folgende eingebildete Schande einer un-
frucht-

fruchtbaren Mutter; die Einbildung, dieser Schmach dadurch zu entgehen, wenn die Frau dem Manne ihre Sclavin beylegte, und diese auf ihrem Schooße gebähren ließe; die Aufführung der beyden Schwestern gegen einander; die Einbildung von den geheimen Kräften der Dudaim — es sind alles so viel charakteristische Züge der Zeit, worunter der persönliche Charakter Jakobs immer hervorsticht. Gutherzig und ehrlich, aber weich und furchtsam, dem ein jeder alles bieten zu können glaubt, und der sich alles bieten läßt; der das Unrecht das ihm geschieht lebhaft empfindet, aber nie Herz genug hat, die Rechte, die ihm zukommen, geltend zu machen; dem der Schwiegervater, so bald er ihn sieht, betrügen zu können glaubt; der sich es auch gefallen läßt, um seine versprochene rechtmäßige Braut zu bekommen, noch sieben Jahr länger zu dienen; der an seiner Seite alle seine Bedingungen immer mit der größten Treue erfüllet, den Laban sichtbarlich bereichert, und sich von demselben durch immer geänderte Contracte hintergehen läßt; zuletzt noch durch eine unschuldig geglaubte List sich schadlos halten, und, um endlich aus der Sclaverey zu kommen, mit den Seinigen heimlich entfliehen muß.

Es verdienen hier noch einige Umstände bemerkt zu werden. Erst scheinet die Wirkung

kung der Einbildung auf die Frucht um diese Zeit schon gekannt zu seyn, und es ist wahrscheinlich, daß Jakob nicht der erste gewesen, der davon Gebrauch gemacht. Die ältesten Naturkündiger reden schon davon als von Mitteln, die bey allen Arten von Thieren gebraucht worden. Der Gebrauch den Jakob hier davon macht, würde, wenn er an sich unrechtmäßig gewesen, durch seine Person nichts mehr gerechtfertigt. Die Handlungen der Erzväter werden uns nie als Muster der Sittlichkeit vorgeschrieben; sie sind das für uns, was die Handlungen aller anderer Menschen sind, und wir müssen sie allemal nach der uns bekannten vollkommenern Sittenlehre prüfen. Der Charakter der Zeit kann aber Handlungen entschuldigen, die, nach einer durch die Societät und Religion schon vollkommener ausgebildeten Sittlichkeit, nicht allemal zu rechtfertigen wären. Jakobs Fodrungen waren indessen die rechtmäßigsten; er hatte alle seine Verpflichtungen aufs ehrlichste erfüllet; Laban muß selbst die außerordentliche Vermehrung seiner Reichthümer als einen besondern Segen erkennen; aber Jakob sieht, daß er aus seiner Dürftigkeit und Sclaverey nie heraus kommen werde; endlich spricht sein väterliches Herz für die Versorgung und Freyheit der Seinigen; Obrigkeit und Gesetze, deren Beystand er hätte anrufen können, sind nicht da; er und La-

ban

ban sind beyde im Stande der Natur, wo es einem jeden erlaubt ist, sich selbst Recht zu verschaffen; Laban bleibt auch noch reicher, als er ohne Jakobs Treue geworden seyn würde, und dieser gewinnet auch nichts mehr, als er nach allem Rechte verdienet hatte, argwohnet dabey auch so wenig unrechtmäßiges, daß er vielmehr den Traum, der ihm dieses Mittel eingab, für eine göttliche Eingebung hält, Cap. 31, 11. Indessen kann man denselben nichts destoweniger für ganz natürlich halten. Da um diese Zeit die Natur und die Wirkungen der Seele noch so wenig gekannt waren; da auch Jakob schon so lange mit schwerem Muthe die Ungerechtigkeit Labans empfunden, und mit dem Gedanken, wie er zu dem verdienten Unterhalte der Seinigen kommen möchte, sich beschäfftigt, wobey ihm vielleicht dieses Mittel als das sicherste auch schon in Gedanken gewesen, so war es natürlich, daß seine hiermit beschäfftigte Einbildung ihm diese Vorstellung auch im Traume so viel lebhafter machte, und daß er auch diesen Traum als eine unmittelbare Wirkung der ihm verheissenen göttlichen Vorsorge ansahe, und durch den glücklichen Erfolg darinn noch mehr bestärkt ward; wobey die Aufrichtigkeit des Verfassers dieses Buchs immer bemerkt zu werden verdient, daß er die Stammväter seines Volks nach der Wahrheit schildert,

ohne

ohne ihre Charaktere und Handlungen durch glänzendere Zusätze zu verschönern, oder ihre Schwachheiten zu verbergen. Abraham edel und groß, über die Schwachheiten seines Zeitalters weit erhaben; in seinem Vertrauen und Gehorsam gegen Gott und in allen Handlungen seines Lebens ein vollkommnes Muster; voll edlen Muths, wo die Freundschaft seine Hülfe fodert; der liebreichste Hausvater; von der edelsten Bescheidenheit bey aller seiner fürstlichen Würde, und in allen großen Auftritten seines Lebens sich immer gleich; in der ruhigen Größe, die ein vollkommenes Vertrauen zu der Vorsehung allein nur geben kann. Isaak von eben der Rechtschaffenheit und Würde, aber der erhabne große Geist nicht mehr; Jakob auch redlich und gut, aber bey einem schwächern persönlichen Charakter, mit mehrern Schwachheiten seiner Zeit; dessen Söhne, Ruben, Levi, Simeon, Juda — wahre Beduinen aus der rohesten Zeit; ohne alle Empfindung von Sittlichkeit; gewaltthätig, mißtrauisch, verstellt, bitter in ihren Spöttereyen, rachgierig bis zur gänzlichen Vertilgung ihrer Feinde, Cap. 35, 22. die mit kaltem Blute über die Ermordung ihres Bruders sich berathschlagen, ihn nachher für einen Knecht verkaufen, den Vater auf die grausamste Art dabey hintergehen, und ihn über den Verlust des Sohns noch verrätherisch trösten können;

können; Cap. 37, 18. 19. 28. übrigens aber in der Ausübung der wenigen Rechte, die sie kennen, barbarisch strenge, Cap. 33, 25. Mehr Fehler der Zeit als persönliche Laster, wie sie bey allen Völkern sind, die noch ohne alle gesellschaftliche Einrichtung, in einer völligen Unabhängigkeit leben; eine Stuffe höher als die Irokesen, ganz wie die Götter und Helden des Homers. Man könnte hier wieder fragen, wozu für uns alle diese Kleinigkeiten, und diese zumal in einem Buche, das wir als ein Stück einer göttlichen Offenbarung ansehen sollen. Für uns ist freylich diese Geschichte auch nicht eigentlich aufbehalten; nur war sie Mosi wenigstens aus mehr als einer Ursache äußerst wichtig. Erst, um den richtigen Ursprung der verschiedenen Stämme seines Volks, der noch jetzt bey allen Völkern in dieser Gegend so wichtig ist, dadurch zu erhalten; dann aber wohl vornehmlich, da alle diese Stämme an dem künftigen Besitze dieses Landes einerley Rechte haben und nur einen Staat ausmachen sollten, um unter diesem rohen und unruhigen Volke alle Eifersucht zu verhüten, indem er bewies, daß, ob sie gleich von ungleichen Ehen abstammten, ihre Väter dennoch von ihrer Geburt an, von ihrem Stammvater selbst gleiche Rechte überkommen, auch die beyden ächten Frauen die Kinder ihrer Mägde für ihre Kinder erkannt hätten. Sollte

te aber indessen die Aufbewahrung dieser Kleinigkeiten für uns so ganz unbedeutend, und für ein Buch, worinn die Vorsehung uns die erste Geschichte der Menschheit, der Vernunft und Religion aufbewahren wollen, so ganz unanständig seyn? Wenn uns denn diese Kleinigkeiten auch nichts weiter als ein Originalgemählde der Sitten und der Denkungsart der ersten Welt wären, da die Menschen noch in dem rohen Stande der Natur lebten, würde dann dieses Gemählde, bey dem daraus zugleich erwiesenen unverdächtigen Alter des ganzen Buchs, nicht immer ein sehr interessantes Stück aus der Geschichte jener Zeit seyn? Wenn wir aber nun noch mehr in allen diesen kleinen Geschichten, als in so vielen Punkten, den deutlichen Gang der Vorsehung sehen, wie sie, besonders durch dieß Geschlecht, den für die Menschheit so wichtigen Plan der Erleuchtung ausgeführet, so, daß die erste Grundwahrheit aller Philosophie und Religion, nämlich die Erkenntniß eines einigen Gottes, Schöpfers und Regenten der Welt, sich in diesem Geschlechte, (man mache es auch so unwissend und roh, als man immer wolle, Moses macht es selber weder weiser noch gesitteter,) in einer Lauterkeit erhalten, worinn die cultivirtesten Nationen sie nicht gehabt haben, und daß selbst der hohe Grad unserer Erleuchtung, worauf wir jetzt so stolz seyn können,

von

von dieser Philosophie der Barbaren ursprünglich herkömmt; ich sage, wenn alle diese kleinen Geschichten uns dieß nur bewiesen, oder wenn sie uns zum Theil die Beweise dazu auch nur vorbereiteten, sollten wir dann nicht immer Ursache haben, ein Buch mit Ehrerbietung anzusehen, und der Vorsehung für die Erhaltung desselben zu danken, worinn dieser für die Menschheit so wohlthätige Plan von seiner allerersten Anlage an enthalten ist? Und eben dieß, daß die wesentlichen Züge dieses großen Plans durch dieß ganze Buch in diesen unbedeutenden und ungekünstelten Familiengeschichten gleichsam eingewebt liegen, ist für uns ein so viel größerer Beweis, daß es kein Plan ist, den der Verfasser nur zum Vortheil seiner Absicht ausstudirt habe, sondern daß er von einer höhern Vorsehung zubereitet sey.

Es kömmt hier noch ein Umstand vor, der zur Geschichte der menschlichen Vernunft und der Religion gehöret, und dieß sind die Teraphim oder die Götzenbilder, die Rahel aus ihres Vaters Hause heimlich mitgenommen hatte, Cap. 31, 30. Von dem ersten Ursprunge der Abgötterey habe ich schon geredet; hier ist die erste Anzeige abgöttischer Bilder. Die rohe Vernunft denke sich ein höchstes Wesen, oder sie denke sich gar keines, so wird sie sich doch gewisse unsichtbare wirksame Wesen

denken,

denken, durch deren Einfluß die verschiedenen Theile der Natur ihre Wirksamkeit erhalten: Mittler-Gottheiten, wenn sie noch ein höheres Wesen dabey erkennet; unabhängig aber und doch eingeschränkt, wenn die Erkenntniß des wahren Gottes schon verloren ist. Alle Eigenschaften, die der Mensch sich von solchen Gottheiten vorstellet, sind, daß sie so viel mächtiger und behender sind, und daß ihre Erkenntniß von verborgenen und zukünftigen Dingen so viel größer ist. Dieß ist auch alles, worauf seine Anbetung sich beziehet: Sie sollen ihm Glück bringen, oder das befürchtete Unglück abwenden, und ihm vornehmlich seine zukünftigen Schicksale anzeigen Zachar. 10, 2; die große Neigung aller Menschen die keine alles regierende Vorsehung erkennen, und weswegen auch noch jetzt aller Aberglaube sich so willig betrügen läßt. Aber da diese Götter unsichtbar und nicht allgegenwärtig sind, so muß der Mensch auch wissen, wo er sie finden soll. Tempel und aufgerichtete Säulen sind ihm zu seiner Beruhigung nicht genug; er muß sie auch näher bey sich im Hause, oder wenn er selbst keine beständige Wohnung hat, mit sich führen können, damit er sie immer in ihren guten Gesinnungen gegen sich erhalten, und besonders, damit er sie um Rath fragen könne. Auf ihre Größe, Gestalt und Materie kömmt es nicht an; dem

Geiste

Geiste dienet alles zum Aufenthalt, wenn es ihm nur dazu geweihet ist; der Mohr macht einen jeden Knochen, ein jedes Stück Holz zu seinem Fetisch, und wechselt damit so oft er will. Diese Götzen des Labans können nicht beträchtlich groß gewesen seyn, da Rahel sie so leicht verbergen konnte, und da dergleichen als Amulete in den Ohren getragen wurden, Cap. 35, 4. Aeneas trug die seinigen mit seinem Vater weg. Die Gestalt derer, wovon hier die Rede ist, wird nicht beschrieben. Der Michal Götzenbild mußte schon einen Menschenkopf haben 1 Sam. 19, 13; aber vielleicht war um diese Zeit die Kunst so weit noch nicht gestiegen, und es waren etwa nur noch mit gewissen Charakteren bezeichnete Figuren; vielleicht aber waren sie schon von Gold oder Silber. Zu den Zeiten der Richter war die Verfertigung solcher silberner Bilder schon eine Profeßion Richt. 17; und sie wurden nachher bey allen abgöttischen Völkern für die geringsten Preise auf den Kauf gemacht; daher auch noch so viele, besonders ägyptische Götzenbilder, übrig sind. Rahel war die einzige nicht, die diese mitgenommen hatte; die ganze Familie Jakobs hatte dergleichen, zum Beweise wie allgemein dieser Aberglaube schon in diesem Lande war. Nur hatte sie dem Vater die seinigen entwandt, weil sie dieselben bisher vielleicht noch gemeinschaftlich angebetet;

vielleicht aber auch, um sich wegen der ungerechten Bevortheilungen ihres Vaters noch weiter schadlos zu machen, und durch diese Götter den Reichthum, welchen sie ihrer Meynung nach bisher in ihres Vaters Haus gebracht, sich und ihrer Familie zuzuwenden. Diese Art, die Götter und mit ihnen ihren Schutz, dem andern zu entwenden, war mit der abergläubigen Einbildung von diesen Bildern unmittelbar verbunden, und ist daher wahrscheinlich auch so alt, als diese Abgötterey selbst. Wie die Daniten einen Wohnsitz suchten, und erfuhren daß Micha ein heiliges Bild und einen Priester bey sich hätte, so nahmen sie beydes mit, um auf ihrem räuberischen Zuge eine Gottheit bey sich zu haben Richt. 18. Die Geschichte mit der Bundeslade, welche die Philister als die Wohnung des mächtigen Gottes der Israeliten ansahen, und das abgöttische Vertrauen das diese selbst darauf setzten, ist davon noch ein Beweis 1 Sam. 4. Einem jeden wird hierbey noch einfallen, mit wie vieler List Ulysses den Trojanern ihr Schutzbild der Pallas zu rauben, und wie sorgfältig dagegen die Tyrier bey ihrer Belagerung sich ihres Schutzgottes des Herkules zu versichern suchten; imgleichen was selbst bey den Römern der Name ihres Schutzgottes für ein heiliges Geheimniß war, damit ihnen niemand denselben abspänstig machen möchte,

und

und mit wie vielen Feyerlichkeiten, Schmeicheleyen und Versprechungen sie diese Götter aus denen Städten, die sie belagerten, vor der Einnahme herauszurufen und ihrer Gunst sich zu versichern suchten. Die Unruhe womit Laban diese Götter wieder suchte, und der Eifer den Jakob darüber äußert, daß er ihn eines solchen Raubes beschuldigt, und womit er selbst den Räuber zu strafen drohet, ob er gleich für sich diese Götter nicht anbetete, bestätigen diesen Aberglauben noch mehr. Indessen scheinet die Erkenntniß des wahren Gottes, wie ich oben schon erinnert, mit dieser Abgötterey sich noch nicht ganz verloren zu haben. Laban kennet, außer diesen seinen Göttern, den höhern Gott noch, den Abraham und Nahor und deren ihre Väter angebetet. Nur ist dem sinnlichen rohen Menschen der Gedanke von einem unsichtbaren höchsten Wesen zu erhaben, als daß er mit dessen Vorsehung sich beruhigen sollte; der abergläubige Hang zu den sinnlichen Gottheiten bleibt ihm zu natürlich. Selbst alle die Wunder, die das israelitische Volk in Aegypten und in der Wüsten zur Bestätigung der Wahrheit eines einigen Gottes mit ansahe, und alle die weisen Anstalten und Gesetze, die Moses zur Entfernung aller Abgötterey machte, waren nicht vermögend diesen Aberglauben so auszurotten, daß das Volk dergleichen Götzen auf seinem

ganzen

ganzen Zuge nicht heimlich bey sich geführet, und bey der geringsten Veranlassung mit angebetet hätte Jos. 24, 23. Der Beweis davon ist die Anbetung der ägyptischen Gottheit des Apis, oder des goldenen Kalbes, und wie oft das Volk auch nachher noch unter seinen Königen den Götzendienst aller seiner Nachbaren mit annahm. Es wollte damit den wahren Gott nicht ganz verleugnen; es wollte nur zu seiner mehrern Sicherheit sich des Schutzes und der Freundschaft dieser sinnlichen Götter zugleich versichern. Indessen war es immer wahre Verleugnung, die den Menschen von dem Vertrauen zu einer allgemeinen Vorsehung entfernte, und, wie es ohne Ausnahme in der ganzen Welt gewesen, die Erkenntniß des höchsten Wesens entweder gar verdrängte, oder nur den Namen davon übrig ließ. Die ganze Religion blieb nur für diese Untergötter; und dieß war der Grund, daß Moses, der die Schwachheit der Menschen so vortrefflich kannte, alles was auch nur in der Entfernung zu dieser Abgötterey leiten konnte, durch die weisesten auch strengsten Pönalgesetze von seiner Verfassung abzuhalten suchte. So war die Vernunft in ihrer ersten sinnlichen Schwäche, und so ist die gemeine Vernunft noch jetzt, indem noch jetzt in dem vollkommenern Lichte, da keine andere Gottheit als das einige allerhöchste Wesen mehr gekannt ist, der große Haufe den Hang zu dieser abergläubigen Schwachheit nicht ablegen kann.

Laban, von der Unschuld Jakobs überzeugt, nimmt hierauf mit der Zärtlichkeit eines Vaters von den Seinigen Abschied, und beyde bestätigen die Freundschaft, deren sie einander versichert haben, nach Art der damaligen Zeit, bey einem Opfer, bey welchem beyde den Gott, den ihre Väter angebetet, als Zeugen und Richter anrufen.

Jakob setzt hierauf seinen Weg fort, aber so wie er sich seinem Vaterlande nähert, befällt ihn auch die Furcht vor der Rache seines Bruders. Indessen stärkt er sich mit der Erinnerung der Erscheinung, die er auf der Hinreise von der Vorsehung bekommen hatte, und der Eindruck davon ist ihm so lebhaft, daß er ein ganzes Heer von Engeln zu seinem Schutze zu sehen glaubt; doch versäumt er dabey keines von den Mitteln, die ihm die Klugheit so wohl zur Besänftigung seines Bruders, als auch auf dem entgegen gesetzten Fall zu seiner Sicherheit anbietet. Wie er aber hört, daß ihm derselbe mit vier hundert Mann entgegen zieht, so nimmt er seine Zuflucht zu Gott, und um den Seinigen seine Unruhe zu verbergen, gehet er des Nachts über den Fluß allein wieder zurück, und empfiehlet sich und die Seinigen der

gött-

göttlichen Vorsehung in einem rührenden Gebete. Hierauf hat er in der Nacht eine Erscheinung, die von uns wegen einiger dunkeln Ausdrücke mit befriedigender Deutlichkeit vielleicht nicht erkläret werden mag, die aber für ihn bedeutend genug war, sich alles, was er zur Stärkung seines Glaubens brauchte, daraus zu erklären, daß, wenn sich ihm und seinem Geschlechte auch noch so viel höhere Mächte bey dem Eintritte in das ihm verheißene Land entgegen setzen würden, er und die Seinigen in diesem Kampfe dennoch den Sieg behalten, und zu dem Besitze des verheißenen Landes kommen sollten, (ein Umstand der Mosi zu seiner Absicht und zur Ermunterung seines Volks wiederum sehr wichtig war.) Durch diese Erscheinung gestärkt, verfügt er sich auch voll freudiger Zuversicht, so bald der Tag anbricht, zu den Seinigen, und bricht mit ihnen auf. Die beyden Brüder begegnen sich auch bald, und in beyden sieht man mit Vergnügen die Menschheit, wie sie ist, wenn der Eindruck alter Beleidigungen durch die Zeit ausgelöscht ist, und die Natur wieder die Oberhand bekömmt. Von beyden und besonders von Jakobs Seite scheinet zwar noch ein geheimes Mißtrauen durch; aber so bald Esau nur die Demüthigung seines Bruders sieht, und daß er sein Recht gegen ihn auf keine stolze Weise geltend machen will, vergißt er auf eine edelmüthige Art seinen ganzen Zorn, und zieht friedlich wieder in sein Gebirge, ohne seinem Bruder bey seinem Eingange in Canaan das geringste Hinderniß in den Weg zu legen. Jakob kommt darauf mit den Seinigen glücklich darinn an, und es ist sein erstes, daß er sein Gelübde erfüllet, und den Gott, der sich ihm auf der Hinreise als den Gott seiner Väter offenbaret, und dessen Vorsehung sich ihm so mächtig bewiesen, nun auch als seinen Gott öffentlich anbetet, und den dabey errichteten Altar mit dem unterscheidenden Namen dem Gotte Israels widmet, in dem Vorsatz, daß derselbe sein und seines ganzen Geschlechts Gott von nun an ewig bleiben soll. Aber ein unerwarteter trauriger Zufall in seiner Familie nöthigt ihn diese Gegend bald wieder zu verlassen. Seine Tochter wird von dem Sohne des Mannes dem die Gegend zugehöret, auf eine gewaltthätige Art entehret, und seine Söhne rächen diese Beleidigung auf eine so hinterlistig grausame Art, daß beydes wieder einen merkwürdigen Zug in dem Gemählde dieser Zeiten giebt; dort, von der gesetzlosen Unzucht dieser rohen Völker, die sich gegen Fremdlinge alle räuberische Gewaltthätigkeit für erlaubt hielten; hier von der allen rohen Völkern eigenthümlichen grausamen Rache, die gegen den

Feind

Feind gar keine Pflichten kennet, die sich nicht
anders als mit dessen gänzlicher Ausrottung
beruhigt, und über die verrätherischsten Betrügereyen, wenn sie nur zu ihrem Endzweck
kommen kann, sich kein Bedenken macht.
Selbstrache ist was der rohe Mensch sich am
spätesten nehmen läßt; sie, die nur durch die
Gesetze einer vollkommen geordneten Societät
zurück gehalten, und nur durch die höhern
Gründe der erleuchtetsten Religion überwunden
werden kann; die Moses selbst in seinem Gesetze, ungeachtet dasselbe übrigens zur Schonung der Menschheit und zur Erweckung sanfter und menschlicher Empfindungen so vortrefflich eingerichtet war, in gewisser Maaße noch
schonen, und dem Beleidigten wenigstens die
Befriedigung lassen mußte, seinem Feind, auf
eben die Art wie er von ihm beleidigt war, weh
gethan zu sehen; Auge um Auge, Zahn um
Zahn, Hand um Hand, Wunde um Wun-
de, 2 Mos. 21, 24. 25; nur daß er mit gros-
ser Weisheit die Vollziehung derselben aus den
Händen des Beleidigten in die schonende Hand
der Gesetze oder des Richters brachte, und dadurch so wohl die frevelhaften Beleidigungen,
als auch die Grausamkeit der Rache mäßigte.
Auch David selbst, ungeachtet seiner reinen
und erhabenen Erkenntniß von der Gottheit,
und da die Griechen und andere nachher cu/ti-

Bb 3   ritte

virte Völker gegen ihn um diese Zeit noch Huronen und Irokesen waren, kennet das schonende Kriegesrecht und die höhere Pflicht der Liebe der Feinde nach ihrer ganzen Vollkommenheit noch nicht. So sehr indessen Jakob durch den Raub seiner Tochter sich auch gekränkt fuhlt, mit so vielem Abscheu empfindet er doch diese verrätherische mörderische Rache seiner Söhne. Voll von Beschämung und Furcht kann er auch in dieser Gegend nicht bleiben, sondern entschließt sich seine Zuflucht nach Bethel zu nehmen, um sich da unter den Schutz seines Gottes zu begeben, des einigen und höchsten Gottes, der ihm auf seiner Hinreise seine Vorsehung schon versichert, und dem er sich nun als seinem und seines Hauses Gott mit den Seinigen ganz widmen will. Ehe er aber dahin aufbricht, läßt er sich von den Seinigen alle die aus Mesopotamien mitgebrachten Götzenbilder und Amulete ausliefern, die er, um ihnen alle fernere Veranlassung zu diesem abgöttischen Aberglauben zu benehmen und seinen Abscheu dagegen zu bezeugen, in die Erde vergräbt; und um ihnen eine noch so viel lebhaftere Vorstellung davon zu geben, wie sehr sie sich bisher durch diesen Aberglauben verunreinigt, müssen sie, ehe sie sich diesem heiligen Orte nähern, sich waschen und reinigen; ein bildlicher Gebrauch, auf welchen der

Mensch,

Mensch, der zu seiner Gottheit die er anbetet sich nahet, sehr natürlich fällt; der daher auch bey allen gottesdienstlichen Feyerlichkeiten von je her allgemein gewesen; den auch Moses bey seinem Gottesdienste verordnete, und woraus nachher die noch bedeutendere Proselyten-Taufe wurde, da es nicht mehr ein Bild der Reinigung allein, sondern einer gänzlichen Absterbung und neuen Geburt, als des feyerlichsten Gelübdes ward, dem erkannten Gotte sich ganz und allein zu widmen, ihm ganz allein zu leben; und der auch jetzt noch allen, die sich zu der vollkommensten Religion des Heylandes der Welt einweihen lassen, das bedeutendste Bild ihres großen Berufs ist.

Und von nun an fängt dieß Geschlecht auch an dem merkwürdigen Auftritte sich zu nähern, wo die Welt den großen Beweis sehen soll, daß die besondere Führung desselben nichts zufälliges, sondern ein von der Vorsehung gewählter und auf einen größern Endzweck abzielender Plan sey, wovon sie die wesentlichsten Punkte, von dem ersten Ursprung des menschlichen Geschlechts an, in diesem Buche aufbewahren lassen; Punkte, die einzeln betrachtet, von gar keiner Bedeutung zu seyn scheinen, aber so wie nur ein neuer hinzu kommt, schon mehr Aufmerksamkeit erregen, und zu einem besondern Plane zu gehören scheinen;

nen; der von nun an auch immer kenntlicher wird, und die deutlichsten Merkmaale einer damit wirkenden höhern Direction annimmt; der die Vernunft, wegen der großen Zurüstungen, die nunmehr kommen, und wegen des dem Scheine nach zu eingeschränkten und partheiischen Endzwecks, eine zeitlang in Verwirrung läßt, aber auch nachher, so wie der eigentliche große Endzweck immer sichtbarer wird, alle diese Zurüstungen rechtfertigt, und durch alle Perioden ein immer deutlicher Siegel der Göttlichkeit bekömmt, das die vorsetzlichste Verblendung nicht mißkennen kann; der zwar, gleich nach den mächtigen Zurüstungen, womit das Volk den Besitz von Canaan überkommen, von der Vorsehung ganz wieder verlassen scheinet, und in den finstern Zeiten der Richter sich Jahrhunderte verlieret, dann unter etlichen Königen wieder kenntlich wird, nachher mit der Zerstreuung des Volks sich von neuem ganz verlieret, darauf mit dessen Rückkehr, in etlichen kaum zu merkenden Zügen wieder sichtbar wird, endlich aber, so wie der große Zeitpunkt näher kömmt, nach allen diesen Revolutionen in einem solchen Lichte erscheinet, daß er die Aufmerksamkeit der ganzen Welt auf sich zieht, und nun deutlich durch alle Punkte zeigt, daß es, von dem ersten Anfang an, ein für die Erleuchtung der Welt entworfener Plan gewesen, und worinn wir,

die

bis zu Jakobs Reise in Aegypten. 383

die wir ihn schon wieder achtzehn hundert Jahre länger übersehen, die Hand des Herrn der Welt, der ihn entworfen und ausgeführet, auch wieder mit so viel mehrerer Bewunderung wahrnehmen können.

Joseph wird von seinen Brüdern verkauft, Cap. 37.

Ehe Moses zu dieser Geschichte fortgeht, schaltet er erstlich noch zwey Geschlechtregister von der Nachkommenschaft Esaus und der besondern Linie von Juda ein, die eigentlich seinem Volke nur wichtig waren. Da ihm aber die merkwürdige Weissagung von den besondern Vorzügen des Stammes Juda bekannt war, so hatte er noch eine besondre Ursache dessen Linie zu bemerken, die er, in der vollen Größe worinn wir sie jetzt einsehen, vielleicht selber noch nicht übersahe. Zugleich giebt uns die Beschreibung der dabey vorkommenden Umstände ein neues Bild von den rohen Sitten der damaligen Zeit, und von den rohen Begriffen von Gerechtigkeit und Ehre.

Joseph ist indessen von den Midianitern in Aegypten als ein Knecht verkauft, und hiermit eröffnet sich der merkwürdige Auftritt. Es war dem Geschlechte Israels das Land Canaan zwar bestimmt, aber es soll nicht gleich darinnen bleiben; es würde sich unter diesen rohen abgöttischen Völkerschaften noch verloren, und bey seinem eigenen unabhängigen wilden Hirtenleben nie die Cultur bekommen haben, noch das merkwürdige Volk geworden seyn, das es nach der Absicht der Vorsehung werden sollte. Es solle deswegen in einem fremden Lande zu der Stärke eines besondern Volks erst heran wachsen; und alle Umstände, welche die damit verbundenen großen Absichten befördern konnten, vereinigten sich in Aegypten. Aegypten war um diese Zeit das gesittetste Land, und blieb noch viele hundert Jahre nachher die große Schule der Welt, wo alle übrige Völker ihre Wissenschaften und Künste, ihre Philosophie und Religion herholten. Hier soll also das Volk, bey der ihm nöthigen Größe, auch die Sittlichkeit erst erlangen, daß es nachher als ein gesitteter Staat durch seine eigenthümliche innere Verfassung für sich selbst bestehen, und zur Sicherheit seiner besondern Einrichtung, alle Verbindung mit den benachbarten abgöttischen Völkern entbehren könne. Zu dem Ende soll es hier zuvorderst den Ackerbau als den Hauptgrund aller sittlichen Geselligkeit, und mit demselben auch alle übrige nützliche Künste und Gewerbe lernen; es soll hier, da seine künftige Verfassung die allerstrengeste Einrichtung erfoderte, sich erst an Unterwürfigkeit, Gesetze und Polizey gewöhnen; und besonders soll sein großer Anführer

führer hier gebohren werden, und alle die grossen Talente und Naturgaben an dem Hofe und in den Schulen der Weisen ausbilden, die er als Heerführer, als Gesetzgeber, und als Stifter eines durch seine Verfassung und Religion von allen andern Völkern ganz verschiedenen Volks, gebrauchte. Und da Aegypten zugleich der größte und merkwürdigste Schauplatz in der Welt war, so mußten auch hier die außerordentlichen Auftritte, welche die Ausführung dieses Volks begleiteten, am meisten in die Augen fallen.

Aber die ganze Absicht war hiermit noch nicht erreicht. Dieß Geschlecht soll bey seiner Vermehrung auch immer dasselbe Volk bleiben, und seinen eigenthümlichen unterscheidenden Charakter behalten. Für eine Familie, die aus etlichen siebenzig Seelen bestand, war hierzu in einem fremden Lande noch eine ganz besondere Vorsorge nöthig; und bey dem Argwohn und Hasse, den die Landeseinwohner gegen alle östliche Hirtenvölker hatten, war ihr selbst noch zu dem Eingange in das Land, und zu einem sichern Aufenthalte in demselben, eine besondere Hülfe unentbehrlich.

Hier fängt die Geschichte Josephs an sich zu entwickeln. Er kömmt als ein Knecht in das Haus eines der ersten Staatsbedienten, gewinnet

winnet aber bald das Vertrauen seines Herrn, und erhält dadurch schon hier die Gelegenheit, zu seiner künftigen hohen Bestimmung durch eine genaue Kenntniß des Landes sich vorzubereiten. Seine rechtschaffenen Gesinnungen gegen Gott und seine Treue gegen seinen Herrn bringen ihn zwar ins Gefängniß; aber dieß wird die Stufe zu seiner Größe. Mit einer genauen Beschreibung von Aegypten darf ich mich, um nicht noch weitläuftiger zu werden, nicht aufhalten. Die mannichfaltigen großen Hofämter, die vielen Classen der Priester oder der Gelehrten der hohe Rang und die Freyheiten dieses Standes, endlich die hohe Würde womit Joseph nachher selbst bekleidet wird, und der Glanz der dieselbe begleitet, beweisen zu was für einer blühenden Größe dieses Land schon gekommen war. In dem Gefängnisse gewinnet Joseph durch sein rechtschaffenes Betragen, und vielleicht auch durch seine in geheim erkannte Unschuld, ebenfalls die Freundschaft und das Vertrauen des Oberaufsehers desselben; und indem er hiedurch die Gelegenheit bekömmt mit den Gefangenen zu reden, so wird dieß wieder eine nähere Stufe zu seiner großen Bestimmung.

Die Einbildung, daß Träume was bedeutendes und göttliches seyn, ist so alt als die Unwissenheit, der Aberglaube, und die Begierde

bis zu Jakobs Reise in Aegypten.

gierde der Menschen sind ihre Schicksale vorher zu wissen; und eben so früh haben Aberglaube und Betrug auch eine Wissenschaft daraus gemacht, dieselben auszulegen. So bekannt dem Joseph auch die Bildersprache schon seyn konnte, die der Grund dieser vorgegebenen Auslegungskunst war, so erkläret er sie doch dadurch selbst für nichtig, daß er sowohl den beyden Gefangenen als nachher dem Könige zur Antwort giebt, daß wirklich bedeutende von Gott eingegebene Träume auch nicht anders, als durch eine göttliche Eingebung, ausgelegt werden könnten. Hier läßt Gott in den beyden Gefangenen, und nachher in dem Könige, zwey solche bedeutende Träume entstehen, um Joseph in die Stelle zu erheben, die seine Vorsehung für ihn erwählet hatte. Der Traum des Königs hatte so was bedeutendes, daß er nothwendig einen großen Eindruck auf ihn machen, und das Verlangen, die Deutung davon zu wissen, in ihm erwecken mußte. Mit der größten Unruhe läßt er auch gleich alle Weisen zusammen rufen; aber da sie es nicht wagen wollen, den König, bey einem Traume der ihm so wichtig war, mit ihrer unsichern Kunst zu hintergehen, so wird dieß die Gelegenheit, daß Joseph aus dem Gefängnisse an den Hof gerufen wird. Der König sagt ihm den Traum; und nicht allein die so merkliche Erfüllung seiner

vori-

vorigen Auslegungen, sondern auch die bescheidene Zuversicht, womit er auch diesen sogleich auslegt, und die auffallende Deutlichkeit dieser Auslegung, dann auch die erstaunliche Wichtigkeit davon, und der kluge Plan, den er dem Könige zugleich dabey angiebt um den schrecklichen Folgen davon zuvorzukommen, machen dem Könige gleich ein solches Zutrauen zu seiner Einsicht und Klugheit, daß er ihm auch die Ausführung des Plans ganz übergiebt, und ihm zugleich das volle Ansehn beylegt, das er zur glücklichen Ausführung desselben braucht, ihn auch durch die Vermählung mit der Tochter Potiphera des obersten Priesters zu On, in den Priesterstand erhebt, damit er dieser hohen Würde fähig werde.

Da es schon so oft gesagt ist, daß unter den ägyptischen Priestern alle große Staatsbediente des Reichs, alle Rechtsgelehrte, alle Geschichtschreiber und Ausleger der alten Bildersprache, alle Aerzte, Naturkündiger und Astronomen, welche letztere besonders die in diesem Lande so vorzügliche nöthige Berechnung der Jahrszeiten und des Himmelslaufs nebst der Erdmessungskunst ausübten, unter diesem Stande begriffen waren, und daß hierinn Aegypten nichts besonders hatte, sondern daß diese Priester nichts mehr, als was bey den alten Persern die Magier, bey den Galliern

liern die Druiden, auch in gewisser Maaße die Priester bey den Römern waren, und was die Braminen und Mandarinen bey den Indostanern und Chinesern noch jetzt sind, und daß nur ein Theil davon mit dem eigentlichen Gottesdienste sich beschäfftigte, ganz wie es nachher in der mosaischen Einrichtung mit den Priestern und Leviten war; da dieß, sage ich, schon so oft bis zum Ermüden erwiesen ist, so würde es höchst überflüßig seyn, auch nur ein Wort davon zu wiederholen, wenn der abgenutzte Locus communis über diese Priester nicht immer noch mit gleicher Unwissenheit und Zuversicht wieder aufgesucht würde, um die armselig-witzigen Spöttereyen über deren Vorzüge und Freyheiten anbringen zu können.

Joseph spricht hier gegen den König noch freymüthig von einem einigen Gott, und der König höret ihn mit so vieler Aufmerksamkeit an, daß die Erkenntniß des wahren Gottes auch um diese Zeit hier noch nicht ganz verloren scheinet. Da indessen die Stadt On nach der ursprünglichen Bedeutung die Quelle des Lichts, und von den Griechen nachher Heliopolis oder die Sonnenstadt genennt, von der Sonne ihren Namen hat, so ist es wahrscheinlich, daß diese als die oberste sinnliche Gottheit auch schon öffentlich hier verehret wurde.

Joseph,

Joseph, durch diese Würde des Standes, und durch das unumschränkte Ansehen das ihm der König gab, unterstützt, und durch das innere Gefühl gestärkt, daß seine Auslegung keine unsichere Muthmaßung sondern eine göttliche Eingebung gewesen, macht auch gleich zur Ausführung seines großen Plans die nöthige Anstalt. Er reiset selbst im Lande herum, um den jährlichen Ertrag der Erndten gegen die Anzahl der Einwohner und deren jährliche Bedürfnisse zu berechnen, und nachdem er den fünften Theil von jeder Erndte der ersten sieben ergiebigen Jahre für hinreichend hält, den Mangel der folgenden sieben unfruchtbaren Jahre zu ersetzen, so macht er zur Aufschüttung dieses Ueberflusses in allen Städten die unendlich wohlthätige Verfügung, daß nicht allein das Königreich selbst bey dem anhaltenden fürchterlichen Mangel in seinem Flore bleibt, sondern daß auch noch so viele tausend Menschen in den benachbarten Ländern beym Leben erhalten werden. Fände sich diese Geschichte bey einem weltlichen Geschichtschreiber, was würde Joseph für ein gepriesenes Muster aller Staats- und Finanzminister seyn, und wie würde er über alle Sullys und Colberts erhoben werden! Aber er gehöret zu dem Geschlechte der Israeliten; die Geschichte steht in einem mosaischen Buche; nun alles verdrehet, alles durch die
schwär-

schwärzesten Farben verstellet, um Joseph als den gefährlichsten Verräther des Landes, als den Urheber aller Tyranney ausschreyen zu können, welcher der Noth der Unterthanen sich bedienet, um sie alle zu Sclaven seines Herrn zu machen!

Erst verdienet die Angabe eine Bemerkung, daß der fünfte Theil des jährlichen Ertrags eines Landes von so mäßiger Größe, als dieses Land ist, das mit der Größe der europäischen Reiche gar nicht verglichen werden kann, hinreichend gewesen, nicht allein seine zahlreichen Einwohner, sondern neben diesen auch noch die benachbarten Länder zu versorgen. Diese Fruchtbarkeit würde unglaublich scheinen, wenn sie nicht von aller Geschichte bestätigt würde. Denn da dieß Land unter der römischen Herrschaft, nachdem es, ausser der ältern persischen Verwüstung, durch die letztern Kriege, und durch die Tyranney und Verschwendung seiner letzten Könige schon so viel von seinem Flor verloren hatte, doch noch ergiebig genug war, das volkreiche Rom und seine verwüstenden Heere größtentheils zu versorgen; da es noch jetzt, unter der unersättlichen Raubsucht der türkischen Tyranney, die dem Ackerbau so viele tausend Hände entzieht, und die Quellen des ehmaligen großen Ueberflusses,

flusses, die Canäle, Dämme und Schleusen aus Geiz ganz verfallen lassen, und, obgleich der Nil, wegen der allmähligen Erhöhung des Bodens, und der entsetzlichen Trümmern der zerstörten alten Städte, womit das ganze Land bedeckt ist, nicht die Hälfte des ehmaligen fruchtbaren Landes mehr überschwemmen kann, so daß die ganze östliche Seite jetzt die dürreste Sandwüste ist; und es dabey doch noch die reichste Kornkammer des ganzen Orients bleibt, und das volkreiche Constantinopel mit seinem Ueberfluß fast noch ganz allein ernähret, so ist so wohl die Angabe in dieser Geschichte, als auch die von allen übrigen alten Geschichtschreibern angegebene so unglaublich scheinende Fruchtbarkeit und Menge der Einwohner und Städte genug erwiesen.

Dieser fünfte Theil, den Joseph von diesem Ueberfluß jährlich aufschütten ließ, war zwar ein Eigenthum des Volks; aber dieß blieb er auch, nur wurde er in den öffentlichen Magazinen zu dessen Erhaltung so viel sicherer aufbewahret; da hingegen dieser Vorrath in den Händen des Volks, bey dem Mangel aller Mittel ihn für sich selbst zu bewahren, und da es nach der Beschaffenheit des Landes auch nicht die Möglichkeit von einem Mißwachs kannte, mit einem jeden Jahre

te ungenutzt verloren gegangen wäre. Ist es nun auch noch ein Raub, daß Joseph, durch die Aufbewahrung dieses entbehrlichen und ohne diese Vorsorge verlornen Ueberflusses, Millionen Menschen beym Leben, und ein Land, das von allen Einwohnern und Thieren entblößet eine völlige Wüste geworden wäre, und mit dessen Verfall die ganze damalige Welt gelitten hätte, in seinem blühenden Stande erhält? Aber wie grausam, daß er unter dem Schein dieser Vorsorge sich die nachmalige Noth der Unterthanen zu Nutze macht, und bey dem Einbruch der unfruchtbaren Jahre für dieses ihr Eigenthum, ihr Geld, ihr Vieh, ihr Land, und endlich selbst ihre Freyheit in die Gewalt seines Königs bringt!— Sollte aber auch dieß wirklich eine solche Grausamkeit seyn? Es ist wahr, sie müssen dieß Korn mit ihrem eigenen Gelde wieder kaufen. Aber erstlich hatte das Volk noch gar keinen auswärtigen Handel; es kannte noch keine von den Ueppigkeiten, die dem Silber nachher den großen Werth beygelegt haben; bis auf die wenigen Specereyen die es bey seinen Opfern und zur Balsamirung seiner Todten brauchte, nahm es von seinen Nachbaren nichts; alles, was es bey der großen Hitze zu seiner wenigen leinenen Kleidung, alles, was es sonst zu seinem Unterhalte ge=

brauchte,

brauchte, brachte das Land selbst ohne alle Mühe in dem größten Ueberflusse hervor, und machte die sonst unglaubliche Wohlfeilheit, daß die Regenten dieses Reichs die erstaunlichen Unternehmungen ausführen konnten, die den vereinigten Kräften der größten und mächtigsten Reiche nicht möglich gewesen wären. Das Geld war also hier das unentbehrliche Nahrungsmittel nicht, das es bey andern Völkern und in spätern Zeiten geworden. Und gesetzt, es wäre es gewesen; was sollte Joseph thun? Sollte er das Korn ohne allen Preis umsonst weggeben lassen? So wäre aller Vorrath bey aller möglichen Vorsicht nicht vermögend gewesen, nur den Bedürfnissen für ein einziges Jahr damit zuvorzukommen. Das einzige Mittel, allen Betrug und alle unnütze Verschwendung zu verhüten war dieß, daß das Korn in dem höchsten Werth gehalten wurde. Und eben diese Klugheit erfoderte, wie der Vorrath des Silbers erschöpft war, daß das Volk sein Vieh zur Bezahlung dafür hingeben mußte; welches zugleich auch den für das Land unschätzbaren Vortheil hatte, daß alles Vieh, das bey einer so allgemeinen Zerrüttung zum gänzlichen Untergang des Landes gewiß umgekommen wäre, auf diese Art erhalten wurde. Und da es zu vermuthen ist, daß der König, nach den

über-

überstandenen unfruchtbaren Jahren, das Vieh des ganzen Reichs nicht zu seiner größten Last für sich behalten, sondern es mit den Feldern unter die Unterthanen wieder vertheilet haben werde, so fand sich das Land, so bald die schlechten Jahre überstanden waren, in seinem alten blühenden Zustande, und ein jeder Einwohner war eben so reich und glücklich als er vorher gewesen war.

Endlich muß das Volk, wie es weder Geld noch Vieh mehr hat, seine Freyheit und seine Aecker dem Könige zum Eigenthum hingeben. Und worinn besteht auch diese mit so schwarzen Farben verstellte Tyranney? Wie die unfruchtbaren Jahre vorüber sind, bekömmt das Volk seine sämmtlichen Aecker wieder, nur soll es sie als ein Lehn des Königs ansehen, und seinem Herrn zu deren Erkennung jährlich den fünften Theil seiner Erndten geben. Dieß ist, o möchte die Welt nie eine andere gekannt haben! die ganze Knechtschaft; vielmehr die allerweiseste und wohlthätigste Einrichtung, die der Grund von der ganzen frühen und glücklichen Größe dieses Landes ward, wovon die Folgen sich bald nachher über den besten Theil der damals bekannten Welt verbreiteten, und zu der frühen Bildung und Sittlichkeit der Menschheit überhaupt so vieles beytrugen. Denn da, nach dieser Abgabe zu urtheilen, das Volk zur Beförderung der allgemeinen Wohlfahrt des Landes bisher noch nichts beygetragen, und also noch zum Theil in einer gesetzlosen Unabhängigkeit gelebt hatte, so bekam es nun, da es hiedurch unter die souveraine Oberherrschaft des Königs kam, seine feste gesetzliche Einrichtung; die Kräfte des Landes kamen dadurch in Eine Hand, und diese bey der großen und willigen Fruchtbarkeit nicht zu merkende Abgabe des fünften Theils des jährlichen Ueberflusses, den der einzelne Unterthan nicht ganz genießen konnte, noch zu genießen wußte, setzte von nun an die Könige, bey den vielen Händen, die jetzt in ihrer Gewalt waren, und die bey der willigen Fruchtbarkeit des Bodens der Landbau ohne allen Nachtheil entbehren konnte, in den Stand, daß sie nicht allein die erstaunlichen Werke, die zum Theil die Zeit noch nicht hat zerstören können, und in ihren Ruinen noch ein Wunder der Welt sind, sondern vornehmlich auch die wohlthätigen Veranstaltungen der Canäle und Dämme unternehmen konnten, die dem Lande den sichern und unglaublichen Reichthum brachten. Und wahrscheinlich ward diese Abgabe auch der Grund des bald darauf errichteten besondern Soldatenstandes, der, indem er ein un-

verän-

veränderlicher auf die Kinder forterbender Landstand war, auſſer der dem Lande verſchafften Sicherheit und Ruhe, deſſen immer wachſende Wohlfahrt und Größe beſonders auch dadurch unterhielt, daß die niedrigern Stände, die dem Ackerbau und Gewerbe gewidmet waren, dieſem nie entzogen wurden.

Zu der Verlegung des Volks hatte Joſeph vielleicht ſeine beſondern politiſchen Urſachen, die wir alle nicht mehr einſehen; die vornehmſte war aber vermuthlich wohl dieſe, das Volk ſeine bisherige Unabhängigkeit vergeſſen zu machen, und es dadurch, daß es durch dieſe Verlegung ſeine Aecker ſo vielmehr als ein Geſchenk oder Lehn des Königs anſehen mußte, ſo viel eher zur Unterwürfigkeit gegen die geſetzgebende Oberherrſchaft zu gewöhnen, zugleich aber auch allen Empörungen zuvorzukommen. Eben dieſes Mittel wählten die klügſten Regenten mehrerer alten Staaten aus eben dieſer Abſicht. Denn ein rohes Volk, das erſt aus dem Stande der Wildheit tritt, erfodert nothwendig eine deſpotiſchere Einrichtung, als ein anderes, das durch Polizey und Geſetze ſchon gebildet iſt; und wenn dieſes auch nachher gemißbraucht wurde, ſo war dieß nicht ſo wohl ein Fehler der Einrichtung, der den erſten Urhebern derſelben

selben beyzumessen war, als ein gemeiner Fehler aller menschlichen auch der vollkommensten Constitutionen. Auch verlor das Volk durch diese Vertheilung nichts. Denn da es nur in leichten Hütten wohnte, und noch keinen andern Reichthum als die Früchte seines Bodens kannte, der durch das ganze Land gleich ergiebig war, so verlor es dadurch eben so wenig, als wenn ein tartarisches Volk, das von der Viehzucht lebt, die eine fruchtbare Steppe mit der andern vertauschen müßte.

Die Ländereyen und Einkünfte der Priester litten, weil sie unmittelbar dem Reiche gehörten, diese Veränderung nicht. Denn da, wie schon gesagt, zu diesem Stande, als dem ersten und ansehnlichsten des Reichs, alle die Classen derer mit gehörten, die nebst dem öffentlichen Gottesdienste die allgemeinen Reichs= und Regierungsgeschäffte, die Wissenschaften, und alle öffentliche zur gemeinen Landeswohlfahrt dienende Anstalten besorgten, und dieser ganze Stand nicht allein von diesen Ländern seinen Unterhalt hatte, sondern auch alle Kosten des öffentlichen Gottesdienstes daher genommen wurden, so erfoderte es die unmittelbare Wohlfahrt des Landes, daß diese Einrichtung unverändert blieb; und der eigentliche Nahrungsstand hatte zugleich wiederum

derum den Vortheil davon, daß er, ausser der festgesetzten Abgabe des fünften Theils, die Früchte seines Fleißes ohne alle ausserordentliche Schmälerung sicher für sich behielt.

Dieß ist Joseph, der von allen Feinden dieses Buchs (man beurtheile hieraus ihre Redlichkeit) so verschrieene abscheuliche Tyrann! O möchten doch nur alle, die ihm in seinem Stande und Berufe ähnlich sind, die Vermehrung der Größe ihres Herrn mit der innern Wohlfahrt des Landes und der Unterthanen so glücklich und dauerhaft, wie er, verbinden, und, indem sie für die Vergrößerung der Macht und der Einkünfte ihres Herrn arbeiten, zugleich auch von dem Volke den segnenden Dank verdienen, Du bist unser Erhalter, wir danken dir unser Leben! Cap. 47, 25.

Mit dem ersten unfruchtbaren Jahre äussert sich der Mangel auch in Canaan, wodurch Jakob, der von den heilsamen Anstalten in Aegypten gehöret hat, bewogen wird, seine Söhne auch dort hinzuschicken, und die nöthigen Nahrungsmittel daselbst einzukaufen. Die rührenden Scenen, die hier zwischen Joseph und seinen Brüdern vorkommen, muß ich übergehen. Endlich erfährt Jakob, daß der dortige Wohlthäter der Menschheit sein längst für todt gehaltener Sohn ist. Vor Freude über diese Nachricht entzückt, entschließt er sich gleich mit seiner ganzen Familie dahin aufzubrechen, und hiermit tritt die Absicht der Vorsehung, warum Joseph zu der hohen Würde in diesem Reiche erhaben werden mußte, in ihr volles Licht.

Alle östliche Hirten waren in Aegypten, wegen der darinn entweder schon wirklich verübten grausamen Feindseligkeiten, oder wegen der wenigstens darauf versuchten feindseligen Anfälle, äusserst verdächtig und verhaßt; weswegen auch Joseph seinen Brüdern, ehe er sich ihnen zu erkennen gab, den Vorwurf machte daß sie Spione wären, die nur gekommen wären die Schwäche des Landes auszukundschaften, Cap. 42, 9. Das ganze große Ansehen Josephs war also dazu nöthig seiner Familie den sichern Aufenthalt in diesem Lande zu verschaffen, und derselben zu ihrer eigenthümlichen Wohnung eine Gegend im Lande anzuweisen, wo sie von der Nation abgesondert sicher für sich wohnen, und unvermischt zu der Größe eines besondern Volks sich vermehren konnten; und der geheime Widerwille der Aegypter, der, so wie dieß Volk an Größe wuchs, und das Andenken an die

bis zu Jakobs Reise in Aegypten. 401

Verdienste Josephs sich verloren, sich immer mehr äusserte und endlich in die grausamste Verfolgung ausbrach, mußte die Absicht der Vorsehung, daß dieß Volk mit den Landeseinwohnern sich nicht vermischen, noch darunter sich verlieren sollte, noch mehr befördern.

Nun ist diese Absicht auch völlig erreicht. Jakob stirbt, besingt aber noch vor seinem Ende in einem prophetischen Liede das Schicksal seiner Nachkommenschaft; und hiemit endigt sich die Geschichte der Vernunft und Religion nach diesem Buche. Jetzt suche man in der ganzen übrigen Geschichte der Menschheit, von ihrem ersten Ursprung an bis hieher, eine Begebenheit auf die so sichtbare Züge eines von einer besondern Vorsehung geleiteten Plans hätte; und man gebe dem Buche, worinn die Geschichte dieses Plans aufbehalten ist, was für einen Werth man wolle, man sehe es als bloße Annalen dieses einzigen Geschlechts an, und man sehe diese wiederum noch so verächtlich, und das Geschlecht noch so unbedeutend an, man belege es mit noch so verächtlichen Namen, man mache seine Barbarey noch so groß; so werden beyde dieß Volk und diese seine Geschichte nur so viel merkwürdiger; so wird es immer

mer nur so viel merkwürdiger, daß in eben dieser barbarischen Horde allein, die wahre Philosophie von Gott, als dem Herrn und Schöpfer der Welt, sich unter der allgemeinen Abgötterey in einer Lauterkeit erhalten, worinn die so viel verfeinertere Vernunft sie so schwer gekannt hat; immer nur so viel merkwürdiger, daß bey diesem rohen Volke, ohne alle Hülfe von Philosophie, ohne alle Verbindung mit erleuchtetern Nationen, bey seinem eigenen beständigen Hang zur Abgötterey, bloß durch die weise ursprüngliche Einrichtung seiner innern Verfassung, diese richtige Erkenntniß sich nie hat verlieren können; und noch merkwürdiger, daß eben die kleinen verächtlichen Anecdoten, so wie sie hier in der Geschichte dieses Volks auf einander folgen, die wesentlichen Punkte sind, die diesen ganzen Plan der Vorsehung bezeichnen; und daß dieß Buch selbst, ungeachtet aller Schicksale, denen es zugleich mit diesem Volke unterworfen gewesen, hat aufbehalten und fortgesetzt werden müssen, bis diese Geschichte in die bekanntere Weltgeschichte mit eingeflochten, und nunmehr damit so verbunden worden, daß sie, so lange die Welt steht, sich nicht mehr verlieren kann. —

www.ingramcontent.com/pod-product-compliance
Lightning Source LLC
Chambersburg PA
CBHW030551300426
44111CB00009B/937